深圳大学学术著作出版基金资助
Subsidized by Shenzhen University Foundation for the Production of Scholarly Monographs

广东省哲学社会科学“十二五”规划2011年度后期
资助项目“杨树达训诂研究（GD11HZW01）”成果

楊樹達訓詁研究

范洲题

卞仁海 著

中山大學出版社
SUN YAT-SEN UNIVERSITY PRESS
· 广州 ·

图书在版编目（CIP）数据

杨树达训诂研究/卞仁海著．—广州：中山大学出版社，2014.8
ISBN 978-7-306-04971-1

Ⅰ．①杨…　Ⅱ．①卞…　Ⅲ．①训诂—研究　Ⅳ．①H13

中国版本图书馆 CIP 数据核字（2014）第 166978 号

出版人：徐　劲
策划编辑：嵇春霞
责任编辑：陆　峥
封面设计：林绵华
责任校对：王　璞
责任技编：何雅涛
出版发行：中山大学出版社
电　　话：编辑部 020-84111996，84113349，84111997，84110779
　　　　　发行部 020-84111998，84111981，84111160
地　　址：广州市新港西路 135 号
邮　　编：510275　　　　　传　真：020-84036565
网　　址：http://www.zsup.com.cn　　E-mail:zdcbs@mail.sysu.edu.cn
印 刷 者：广州中大印刷有限公司
规　　格：787mm×960mm　1/16　20 印张　357 千字
版次印次：2014 年 8 月第 1 版　　2014 年 8 月第 1 次印刷
定　　价：49.00 元

序　一

王彦坤

卞君仁海曩从余游，读硕攻博，六载于兹。今其书《杨树达训诂研究》行将付梓，索序，余欣然以允之。

卞君此书在其博士学位论文基础上修订而成，研究遇夫先生训诂，条分缕析，面面俱到，要言不烦，甚有理致。而余以为尤值得称道者，有数事焉：

其一，是书以现代训诂名家杨遇夫之著作为研究对象，实开训诂学研究之新篇章。长期以来，训诂学研究主要集中于若干名著大家，非《尔雅》、《方言》，即许慎、郑玄；非金坛高邮，即俞孙章黄。其研究颇多重复，徒费精神；犹舔肉尽之骨，滋味无多。又舍近而求远，于近、现代，章黄之外，几为遗忘矣。然近、现代处语言学转型之期，西学东渐，催生科学新方法，甲金发现，资助研究新材料，此期学人之训诂成就，比之以往，实不遑多让也。意以为，若沈兼士之于右文研究，于省吾之用甲金释典籍，张相之诗词曲语辞考释，蒋礼鸿之敦煌变文字义考释，高亨、杨伯峻、王利器之古籍校注等，也均有研究之必要，然至今皆但见单篇论文偶而及之，若卞君之作专著研究者，不说绝无仅有，也属凤毛麟角矣。

其二，是书于杨遇夫之训诂，研究全面，考察细密，是真正意义上之全面、系统研究。书中除着重探讨杨遇夫语言观及其在训诂中之应用外，又兼及学术背景之介绍，与时贤相关研究之比较，以及遇夫训诂在诸多方面之应用、成就与局限。其述遇夫语言观及其在训诂中之应用，则又分为文字形义观、音义观、语义观、语法修辞观等，下各依据具体情况再细分出若干训诂应用节目，可谓面面俱到，巨细无遗。此点，相信读者翻开卷首目录，即当体会其“全面细密”，进而通读全文，则体会益深。

其三，是书设置了大量的表格与图示，反映了作者之巧妙用心，也成为此书突出亮点之一。表格、图示的最大好处是形象直观，信息量大却节省篇幅。卞君深谙此道，运用得心应手，堪称精到。如第三章关于杨氏“形义密合”

说之图示，分散多处、略嫌繁复之文字片断，一旦变为图示，便简明易懂，一目了然。又如第四章第一节，将杨氏《积微居小学述林》中45篇训释形声字语源文章的内容通过表格予以显示，既无连篇累牍叙述之烦，又使读者对于相关问题有一全面了解，可谓其美两全。文中论证，往往采用举例性个案详述与穷尽性表格简示相结合之做法，有点有面，相得益彰。

其四，是书研究遇夫训诂而不局限于遇夫，又联系同时代治训诂之章、黄、沈三大家作颇为细腻之比较，两两比较之下，不但遇夫训诂之特色看得更为清楚，章、黄、沈三家之得失也显明矣。如云："章氏是有名的宗许大师，其语源研究完全迷信《说文》；杨氏则'批判接受'"；"杨氏《论丛》、《述林》利用形声字系联了大量的同源词，一字一义，旁征博引，注重实证；而沈氏则注重系统归纳和总结，在理论推阐上更胜一筹"；"形音义三者，黄氏主音，说：'三者之中，又以声为最先，义次之，形为最后。'杨氏则主义，云：'夫文字之生也，有义而后有音，有音而后有形，三事递衍，而义为之主'"。凡此所论，皆从具体之比较中得来，信而有征，其于治训诂学史者，也不无参考之意义焉。

其五，是书分析客观，立论公允，当仁不让，勇气可嘉，也颇值得称道。时人毛病，每有拔高研究对象之嫌，研究张三则虚褒张三，研究李四则抬举李四；至其短，则视而不见。卞君此书无此。其于杨氏，赞有加矣，然皆据实，不为空誉。又立"局限与商榷"专节，从宏观与微观两个方面指摘其误。是是非非，立论公允，不仅对于杨氏，其于章、黄、沈氏之评判，亦复如此。又是书广引先哲时贤著述以为佐证，推崇之意，溢于言表。然至可商之处，仍直陈己见，绝不回护，无论其为当代大家抑为己之师长也。备见文中，毋庸细述。

然卞君此书犹有可提高者，个别说法，尚须推敲。如第五章第一节中关于"反训词"之定义，称"反训词是由于语义的发展变化从而使一个词具有两个相反、相对的意义"，即可商。一个词有可能"具有两个相反、相对的意义"么？或者说，"两个相反、相对的意义"有可能是一个词么？显然这种说法并不妥当。第六章第二节关于"互文为训"的定义，称"互文是指在某些结构相同或基本相同的句子或词组里，处于对应位置的词，彼此可以相互解释"，亦可商榷。其下曰："简单地说，就是上文里省了在下文出现的词，下文里省了在上文出现的词，参互成文，合而见义，即俞樾所谓'参互见义'；杨树达谓之'参互言之以相备耳'。"既然是"上文里省了在下文出现的词，下文里省了在上文出现的词"，就不是"处于对应位置的词，彼此可以相互解释"的问题了。

然此皆吹毛求疵之类，无损于大雅也。要之，以此书而称卞君为杨氏之功臣、诤友，不为过也。

犹记得十载之前卞君负笈暨南园时，雄姿英发，壮志冲霄，颇有狷傲之气。今读此书，豪气犹存，而多了几分成熟与睿智，是诚可喜可贺。卞君学术前程光明，可预期也。

是为序。

2013 年 11 月 7 日于暨南园无名室

序　　二

杨逢彬

先祖杨树达先生是20世纪我国最杰出的语言文字学家之一。30年前，余编纂《积微居友朋书札》，中有陈寅恪先生函六通，其第一通即谓："当今文字训诂之学，公为第一人，此为学术界之公论，非弟阿私之言。幸为神州文化自爱，不胜仰企之至。"其第六通又谓："先生平生著述，科学院若能悉数刊布，诚为国家一盛事，不识当局有此意否?"① 顾颉刚先生在《近世治古典之数巨子》② 一文中认为，近三百年来"治古典"成就最大者当属王念孙、王国维与杨树达先生。环顾宇内，硕学鸿儒，均有传记行世，独杨树达先生无之，学者引以为憾。二十年前，江西百花洲文艺出版社刊行《国学大师丛书》，主其事者瞩目于余。而其时正从郭锡良先生游，未暇旁骛。其后著述之不暇，何有于此乎，故逡巡至今。去岁启真馆曾与余接洽，撰写一与先祖生平有关之小册，或将于今明两年发行；乃《东方早报》书评版《文汇报》笔会《新民晚报》夜光杯等所刊余文之汇集，非正式之传记也，更遑论先祖之训诂研究(台湾有研究先祖训诂之硕士论文)。今者卞仁海君著《杨树达训诂研究》一书，远道索序于余，余愧于学植荒疏，恐无以副其望，虽然，一倾积愫可耳。

近年来文史哲领域似乎有一种带有倾向性的意见，大约谓今世学人不足以望昔年大师项背，有一三卷本畅销书封面上的一行字可以总结这一意见："大师远去再无大师"。如果所谓大师的标准，包括学术风范人格魅力等等，在下完全同意。如果仅就学术而言，我则有所保留。不错，20世纪是中国传统学问与西学接轨的发轫期，大师们筚路蓝缕，开创山林，浇灌出一片新天地。从某种意义上说，处女地的开拓者是幸运的，今人及后人要想在学术史上复制他们的辉煌瞠乎其难；也即，他们站在前人的肩膀上向上攀登了一大截，我们站

---

① 杨逢彬整理：《积微居友朋书札》，湖南教育出版社1986年版，第93、98页。

② 顾颉刚：《顾颉刚学术文化随笔》，中国青年出版社1998年版，，第311—312页。

在他们的肩膀上也许只能向上推进寻尺。但这毕竟是站在他们的肩上，看得比他们远，而不是依然在地上仰望他们。这两者是有本质区别的。仰望者之所以仍踌躇不前，恐怕是治学门径的问题。

拿以上认识为前提，既然要对杨树达先生训诂研究做出总结，那么必须先回答两个问题：第一，杨树达先生的训诂研究为何是同时代做得最好的？第二，我们今天要怎样做，才能比杨树达先生做得更好？回答好了第一个问题，第二个问题也就迎刃而解了。可以肯定地说，卞仁海君的《杨树达训诂研究》，较好地回答了第一个问题。

杨树达先生的训诂研究为何是同时代做得最好的？我们知道，任何学问要取得新进展，端赖新方法的运用。如前所述，顾颉刚先生认为，近三百年来治古典者以王念孙父子、王国维、杨树达最为精湛。我们知道，王国维先生的卓越，"二重证据法"的提出与成功运用是至为关键的。我们先撇开不谈。清代小学如日中天，其成就的取得，论者以为得益于古音学的巨大进展，学者可以突破字形的束缚，因声求义。那么，同样得益于古音学的进展，高邮王氏父子为何高出侪辈呢？王氏父子的独步千古，除了纯熟运用古音学，还采用了哪种方法呢？对此，杨树达先生回答说："凡读书者有二事焉，一曰明训诂，二曰通文法。训诂治其实，文法求其虚。清儒善说经者，首推高邮王氏。其所著书，如《广雅疏证》，征实之事也；《经传释词》，捣虚之事也。其《读书杂志》《经义述闻》，则交会虚实而成者也。呜乎！虚实交会，此王氏之所以卓绝一时，而独开百年来治学之风气也。"① 先生又说："其书虽未能成为系统整然之文法学，而文法学材料之丰富与精当，固未有过之者也。盖王氏父子文法观念之深，确为古人所未有，故其说多犁然有当于人心也。"② 至于杨树达先生成功的关键，则是自觉走文法训诂相结合的道路。只要看一看先生平生最为得意的两例考释，大约就不会怀疑上述结论。第一例为《积微居小学金石论丛》之《〈诗〉"于以采蘩"解》，第二例为既见于《汉书窥管》正文卷七又见于《自序》的之释"赏为奉车，建驸马都尉"条。

第一例是20世纪中国语言学史上最有趣的佳话之一，是杨树达先生与胡适、钱玄同讨论《诗经·召风·于以采蘩》的结晶；同时见于上述三位学者的著作，这是绝无仅有的。杨树达先生认为"于以采蘩"之"以"当训为

---

① 杨树达：《词诠》，上海古籍出版社2007年版，第1页。

② 杨树达：《中国文法学小史》，载《积微居小学述林全编》，上海古籍出版社2007年版，第631页。

“何”，因为“以”假借为“台”，金文台、以二字常通作，而《尚书》“如台”，《史记·殷本纪》都译作“奈何”。但胡适提出，疑问代词作宾语，依先秦文献惯例当在动词、介词之前，而读“于以”为“于何”，与此一惯例不符。杨树达先生进而指出，此一惯例有许多例外，并举《小雅·小宛》“握粟出卜，自何能穀”《小雅·白驹》“所谓伊人，于焉逍遥”“所谓伊人，于焉嘉客”《正月》“哀我人斯，于何从禄”《十月之交》：“此日而食，于何不臧”《菀柳》：“彼人之心，于何其臻”《小旻》“我视谋犹，伊于胡底”为例①，可谓信而有征。在《积微翁回忆录》之1922年9月15日、9月23日、1936年5月14日、1944年5月18日，都有或详或略的记载。1922年9月15日所记云：“不惟可以答胡君之难，竟于无意中发现一文法通则之例外，喜出望外，不觉手舞足蹈。”9月23日所记又云：“适之得余书，遂弃其前说而从余议……胡君闻义则服之美，世所罕见。”1944年5月18日所记则是记录老友曹孟其贺先生60诞辰的4首绝句，其中一句为“‘于以’‘终风’同一妙”，先生评论道：“以余之‘于以’说与高邮之‘终风’并论，为余抬高身分不少矣。”② 从此不难看出，语法学家之治训诂，自然不同凡响。

陈寅恪先生又称誉杨树达先生为“汉圣”，第二例则是《汉书窥管》中的最为得意之作：

> 《金日磾传》：“赏为奉车，建驸马都尉。”王念孙曰：“‘车’下有‘都尉’二字，而今本脱之。《百官表》云：‘奉车都尉掌御乘舆车，驸马都尉掌驸马。’《艺文类聚·人部》十七《御览·仪式部》三引此并作‘赏为奉车都尉，建驸马都尉’。”
>
> 树达按，此因下“都尉”二字省。《艺文》《御览》引有“都尉”二字，乃二书补足之耳。举《儒林传》《王莽传》及《三国志·魏志·董卓传》之类似文字为证。《儒林传》云：“上于是出龚等补吏，龚为弘农，歆河内，凤九江太守。”“弘农”“河内”下各省“太守”二字。《王莽传》云：“又置师友祭酒及侍中谏议六经祭酒各一人，凡九祭酒。琅琊左咸为讲《春秋》，颖川满昌为讲《诗》，长安国由为讲《易》，平阳唐昌为讲《书》，沛郡陈咸为讲《礼》，崔发为讲《乐》祭酒。”讲《春秋》、

① 杨树达：《〈诗〉“于以采蘩”解》，载《积微居小学金石论丛》，科学出版社1955年版，第209－210页。

② 杨树达：《积微翁回忆录·积微居诗文钞》，上海古籍出版社2007年版，第17－18、115、213页。

讲《诗》、讲《易》、讲《书》、讲《礼》下各当有“祭酒”二字，因下“讲《乐》祭酒”字而省，与此句例正同。又《翟方进传》云：“其左氏则国师刘歆，星律则长安令田终术师也。”“刘歆”下省“师”字，与此亦略同。”《魏志·董卓传》云：“以暹为征东，才为征西，乐为征北将军。”“征东”“征西”下各省“将军”二字，亦袭此句法。王说知其常而不知其变也。①

这一例似乎纯粹训诂的面貌示人，我们有必要比较一下高邮王氏最为人称许的、历来公认为词句训释巅峰之作的两个成功范例。前一篇考证的是《诗经·邶风·终风》，后一篇考证的是《老子》第三十一章。

家大人曰：“《终风篇》：‘终风且暴。’《毛诗》曰‘终日风为终风。’《韩诗》曰：‘终风，西风也。’此皆缘词生训，非经文本义。‘终’犹‘既’也，言既风且暴也。……《燕燕》曰：‘终温且惠，淑慎其身。’《北门》曰：‘终窭且贫，莫知我艰。’《小雅·伐木》曰：‘神之听之，终和且平。’（《商颂·那》曰：‘既和且平’）《甫田》曰：‘禾易长亩，终善且有。’《正月》曰：‘终其永怀，又窘阴雨。’‘终’字皆当训为‘既’。”②

——王引之：《经义述闻》卷五，又见《经传释词》，文字稍有不同

《三十一章》：“夫佳兵者不祥之器，物或恶之，故有道者不处。”《释文》：“佳，善也。”河上云：“饰也。”念孙案，“善”“饰”二训皆于义未安。……今按“佳”当训“隹”，字之误也。隹，古“唯”字也（唯，或作“惟”，又作“维”）。唯兵为不祥之器，故有道者不处。上言“夫唯”，下言“故”，文义正相承也。八章云：“夫唯不争，故无尤。”十五章云：“夫唯不可识，故强为之容。”又云：“夫唯不盈，故能蔽不新成。”二十二章云：“夫唯不争，故天下莫能与之争。”皆其证也。古钟鼎文‘唯’字作‘隹’，石鼓文亦然。③

——王念孙：《读书杂志·志余上》

让我们看看高邮王氏和杨树达先生具体是如何做的。他们固然十分注意采

① 杨树达：《汉书窥管》，上海古籍出版社 1984 年版，第 1-2、535 页。

② （清）王引之：《经义述闻》，江苏古籍出版社 2000 年版，第 122-123 页。

③ （清）王念孙：《读书杂志》，江苏古籍出版社 2000 年版，第 1010 页。

纳故训，采纳因声求义的办法，以及采纳辨析字形，特别是通过出土文献辨析字形的办法。但是，综观以上三篇，其中起关键作用而不可或缺的是，征引大量的书证，特别是与被证词句同一结构同一句式的书证。其原理，无非是通过综合归纳抽绎这些书证，考察疑难词句所出现的上下文条件。这用语法术语说，就是考察“分布”。其原理也可以简单归纳为：意义不同，分布也不同。也即，不同的两个词，分布一般不相同；一个词的各个义位，其分布不相同。一个词内部某意义引申出另一意义，分布一般要改变，即后一意义的分布一般与前一意义有所不同。一个词分化为两个或多个词，分布一般要改变，即这两个或几个词分布一般不同。何谓“分布”？它一是指词在句中所占据的语法位置，也即词所充当的句法成分，如主语、谓语、宾语、定语、状语，等等；二是指词的结合能力，即该词修饰何词，该词被何词修饰，等等。因此，要想知道句中某字到底是那个词（一字可以是多个词），考察其分布就可以了；要想知道句中某词是其本义和若干引申义中的哪一意义，考察其分布就可以了。既然任一词义、任一词、任一句法结构都有一定的上下文条件（也即分布）限制着，考察这些条件就是求得塙诂的不二法门。以上三篇就是考察上下文条件（分布）的成功范例。反之，不考察上下文条件，而仅仅用形训、声训、义训的办法，说某与某通，某读为某，这只是提供了可能性，而可能性是无穷多的。只有考察词义、词、句法结构出现的条件，才是求得近于必然的正确途径。

科学理论的特点之一，是原理上的简洁性，这是指科学理论的简单形式与其深广内涵的统一。看似纷繁复杂的训诂之学，用现代语言学加以观照，就变得豁然开朗，简单明了。可见普通语言学的掌握，是当今训诂学者的基本功。

在这里，我们想重点强调的，一是，语法，是语言的组织结构；语法学，是探索语言组织结构规律的科学。不能了解语言组织结构规律，精读古书，正确地解释古今见仁见智的疑难词句是不可能的。二是，将重点放在考察分布，是提高训诂实践中最重要一环——训释古今仁智互见的疑难词语的水平的不二法门。其具体步骤就是广泛收集同一时期同一结构或同一句式的例句，加以综合归纳，抽绎出其中规律。

至此，我们的第二个问题，即我们今天要怎样做，才能比杨树达先生做得更好，似乎有了较为清晰的答案。

今天汉语语言学界对古代汉语规律的认识与掌握，较之以往已经有了大大提高。将这些规律，用于古代典籍，持之以恒，必将取得比杨树达先生等老一代学者更大的成绩。以笔者比较熟知的而言，与训诂相关的，至少在古书中古今见仁见智的疑难词句，以及虚词领域，今人可以取得较之前辈学者更大的成绩。关于后者，可以参见笔者的导师郭锡良先生的《汉语史论集》中关于古汉语虚词的几篇文章①。前者则可见下文。但取得更大成绩的前提是，做这些研究工作的学者，必须从申报、报销、结项等等的桎梏中解放出来，既放眼世界，汲取新方法新成果，又沉潜斗室，板凳坐得十年冷。

下面举一个考证实例来说明。

> 子张问曰："令尹子文三仕为令尹，无喜色；三已之，无愠色。旧令尹之政，必以告新令尹。何如？"子曰："忠矣。"曰："仁矣乎？"曰："未知，焉得仁？""崔子弑齐君，陈文子有马十乘，弃而违之。至于他邦，则曰，'犹吾大夫崔子也。'违之。之一邦，则又曰：'犹吾大夫崔子也。'违之。何如？"子曰："清矣。"曰："仁矣乎？"曰："未知，焉得仁？"
>
> ——《论语·公冶长》

"未知，焉得仁"的通常解读，不拟赘言。但《经典释文·论语音义》此章"未知"下注以"如字，郑音'智'"，即郑玄读作"智"。唐写本《论语郑氏注》此章也作"未智焉得仁"。另外，《论衡·问孔》中王充在引用此章后评论道："智与仁，不相干也。……智者未必仁，……子文智蔽于子玉，其仁何毁？谓仁，焉得不可？"可见王充和郑玄一样，将"知"读为"智"。这里的事实依据是，子文举子玉自代，结果"败而丧其众"，是为不智。又《里仁》："择不处仁，焉得知？"但郑玄、王充有这样的解读，未必就一定正确。确定解读是否正确主要依赖于前文所说的对上下文条件的考察。

1. 我们全面调查了《论语》（1 例）《左传》（14 例）《国语》（2 例）《孟子》（2 例）《老子》（1 例）《庄子》（12 例）《墨子》（10 例）《管子》（5 例）《荀子》（3 例）《吕氏春秋》（8 例）《韩非子》（8 例）11 部古籍中的全部 66 例"未知"；这 66 例中，除了《荀子》中的 2 例较为特殊外，其余 64 例"未知"全都带有宾语。由此可知，本章的"未知"应该读为"未智"。2. "焉得"经常处于因果、条件复句的后一从句。我们在《论语》（2 例）《左传》（13 例）《国语》（3 例）《孟子》（2 例）《管子》（2 例）《吕氏春秋》（1 例）《韩非子》（10 例）7 部古籍中找到 33 例"焉得"，除《孟子·

① 郭锡良：《汉语史论集》，商务印书馆 2005 年版。

滕文公下》1例外，其余32例“焉得”全部处于因果、条件复句的后一从句。由于“知”是及物感知动词，“未知”通常要带宾语；“智”是性质形容词+抽象名词的兼类词，不带宾语；而两者字形可通，所以此章的“知”应读作“智”。又由于“焉得”往往处于因果、条件复句的后一从句，所以，我们认为“未知，焉得仁”应读为“未智，焉得仁”，是个因果复句（据子文举子玉自代，“败而丧其众”可知）。而且，当回答他人“我不知道”时，从《论语》时代直到战国末年，一般都作“不知也”或“不知”，从未见答以“未知”的。可见，这5个字只能译作“他未能做到‘智’，怎么能够算‘仁’呢”。①

我们在即将出版的《论语新译注》（北京大学出版社今年出版）中，作了一百五六十例这样的考证，其中与上文所引处于同一水平的，也有二三十例。当然，这绝不是想要妄言，就凭这一部小册子，就将“赶上”或“超越”高邮二王和杨树达先生；只是想表明这样的意思，只有像这样一步一个脚印地攀登，假以时日，我们的后人在不久的将来，必将取得比以高邮二王和杨树达先生为代表的清代和民国大师更为辉煌的成就。

今即随机撷取卞君书中的一例，再来说明我们是如何考察分布的：

> 一零页　四行　祭蚩尤于沛廷，而衅鼓旗。〔一四〕帜皆赤，注〔一四〕原在「鼓」字下，明颜读“衅鼓”句绝。吴仁杰据封禅书“祠蚩尤，衅鼓旗”之文，以为“旗”字当属上句。王先谦、杨树达都说吴读是。

上文引自第八章《杨树达之训诂在诸多方面的应用》之第一节《古籍整理及阅读》下之第四点《标点》。“祭蚩尤于沛廷而衅鼓旗帜皆赤”之文见于《高帝纪》，又见于《史记·高祖本纪》。

到底应该断作“祭蚩尤于沛廷，而衅鼓旗。帜皆赤”还是“祭蚩尤于沛廷，而衅鼓。旗帜皆赤”？我们以为后者较为可信。因为：

1.《汉书》中，除上例待考察外，“鼓旗”连文者共5见：“祀蚩尤，衅鼓旗。”（《郊祀志》）“于是信、张耳弃鼓旗，走水上军，复疾战。赵空壁争汉鼓旗，逐信、耳。”（《韩彭英卢吴传》）“渔阳太守解、校尉敢皆获鼓旗，赐爵关内侯。”（《卫青霍去病传》）“建天子鼓旗，收斩之。”（《王莽传》）

---

① 杨逢彬：《论语新译注》，北京大学出版社2014年版。

“旗帜”连文者亦5见：“于是沛公乃夜引军从他道还，偃旗帜，迟明，围宛城三匝。”（《高帝纪上》）“愿先遣人益张旗帜于山上为疑兵”（同上）“汉承尧运，德祚已盛，断蛇著符，旗帜上赤，协于火德。”（《高帝纪下》）“即驰入赵壁，皆拔赵旗帜，立汉赤帜二千。”（《韩彭英卢吴传》）“愿沛公且留壁，使人先行，为五万人具食，益张旗帜诸山上为疑兵。”（《张陈王周传》）此外，除先秦典籍外，《后汉书·窦融列传》亦有“斩温禺以衅鼓，血尸逐以染锷”，说明在从先秦以迄刘宋的语言中，可以有“衅鼓”这一组合，并非一定必须“衅鼓旗”。这样看来，似乎两种断法都有理。但是，且慢。如断作“衅鼓旗。帜皆赤”，则是“帜”作为一词单用；如断作“衅鼓。旗帜皆赤”，则是“帜”与“旗”组成联合词组。如前所言，“衅鼓”可以成为词组，而不必非得“衅鼓旗”，然则，考察“帜”在当时语言中是否可以作为一词单用，将成为至为关键的证据。

《汉书》中，除“旗帜”连文者亦5见外，“帜”还出现了7次：

> “人持一赤帜，从间道萆山而望超军。……若疾入，拔赵帜，立汉帜。……即驰入赵壁，皆拔赵旗帜，立汉赤帜二千。赵军已不能得信、耳等，欲还归壁，壁皆汉赤帜。”（《韩彭英卢吴传》）“独将军麾下及成安侯校各八百人为前行，以黄与白为帜，当使精骑射之即破矣。”（《李广苏建传》）“望见单于城上立五采幡帜。”（《傅常郑甘陈段传》）“其改正朔，易服色，变牺牲，殊徽帜，异器制。”（《王莽传》）

以上7例“帜”，除《李广苏建传》1例外，其余6例都是“帜”与其他词组成双音词组，其中4偏正词组（赤帜3，汉帜1），2例联合词组（幡帜、徽帜各1），加上5例联合词组“旗帜”，共11例。仅仅1例是“帜”单用的，从韵律上看，似乎也可将“为帜”视为一双音动宾词组。考虑到考察样本太少，不妨加入《史记》《三国志》《后汉书》一并考察。

《史记》中“帜”共9见，全部处于双音词组中，其中联合结构的“旗帜”4见，偏正结构的“赤帜”4见，偏正结构的“赵帜”1见。当然，有些文例与《汉书》是重复的。

《三国志》“帜”仅2见，“旗帜”1见，“表帜”1见，都是双音词组。

《后汉书》中“帜”共11见，除《虞傅盖臧列传》1例外，其余10例都是“帜”与其他词组成双音联合词组（旗帜5、幡帜3，旌帜、标帜各1）。而见于《虞傅盖臧列传》的“佣作贼衣，以采綖缝其裾为帜”，也是“为帜”连文。上文说“似乎也可将‘为帜’视为一双音动宾词组”，也是虑及到此例的。

总之，以上4部典籍中，除2例“为帜”（可以从韵律上解释）外，其余32例都是“帜”与其他词组成的双音词组，而且“帜”都是该双音词组的后一音节，无一例外（如将“为帜”视为动宾词组，也不例外）。“旗帜”正是这样的双音词组。可见，标点为“旗帜皆赤”较为可据。另外，将我们考察的对象标点为“祠黄帝，祭蚩尤于沛廷而衅鼓。旗帜皆赤”，即使从韵律上看，也比标点为“祠黄帝，祭蚩尤于沛廷，而衅鼓旗。帜皆赤”为和谐，这也正是下面一点要论及的。

2. 从“皆”前后音节的搭配看，“帜皆赤”出现概率极低。《汉书》中表示“都”的“皆”字多达2000多例，其前后都为单音节即“～皆～”的极为罕见，我们只见到《张耳陈馀传》中一例：“乃使五千人令张黡、陈释先尝秦军，至皆没。”一般而言，如果“皆”的一边一定有一单音节的话，则其另一边必须是双音节或双音节以上，即要么为“～皆～～”，要么为“～～皆～”。其原因大约还是与韵律有关。兹各略举数例：“民皆自宁”（《高帝纪》）“齐皆降楚”（同上）“兵皆缟素”（同上）“军皆左袒”（《高后纪》）“佗皆勿坐”（《宣帝纪》）“秩皆千石”（《百官公卿表》）“课皆疏阔”（《律历志上》）“宜皆勿修”（《郊祀志下》）以上为“～皆～～”者。

以下为“～～皆～”者：“诸侯皆附”（《高帝纪》）“群臣皆伏”（《文帝纪》）“众功皆美”（《律历志上》）“其事皆禁”（《郊祀志上》）“野鸡皆雊”（《郊祀志下》）“天神皆降……地祇皆出”（同上）

可见，“帜皆赤”这样的“～皆～”句式出现概率是极低的，而“旗帜皆赤”这样的“～～皆～”句式出现概率是较高的。

鉴于从汉初到刘宋时期，“帜”一般不单用而须与其他词组成“～帜”词组，又鉴于“～皆～”句式出现概率极低而“～～皆～”句式出现概率较高，我们以为《汉书》中的这一例宜标点为“祭蚩尤于沛廷而衅鼓。旗帜皆赤”。“旗帜皆赤”与《高帝纪下》之“旗帜上赤”（旗帜以赤色为上）结构是一样的。由是可知，中华书局版《史记·高祖本纪》《汉书·高帝纪》之标点为“祭蚩尤于沛廷而衅鼓旗。帜皆赤”是不大妥当的。

另外，标点为“祭蚩尤于沛廷而衅鼓。旗帜皆赤”，则与颜师古注相合，也符合我们提出的“从古原则”（详见拙著《论语新译注·导言》的《我们的具体做法》部分）。

或谓此例之标点，乃据《封禅书》“祠蚩尤，衅鼓旗”之文，而《郊祀志》（《史记》则为《封禅书》）与《高帝纪》所载乃是一件事情，不至于一为“衅鼓”，一为“衅鼓旗”。我们以为，历史事实之考量虽较为重要，却毕竟是语言系统之外的证据，不比语言系统之内的证据来得可靠，后者才是必须优先考量的；当两者发生矛盾时，尤其应当如此。且一事两处记载，文字互有参差，实属正常。即以《高帝纪》与《郊祀志》的这两段文字为例说明之。《高帝纪》：“祠黄帝，祭蚩尤于沛廷而衅鼓。旗帜皆赤。”《郊祀志》（《封禅书》）：“祀蚩尤，衅鼓旗。”前者提到“黄帝”，提到“（旗）帜皆赤”，而后者无之，甚至连“黄帝”也略去了。由是可知前者为“衅鼓”，后者为“衅鼓旗”，也属正常，不足以此例彼。且“祠蚩尤，衅鼓旗”，两两三字成文，无“旗”字则不响；“祭蚩尤于沛廷而衅鼓”，因有一“而”字，已满足三字的条件，若单从音律上考虑，不必有那一“旗”字。

从这随机的一例考释，我们有以下3点认识：

1. 我们不能苛责前辈大师。即使誉为“汉圣”，《汉书》能倒背如流的杨树达先生，也没有我们今天的便利，十指一敲，海量语料转瞬即到眼前。2. 我们今天能够做得比较精确，诚如杨树达先生在《积微居小学述林·自序》所总结的“六纲五条例”之第一纲所揭示的，乃是拜时代——E时代，语言学取得巨大进展的时代——之所赐。3. 在E时代，语言学取得巨大进展的时代，不尽量利用时代所带来的便利，不站在前辈大师的肩膀上继续奋力登攀，而是匍匐在前辈大师的脚下，笼罩在前辈大师的光环中裹足不前，而以恪守师说自饰，这样做，不是当今学人应有的态度。

粗略地说，今人如能扬长避短，虽然文献训诂水准难以企及当年的大师，但失之东隅收之桑榆，有语言学理论的指导，有电脑技术的运用，也能做出与大师同样精湛的考据成果，而又避免他们的失误。今人聪明才智不在古人之下，而科学昌明，远过昔年。所以，做出超越大师的成果，实在是必然趋势。只是千里之行始于足下，现在必须踏踏实实地起步。

如何起步呢？千里之行的第一步，就是总结大师何以成功的经验，总结他们失误的教训。

卞仁海君的《杨树达训诂研究》，做的就是这项工作。展卷读之，卞君在这两方面都是做得很好的。

首先，一方面，卞君在用一章篇幅分析杨树达先生训诂的学术背景之后，用四章篇幅分别分析了杨树达先生的文字观、音义观、语义观以及语法修辞观在训诂上的应用，每一章下，又划分了好几节，每一节下又划分细类，条分缕析，曲径幽微。卞君运用现代语言知识，深思密察，去粗取精，对杨树达先生的训诂研究加以归纳总结和抽绎，使之条理化和系统化。这样，就把博大而似乎漫无涯涘的杨氏学串联成一个有机的系统了，从而有利于学者了解杨树达先生学说的精髓。同时，卞君横向地比较了杨树达先生和章太炎、沈兼士以及黄侃的训诂研究，列出他们在各个方面的异同，又不啻为一部20世纪前期的简明训诂学史。另一方面，在第九章《杨树达的训诂成就和局限》第一节，卞君说：

> 杨氏训诂，根于传统，贵在纳新，"温故知新"一语，可以概括其训诂特色。训诂之学，绵延千年，治之者大都徘徊于乾嘉高峰之前，仅因两端：或无新材料，或缺新方法。段王以声为义，得益于归纳之法；虚实交会，则因其善考文例（比较之法）。学问之事，无以承传，不得创新：段王之学，杨氏承之。正当传统训诂囿于材料似乎山穷水尽之时，卜辞大出，甲金之学勃兴；西学东渐，西方语言学理论、方法介入。缘乎此，千年训诂再现生机。杨氏因应时势，广稽甲骨金石于训诂，以探求文字语源为依归，从而取得了超乎段王的训诂成就。"赤县神州训诂学第一人"，杨氏之谓也。

这两百多字的总结，可谓恰到好处。好就好在指出了杨树达先生之"因应时势"，吸纳新知，这与我在这篇佛头着粪的所谓序言中的前文所言，是一致的。

如此，既有全面深入的剖析、归纳，又有贯彻始终的一条红线，领挈以全裘振，纲举而万目张。

其次，在第七章第一节第三部分《共有的局限》和第九章第二节《局限与商榷》中，卞君又颇能指出杨树达先生的不足。卞君所引唐钰明先生的话："判断一个学者在学术史上的地位，最主要的是看他作出了多少建树，而不在于他有多少疏失。"于我心有戚戚焉。记得在十三四岁时读先祖父的《释尾》（手头无书，大约见于《文字形义学》），引述达尔文人猿进化学说后猜测大约造字时人尾尚未退化云。当时我想，人尾退化，大约在若干万年以前，造字则在数千年前。可见大师之误，在所难免，而往往与其建树成正比。杨树达先生在论述郭沫若治甲金文时所说"郭君鼎堂神识敏锐，创建独多。顾其书善者高出青云，次者或下沦九地。如此剽悍之将，性喜陷阵，搴旗斩将，每建奇功；而覆车溃众，时时不免。……瑕瑜杂见，固其所也"云云，有时也适合杨树达先生本人。

卞君的辩证，既有宏观的，又有微观的。宏观的如："语源同"含义辨正，先入为主难免臆说，用文字的方法研究语源，仍拘于"右文"，等等，都切中肯綮，极有见地，显示出作者有着较深的现代和传统语言学根底。微观的多体现在24例“个案商榷”中，虽不无微瑕，总体上说却是分析得十分到位的，体现了作者有很强的考据能力。如指出“家”当为会意字，“若”不为会意字，“放”不必言声旁假借，“祷”释义举例不当，“铁血”及“鍁”释义有误，“狱”不当训两犬相守，“‘属’释义有误”，“伪”不当袭许误，“谖”释义附会，等等，不必一一例举，大率皆信而有征，令人折服。

稍感不足的是，有些地方，分析时多引证其他学者之说，浅尝辄止，自己的挖掘不够深入。这一不足有时还带来另一弊端，即用他人的误说来纠正杨树达先生之误。例如，《个案商榷》之十四《“若”当训“其”》。《孟子梁惠王上》“即不忍其觳觫若无罪而就死地”，杨先生读为“即不忍其觳觫若，无罪而就死地”，当然是不对的。因为，表示“……的样子”，《孟子》用“然”而不用“若”。例多不举。先秦文献中只有《诗经》偶用“若”表示“……的样子”。但吴昌莹、王引之、郑子瑜所谓“若有‘其’训”“杨氏不知‘若’可作‘其’解”云云，则有待分析。不错，“若”可作指示代词，与“其”（他的）义近，此“若”训“其”，得之；但与语气副词“其”则风马牛不相及。吴昌莹于此为偷换概念而不自知。他的两个例句“子若免之，以劝左右可也”（《左传》昭公元年）“君若待于曲棘，使群臣从鲁君以卜焉”（昭公二十六年）之“若”都是假设连词，沈玉成先生《左传译文》的翻译的对的，而吴理解为语气副词，可谓无中生有。王引之《经传释词》在这2个例句基础上增加了一个：“我亦惟兹二国命，嗣若功”（《尚书·召诰》），这一句中的“若”是指示代词，可训“其”；但却有将“其”的指示代词义和语气副词义混为一谈来解释“若”之嫌。郑子瑜则盲从吴、王之说，以纠杨树达先生，当然不足取。如果说吴、王受时代局限，只知有字，不知有词，因而将两类“其”视为一个，不足深责，那么郑子瑜于此则有些失察了。如果将“若”理解为指代“牛”，也讲不通。因为与代词“其”类似的“若”，是指代第三人称的指示代词，与“其”一样，也处于领位（定语位置），绝不处于主位（主语位置）。“若”在此句中，当然是“好比”“好像”的意思。至于“增字解经”，如果在原文基础上增字而释之，在大多数情况下当然不可；而不论是古今两种语言或中外两种语言的对译，由于该两种语言结构不同，所谓增字有时是完全必须的——就如同杨伯峻先生在《论语译注》中所做的。有人因此非难杨伯峻先生“增字解经”，未免知其常而不知其变。古文简略，有些表转折表衔接的虚词经常阙如，而译为现代汉语，这些虚词必须出现，这时增字就不但可以，而且是必须的了。“若无罪而就死地”也应作如是观。因为在当时语言，“有罪”“无罪”一定是指人或指人的社会单位如“国”（作谓语用偶尔例外，如《孟子·梁惠王上》之“王无罪岁”），如加上“之人”，反而蛇足。这就如同“洗”一定是洗脚一样。由于“洗”词义的扩大，今译必须增加“足”或“脚”。“无罪”用现代汉语解释或译为现代汉语，也须补出“之人”，类似的如《尽心上》“杀一无罪，非仁也”。

当然，上例只是我个人的看法，可以争鸣。即便我是而卞君非，也仅为白璧微瑕。就全书而言，这样有待商榷的地方是极少的。总之，卞君此书无论从大处着眼，还是从小处细察，都把握得较好，既提纲挈领，又细致入微；而且，大致而言，对杨树达先生成就与不足的描述，论述得是恰到好处的。因此，我认为这是一部值得推荐当然也值得一读的好书。

杨逢彬，著名语言文字学家，杨树达先生嫡孙，文史名家杨伯峻堂侄，先后师从夏渌、郭锡良等名师。杨逢彬系武汉大学、上海大学教授，博士生导师，被誉为我国语言学界天资、学历、家学、师承四者俱备的学者。

目　录

第一章 绪 论

第一节 杨树达生平、著述

杨树达（1885—1956），湖南长沙人，字遇夫，号积微①，晚年更号耐林翁②。杨树达是中国近、现代著名的语言文字学家，其学贯中西，于训诂学、文字学、语法学、修辞学、音韵学、方言学、历史文献学均有精深的造诣。

一、幼承家学（1885—1897）

1885 年（清·光绪十一年）6 月 1 日，杨树达降生于湖南长沙的一个知识分子家庭。父名孝秩，字翰仙，熟谙经史，于《史记》、《资治通鉴》尤精，以塾师为业。杨树达 4 岁时祖父便教其识字，启蒙后由父亲系统教读，“略识训诂文义”③。其父授以《史通》、《资治通鉴》、《尔雅》、《广雅》等史书和小学书，使少年杨树达不仅打下了小学方面的坚实基础，也培养了其于史学方面的兴趣。后来杨氏在《汉书补注补正序》中回忆说：“家大人喜读史。少时侍坐，窃见治司马氏《通鉴》，日有定程。余兄弟幼承训诲，故亦好史籍，而余尤嗜班书。”《汉书》即成为杨氏一生治学的中心之一。时人倡导实学，杨父便命杨树达从其兄学习数学，“于是余于诸经、古文之外兼习数学焉”④。

---

① 1924 年 10 月，杨树达取《荀子·大略篇》“积微者著”，命书斋名为“积微居”。杨树达曾说：“小是大的基础，大是小的发展；多是少的结果，少是多的积蓄。学问是一点一滴积累而来的。”积微者，盖取义于此。其文集还有冠以此名者，如《积微居小学金石论丛》、《积微翁回忆录》等。

② 1949 年 9 月 7 日清晨，杨树达于朦胧中得诗句“霜叶从教耐晚林”，又命书斋名为“耐林庼”，其文集亦有冠以此名者，如《耐林庼金文说》等。

③ 杨树达：《积微翁回忆录》，上海古籍出版社 1986 年版，第 2 页。

④ 杨树达：《积微翁回忆录》，上海古籍出版社 1986 年版，第 4 页。

二、问师求学（1897—1911）

（一）长沙时期（1897—1904）。1897 年 10 月，13 岁的杨树达考入维新派人士在长沙设立的时务学堂。学堂由梁启超、熊希龄、谭嗣同等任教。杨树达不仅学习了各科知识，而且深受梁启超等人维新思想的影响。次年 9 月戊戌变法失败，时务学堂解散，杨树达家居治学。期间杨父指导其学习《尔雅》、《广雅》等训诂专书，杨树达遂有志于训诂之学①；1899 年，受父命师事文字版本学家叶德辉习《说文解字》和《四库全书总目提要》，杨获益匪浅，为日后研究打下了小学和目录学基础。1900 年秋，杨树达入湘人创办的求实书院，除经史外，还兼习算学、英文。1903 年，杨氏离开求实书院家居，便问业于以经学名家的胡元仪。1904 年应湖南省院试，以第一名交卷，考官批云："镕经铸史，卓而不群，少年得此，尤为可喜。"不久调入校经堂肄业。

（二）日本时期（1905—1911）。1905 年湖南选派学生赴日留学，杨树达被录取，入东京宏文学院大冢分校学日语。1908 年转入正则学校学英语。次年入京都第三高等学校学习。1911 年，辛亥革命胜利，清廷官费停拨，杨氏退学回国。在日期间，杨"日治欧洲语言及诸杂学"，并因此放弃了求教同在东京的章太炎的机会。杨树达学习外语，日语达到了日本同学还要向他请教的程度，英语后来任教有余②。杨"喜治欧西文字，于其文法，颇究心焉"③。杨氏说过："余之治中国文法也，资于欧洲文法者多。"④ 杨后来在总结其治学方法时列了 6 条总纲，首条就云："受了外来影响，因比较对照有所吸取。"⑤可见，杨氏在日本期间的学习对其以后的研究有重要影响，杨曾说："少年时代留学日本，学外国文字，知道他们有所谓语源学。……在这以前，语源学这个名词是很少见到的。这是我研究的思想来源。"⑥ 游日 6 年后的杨树达不仅传统国学基础深厚，而且颇有西学的功底了。

---

① 杨树达《积微居小学金石论丛·自序》（中华书局 1983 年版，第 13 页）："予年十四五，家大人授以郝氏《尔雅》、王氏《广雅》二疏，始有志于训诂之学。"

② 杨树达：《积微居小学金石论丛·自序》（中华书局 1983 年版，第 13 页）："辛亥兵兴，困饿京都，仓黄返国，始以英国文字教于长沙。"

③ 杨树达：《词诠·序例》，中华书局 1965 年版，第 5 页。

④ 杨树达：《积微居小学金石论丛·张彦超马氏文通刊误补序》，中华书局 1983 年版，第 257 页。

⑤ 杨树达：《积微居小学述林·自序》，中华书局 1983 年版，第 5 页。

⑥ 同上书。

三、设教治学（1911—1956）

（一）长沙时期（1911—1920）。返国后的杨树达，除短期任职于湖南教育司等机构外，绝大部分时间从教治学。从1912年到1919年，杨氏先后任长沙楚怡工业学校英文教员、湖南第四师范学校国文法教员、湖南第一师范学校国文法教员、湖南第一女子师范学校国文教员。任文法教员时，始治文法，发现当时奉为圭臬的《马氏文通》有不少舛误；1918年3月，南北军阀战争爆发，杨感于《老子》"兵者不祥之器"之言，取《韩非子》、《淮南子》诸篇，搜集诸家说《老子》者，以50日辑成《老子古义》一书。1919年湖南督军张敬尧镇压长沙爱国运动，长沙学界发起"驱张"运动，杨氏作为教职员代表和毛泽东等进京请愿。在此期间，杨氏撰成《马氏文通刊误》、《中国语法纲要》等书稿。

（二）北京时期（1920—1937）。1920年，经黎锦熙推荐，杨树达任职于教育部国语统一筹备会，并任北京师范学校国语法教员、北京法政专门学校日文教员。1921—1926年任职于北京高等师范学校（1924年改为北京师范大学）；1926年9月，经梁启超推荐任清华大学国文系教授，直至1937年七七事变爆发。清华期间，杨氏得与王国维、陈寅恪、朱自清等相识。杨树达善于把学术研究和教学密切结合，在北师大和清华期间，先后开设国文法、文字学、修辞学、《史记》、《汉书》、《淮南子》等多门课程，这些既是他的教授科目，又是他的研究课题。"每开一门课程就有这门的著述"① 可以说是杨树达设教治学的显著特点。

在此期间，杨树达学不厌，诲不倦，以兼人之力，获倍人之功，先后新撰及续成的专著和文集计有18种：《说苑新序疏证》（1921）、《盐铁论校注》（1924）、《汉书补注补正》（1924）、《古书疑义举例续补》（1924）、《词诠》（1928）、《中国语法纲要》（1928）、《周易古义》（1928）、《战国策集解》（1928）、《古书之句读》（1928）、《高等国文法》（1929）、《马氏文通刊误》、《积微居文录》（1931）、《论语古义》（1933）、《汉代婚丧礼俗考》（1933）、《中国修辞学》（1933）、《群书检目》（1934）、《淮南子证闻》（1936）、《积微居小学金石论丛》（1936）。

1934年8月，杨树达在天津《大公报》发表《读商承祚君殷契佚存》一

① 罗常培：《悼杨树达（遇夫）先生》，《杨树达诞辰百周年纪念集》，湖南教育出版社1985年版，第255页。

文，此为杨氏研究甲文之始。其后20多年，杨氏兼治甲骨、金石文字，成论文百余篇，专著4种。

（三）避难、战后4年（1937—1949）。1937年七七事变后，杨树达返湘受聘湖南大学。次年10月随湖大迁到湘西辰溪，敌机不断轰炸，杨甚为愤慨，特开设“春秋大义”课程，阐述《春秋》“复仇”、“攘夷”之大义，并说：“自恨书生不能执戈卫国，乃述圣文，昭示后进，恶倭寇，明素志也。”（《春秋大义述自序》）杨氏避难时期的主要著述有：《春秋大义述》（1940）、《淮南子证闻》（续成，1942）、《论语疏证》（1943）、《文字形义学》（1944）、《甲骨文蠡测撷要》（1945）。此外还有《文法学小史》、《训诂学小史》等著作。杨氏在这一时期的研究精力主要集中于甲金文字，尤以金文为重。自1941年1月至1943年7月，杨树达于金文创获颇丰，考释81器，作论文107篇。

抗日战争胜利后，杨树达被选为中央研究院院士，并主编湖南省艺文志，曾两赴中山大学短期讲学。期间，杨继续治甲金文字，1946年5月至1949年9月间，杨释金文139器，作论文150篇；从1940年底到1949年，杨氏的甲骨文论著若以篇目计，则超过甲骨发现以来的任何一位学者。

（四）新中国成立以后（1949—1956）。“夕照从来分外红”，新中国成立后，杨树达治学热情高涨，著述不辍。1953年湖南大学取消文法学院，杨树达转任湖南师范学院教授，同年任湖南文史馆馆长；1955年被聘为中国科学院学部委员；1956年2月，在完成《盐铁论要释》后不久逝世。杨树达晚年整理加工的著作有：《积微居金文说》（1952）、《积微居读书记》（1952）、《积微居小学述林》（1953）、《积微居金文余说》（1953）、《积微居甲文说·卜辞琐记》（1953）、《耐林庼甲文说·卜辞求义》（1953）、《增订积微居小学金石论丛》（1955）、《论语疏证》（1955）、《汉书窥管》（1955）、《盐铁论要释》（1956）。①

---

① 有关杨树达的生平、著述，以下论著可资参考：杨树达：《积微居回忆录·积微居诗文钞》，上海古籍出版社1986年版；白吉庵：《杨树达传略》，《文献》21辑，书目文献出版社1984年版；《杨树达先生学术年表》、《杨树达著述要目》、《杨树达先生小传》，收入刘梦溪主编《中国现代学术经典·杨树达卷》，河北教育出版社1996年版；王玉堂辑述：《杨树达先生事略》，杨伯峻：《杨树达文集前言》，收入《杨树达诞辰百周年纪念集》，湖南教育出版社1985年版；符岚：《国学大师杨树达》，载《书屋》2012年第6期。

第二节 杨树达的训诂著作及其研究现状

一、杨树达的训诂著作

王力先生在《新训诂学》中将训诂学分为旧训诂学和新训诂学，又将旧训诂学分为三派：一是纂集派，如阮元《经籍纂诂》之类；二是注释派，如段玉裁《说文解字注》之类；三是发明派，即“因声求义，不限形体”派，如王念孙、章太炎之属。比附王氏的分类，本书将杨树达的训诂著作分为以下几类。

（一）纂辑类

此类辑集古人之文以解释古书。杨树达于1902年始辑、1928年完成《周易古义》，1918年辑成、1928年增补成《老子古义》。此类著作的特点是“述而不作”，征引所有三国以前有关《易》、《老》及其解释的文字，列于相关文句之下。1930年辑成《论语古义》，1943年扩展增补成《论语疏证》，取诸经、诸子及四史之文可证《论语》之义者。1940年，杨感于倭寇侵国，撰《春秋大义述》，以《公羊》“攘夷”大义激励国民抗敌，系“古为今用”之作。《论语疏证》、《春秋大义述》虽然既述且作，但以述为主，故亦归入此类。此类遗失书稿有《说苑新序疏证》（1921）、《战国策集解》（1928）。

（二）注释类

此类是关于校勘、注释和考证一类的著作。杨氏幼嗜班书，早年读王先谦《汉书补注》，有志精研；杨谙熟高邮王氏之书，用王氏父子校释古书之法，于1924年成《汉书补注补正》；杨曾于北京开设汉书课程，多次教学，不断增益补充，于1953年终积30年治《汉书》心得，成《汉书窥管》。有人评价《汉书窥管》说：“研读汉书，已无剩疑。纵有地下发掘，只能作为补充或证明汉代史料和史实，恐难翻倒遇老之所考订。”[①] 杨少时好《盐铁论》，

---

① 杨伯峻：《杨树达文集前言》，《杨树达诞辰百周年纪念集》，湖南教育出版社1985年版，第29页。

1924年成《盐铁论校注》，后多有补充，未版；1955年杨承担中国科学院《盐铁论》校注课题，以50日成《盐铁论要释》。杨在北京颇读《淮南子》，并与吴承仕相互讨论，初成《淮南子证闻》，于高邮王氏所校《淮南》多有所驳；后来杨设教《淮南》于湖南大学，且教且治，于1942年续成《淮南子证闻》。此类还有杨树达的读书札记《积微居读书记》，以及《古书句读释例》等。

（三）发明类

此类是有关文字训诂的著作，以《积微居小学述林》（下简为《述林》）、《积微居小学金石论丛》（下简为《论丛》）为代表，是代表杨树达最高训诂成就的一类。此类著述不仅"因声求义，不限形体"，而且不囿《说文》，利用甲骨金石，以古声韵为纲，求文字语源，探用字之流，于文字训诂颇多发明。王力说："同源字的研究，可以认为是一门新的训诂学。"[①] 所谓"新训诂学"，就是从历史上观察语义的变迁。[②] 可以说，杨氏此类著作兼具"发明派"和"新训诂学"的特点。

《论丛》集杨树达1931年至1936年冬所得文字训诂论文139篇，包括说字之属60篇（其中"释×"类43篇、"说×"类17篇[③]），音韵之属4篇，方言文法4篇，经字考证序跋19篇，考史金石12篇；《述林》集杨树达1936年《积微居小学金石论丛》出版以来至1952年有关小学的论文209篇，特别是集中了有关语源研究的成果，包括说字之属120篇，通考文字之属8篇，故书古史杂考40篇，序跋书札杂文39篇。

二、杨树达训诂之研究现状

（一）研究论著统计

1. 专著

目前国内外尚无研究杨氏的训诂专著问世，但在语言学史或训诂学史的专著中有相关章节论及。列表如下：

---

① 王力：《同源字典·同源字论》，商务印书馆1982年版，第45页。

② 王力：《新训诂学》，《王力语言学论文集》，商务印书馆2000年版，第498～510页。

③ 杨树达云："余说文字，凡说制字之义者为'释'，说用义者为'说'。"见杨树达《积微居回忆录·积微居诗文钞》，上海古籍出版社1986年版，第61页。

表 1－1 论及杨氏训诂的专著一览

著 者	书 名	章 节	主要内容	所涉著作
何九盈	《中国现代语言学史》	词源研究（523—528 页）	述评杨氏语源学、同源词研究	《述林》、《论丛》
黄永武	《形声多兼会意考》	形声多兼会意说略史（57—59 页）	简述杨氏声符兼义研究	同上
李建国	《汉语训诂学史》	近代之“右文说”的发展（318—325 页）	总结杨氏探源方法	同上
徐 超	《中国传统语言文字学》	语源研究的方法（322—326 页）	揭示探源方法	同上
殷寄明	《语源学概论》	为杨树达的“小学”正名（86—88 页）	简述杨树达的语源研究	同上
曾昭聪	《形声字声符示源功能述论》	杨树达对声符示源功能的研究（162—173 页）	述评杨氏的声符示源功能研究	同上
赵振铎	《训诂学史略》	杨树达（325—332 页）	揭示探源方法、涉及语法训诂	同上
张 博	《汉语同族词的系统性和验证方法》	杨树达的语源考索法（85—87 页）	概述杨树达的语源考索法	同上
张 标	《20 世纪说文学流别考论》	杨氏《说文》学的主要贡献（77—82 页）	兼及杨氏的声义研究	同上

2. 论文

国内所知见有关杨树达语言文字学的研究论文计有 45 篇，以下是分布统计：

表 1－2 研究杨树达语言文字学的论文内容之分布统计

论文内容	训诂①	语法	文字	修辞	方言	文献	综述
篇数	19	12	3	3	3	2	3

① 杨氏的有些著作所涉较广，如《古书句读释例》，虽名为古书句读之释，但所发明却不仅以句读为限，也有小学训诂、语法修辞、版本校勘、古书文例等，这里将有关《古书句读释例》的研究归入训诂。

以下是研究杨氏训诂的19篇论文所涉及的杨氏训诂著作统计：

表1-3　研究杨氏训诂之论文所涉及的杨氏著作统计

涉及著作	《小学述林》、《金石论丛》	《古书句读释例》	《汉书窥管》	《盐铁论要释》	《论语疏证》	《淮南子证闻》	《积微居读书记》
篇数	12	6	1	0	0	0	0

（二）研究论著的总体分析与评价

1. 缺乏全面、系统研究杨氏训诂的专著。有关杨氏训诂的专著都是简单的宏观概述，很少微观的训诂问题分析，而且都相对集中在其文字探源研究上。当然这些特点都是其作为学术史专著的性质决定的。

2. 有关杨氏训诂的研究论文中不乏中肯、有见地的分析，但有的仅是泛泛而论，限于举例说明。

3. 综观这些相关研究，给人的总体印象是有些内容重复，主要集中在其语源研究上。当前的杨氏训诂研究主要集中在《述林》和《论丛》上，而有关《汉书窥管》、《论语疏证》、《盐铁论要释》、《淮南子证闻》、《积微居读书记》等著作的训诂研究几乎空白，理应加强；即便是《述林》和《论丛》，相关研究也几乎全部集中在说字之属上，其中又以引用其材料者居多。

第三节　本书的研究意义及所用材料

一、研究目的及意义

本书的研究基于以下的目的和意义：

（一）当今语言学界对训诂的研究主要集中在清代及其以前，而对近代训诂的研究相对较为薄弱；即便是对于近代训诂，章太炎为语源学导夫先路，黄侃为荦荦大者，杨树达之训诂似乎为章、黄的光芒所遮掩，研究者很少。张标先生就指出："自杨氏于1956年去世后，对杨氏学的研究并不理想。"① 目前

① 张标：《20世纪说文学源流考论》，中华书局2003年版，第84页。

有关杨树达训诂的研究主要集中在其语源学方面，而于其他方面很少涉及；事实上，杨氏除《述林》、《论丛》外，还有《汉书窥管》、《论语疏证》、《盐铁论要释》、《淮南子证闻》、《春秋大义述》、《古书句读释例》等一大批训诂著作。鉴于目前国内外还没有人对杨树达的训诂进行全面系统研究的现状，本书爬梳整理杨树达训诂的全部材料，系统、深入研究杨树达训诂的理论、方法，以期填补有关杨树达乃至近代学术研究方面的空缺。

（二）近代是中国语言学的转型时期，也是传统训诂学在西方语言学的影响下向“新训诂学”过渡的时期。杨树达的学术活动横跨近代和现代，他是这一过渡时期的见证者和实践者。杨树达既承段、王之学，传统训诂学造诣精深；又留学日本，接受西方语源学、语义学理论，从而取得了超乎前人的巨大成就。处于过渡时期的杨氏，其训诂既包含有“新训诂学”的现代观念，又带有传统训诂学的某些局限。本书用现代语言学的理论，全面审视杨氏训诂的成就和局限，对新时期如何搞好训诂学的学科建设亦将具有一定的借鉴意义。

（三）杨氏训诂以理论和方法见长。传统训诂理论薄弱，而杨树达运用语源学理论，善于从具体的材料中归纳出规律性的东西，丰富了训诂学理论；除训诂学外，杨树达还于文字学、金石学、音韵学、方言学、语法学、修辞学、校勘学有精深造诣，并著有《词诠》、《高等国文法》、《马氏文通刊误》、《中国修辞学》、《古书疑义举例续补》、《古书句读释例》、《古声韵讨论集》、《积微居金文说》、《积微居甲文说·卜辞琐记》、《耐林庼甲文说·卜辞求义》、《中国文字学概要·文字形义学》等专著及相关论文。正是由于杨氏在语法、修辞等语文诸学科取得的多方面成就，从而形成其训诂的跨学科观念，使他能自觉运用甲骨金石、音韵、语法、方言等进行训诂实践；杨氏训诂方式方法多样，如综合利用对文、连文、异文、语境、金石文字、方言、修辞、语法等进行比较互证。全面总结并继承杨氏训诂的理论和方法，于当今的训诂实践也具有方法论意义。

二、本书所使用的杨氏训诂材料

如前所述，杨树达训诂著作很多，考虑到杨氏训诂著作的特点，本书选用杨氏训诂材料的原则如下：

（一）以发明类著作《积微居小学述林》、《积微居小学金石论丛》为核心材料；

（二）以注释类著作《汉书窥管》、《盐铁论校注》、《古书句读释例》、《淮南子证闻》、《积微居读书记》等为辅助材料；

（三）参考杨氏文字、语法、修辞著述，如《文字形义学》、《词诠》、《高等国文法》、《马氏文通刊误》、《古书疑义举例续补》、《中国修辞学》等中的相关材料，取其中可以说明杨氏训诂问题者；

（四）纂辑类《周易古义》、《老子古义》等著作“述而不作”，所涉问题多属文献、版本、校勘范围，故不取。

第二章　杨树达训诂的学术背景

处于中国语言学转型时期的杨树达，训诂成就之所以卓著，有其时代背景和个体因素。概而言之，杨氏训诂远绍乾嘉段王，近承湘学余绪；既被西学东渐之风，又熔甲骨金石之学。以下从“段王后学”、“湘学余绪”和“时代影响”等三个方面论述杨树达训诂的学术背景。

第一节　段王后学

一、乾嘉学派的训诂学

乾嘉学派接踵于清代“康乾盛世”，其训诂之学上承先秦汉唐以来的训诂渊源，下启近代梁启超、王国维、章太炎，成为训诂学史乃至学术史上的里程碑，它标志着传统语文学进入了语言学领域。乾嘉学派主要分为以惠栋（1697—1758）为首的“吴派”和以戴震（1724—1777）为首的“皖派”，而其训诂学又以皖派戴震的受业弟子段玉裁和王念孙成绩为最大，代表了清代训诂学的最高成就，世称“段王之学”。[①] 乾嘉学派之训诂创获极多，今从总体上以两端概其荦荦大者。

（一）系统化、理论化的音义观

梁启超先生说：“所谓‘就古音以求古义，引申触类’，实清儒治小学之最成功处。”[②] 胡奇光则认为：“一是‘右文说’，段玉裁改称‘以声为义说’；

① 王力《中国语言学史》：“一般人所称的乾嘉学派，指的是段、王之学。”山西人民出版社1981年版，第169～170页。

② 梁启超：《中国近三百年学术史》，山西古籍出版社2001年版，第202页。

二是摆脱字形束缚的音近义通说，即王念孙的‘以音求义说’。这两条是清代训诂学的精华，也是现代训诂学研究的主线。”① 训诂之旨，在于声音。而汉唐以来的训诂诸家尽管留存大量的声训材料，如《释名》的声训、北宋以来的“右文说”等，但对音义关系的认识始终处于若明若暗的状态。他们或拘于声音而主观臆断，如“声训”；或泥于字形，执偏以概全，如“右文说”。只有到了乾嘉学者手里，有关音义关系的认识才系统化、理论化。摘其表述之精要如下：

阮元：“义以音生，字从音造。”（《揅经室集》）

戴震：“故训声音，相为表里。”（《六书音韵表·序》）又：“疑于义者以声求之，疑于声者以义正之。”（《转语廿章·序》）又：“义由声出，因声而知义。”（《论韵书中字义答秦尚书蕙田》）

段玉裁：“小学有形、有音、有义，三者互相求，举一可得其二。有古形、有今形，有古音、有今音，有古义、有今义，六者互相求，举一可得其五。……学者之考字，因形以得其音，因音以得其义。治经莫重于得义，得义莫切于得音。”（《广雅疏证·序》）

王念孙：“窃以训诂之旨，本于声音。故有声同字异，声近义同；虽或类聚群分，实亦同条同贯。譬如振裘必提其领，举网必挈其纲。”又：“今则就古音以求古义，引伸触类，不限形体。”（《广雅疏证·自序》）

王引之：“学者改本字读之，则怡然理顺；依借字解之，则以文害辞。”（《经义述闻·经文假借》）又：“字之声同声近者，经传往往假借，学者以声求义，破其假借之字而读以本字，则涣然冰释，如其假借之字而强为之解，则诘籥为病也。”（《经义述闻·序》）

清代以前的训诂始终没有摆脱字形的束缚，王力先生在评价清代训诂学时说：“这种重形不重音的观点，控制着一千七百年的中国文字学（从许慎时代到段玉裁、王念孙的时代）。只到段玉裁、王念孙，才冲破这个藩篱。”“这是训诂学上的革命，段、王等人把训诂学推进到崭新的一个历史阶段，他们的贡献是很大的。”② 乾嘉学者音义关系认识的突破，使他们能从本质上认识文字形、音、义的关系，以及文字和语言的关系，训诂学也因此进入了语言学领域。因此，黄侃先生说：“清代小学之进步，一知求本音，二推求本字，三推

① 胡奇光：《中国小学史》，上海人民出版社1987年版，第356页。
② 王力：《中国语言学史》，山西人民出版社1981年版，第157页。

求语根。"[1] 这种"革命"性的成果，集中体现在郝氏《尔雅义疏》、段氏《说文解字注》以及王氏父子《广雅疏证》、《读书杂志》、《经义述闻》等训诂专著上。

（二）"实事求是、无征不信"学风的恢复和发扬

梁启超总结乾嘉学风有十大特色[2]，可一言以蔽之：实事求是、无征不信。这种学风的恢复和发扬同样具有"革命"性意义。明清之际，社会动荡，理学空疏衰败，清代学术开山之祖顾炎武高举反理学之大旗，开"朴学"学风之端绪；中经阎若璩、惠栋、戴震、钱大昕等人的推阐发扬，迄至段、王而臻于极盛。清代"朴学"继承古代经学家考据训诂的方法，以经学为主，以汉儒经注为宗，学风平实、严谨，不尚空谈。但清代"朴学"不是简单地重复"许郑之学"，而是不墨守、敢创发、讲方法、有朴素历史观念的新"朴学"。

乾嘉学术以讲究训诂考据为特色，这一特色始终贯彻了新"朴学"的学风，体现在训诂上，表现为：一是严谨、科学的训诂方法。乾嘉训诂凡立说必持之有据，既不盲从，也不妄立，实事求是，无征不信，训诂方法也臻于科学。梁启超先生就以"注意"、"虚己"、"立说"、"搜证"、"断案"、"推论"等六端概括王氏父子训诂的科学方法。[3] 赵振铎则以"充分占有资料、坚持科学的求实态度、以声音通训诂"[4] 加以概括。二是对中国几千年的传统训诂进行了系统的整理与总结。有清以前之训诂材料浩繁，其中不乏舛误错讹，清代学者（以乾嘉学者成绩最为卓著）以"朴学"之实事求是的学风，或校注，或辨伪，或辑佚，拾遗钩沉，阐幽著微，对传统训诂进行爬梳整理，系统、全面地清理和总结了传统训诂著作。李建国先生就指出："他们成功地总结训诂学的历史经验，为近代训诂学发展铺平了道路。"[5]

二、杨氏的历史继承

李建国说："（清代训诂学家）发现'训诂之旨，在声音不在文字'的原

---

① 黄侃：《文字声韵训诂笔记》，上海古籍出版社 1983 年版，第 12 页。

② 参见梁启超《清代学术概论》，天津古籍出版社 2003 年版，第 44 ～ 45 页。

③ 参见梁启超《清代学术概论》，天津古籍出版社 2003 年版，第 43 ～ 44 页。

④ 赵振铎：《读〈广雅疏证〉》，载《中国语文》1979 年第 4 期。

⑤ 李建国：《汉语训诂学史》，上海辞书出版社 2002 年修订版，第 289 页。

理，重倡因声求义的方法，从而为近代语言学革命奠定了基础。……这一语言观点的萌发和方法上的突破，为近代训诂学家纯粹由语音和语义的结合上推导语源、研究语义开了先河。”① 杨树达训诂于乾嘉训诂乃至整个传统训诂均有继承，王力指出：“杨氏继承了乾嘉的朴学，各方面的造诣都颇深。”王氏在评价杨树达的语法研究后又说：“后来杨树达索性继承乾嘉学派的事业，去搞他的小学去了。”②

杨氏年幼即受教乾嘉训诂之书。他自述说：“予年十四五，家大人授以郝氏《尔雅》、王氏《广雅》二疏，始有志于训诂之学。”③ 并对王氏所治训诂、语法之精审非常佩服。“生平服膺高邮王氏，念王氏兼治虚实，学乃绝人。”④“凡读书者有二事焉：一曰明训诂，二曰通文法。训诂治其实，文法求其虚。清儒善说经者，首推高邮王氏。其所著书，如《广雅疏证》，征实之事也；《经传释词》，捣虚之事也。其《读书杂志》、《经义述闻》，则交会虚实而成者也。”⑤ 皮锡瑞云：“段玉裁《说文解字注》，昌明许慎之书。……而经学训诂以高邮王氏念孙、引之父子为最精，郝懿行次之。是为训诂学。”⑥ 可见，杨氏所读可谓得乾嘉训诂之最精要。

“前清乾嘉以后，学者们盛倡义存乎声之说，高邮王氏念孙、引之父子多所发明。”⑦ 而杨氏对乾嘉的“声近义通”之说，可谓深得其要领。杨氏又云：“自清儒王怀祖郝兰皋诸人倡声近则义近之说，于是黄承吉刘师培先后发挥形声字义实寓于声，其说亦即圆满不漏矣。”“予年十五，家君授以郝氏《尔雅》、王氏《广雅》，颇知声近义通之说。”⑧

罗常培说：“遇夫先生的研究方法，主要是得之于高邮王氏父子和金坛段氏。”⑨ 先看杨树达之于段玉裁：

段玉裁：凡从云声之字皆有回转之义。(《段注·口部》)《说文》：

---

① 李建国：《汉语训诂学史》，上海辞书出版社2002年修订版，第288～289页。

② 王力：《中国语言学史》，山西人民出版社1981年版，第179页、207页。

③ 杨树达：《积微居小学金石论丛·自序》，中华书局1983年版，第13页。

④ 同上。

⑤ 杨树达：《词诠·序例》，中华书局1978年版，第5页。

⑥ 皮锡瑞：《经学历史》，中华书局2004年版，第242页。

⑦ 杨树达：《积微居小学述林·自序》，中华书局1983年版，第5页。

⑧ 杨树达：《论丛·形声字声中有义略证》，中华书局1983年版，第39页、51页。

⑨ 罗常培：《悼杨树达（遇夫）先生》，《杨树达诞辰百周年纪念集》，湖南教育出版社1985年版，第255～256页。

军，圆围也。段注：于字形得圆义，于字音得围义。凡浑、輝、煇等军声字皆兼取其义。……包省当作勹。勹，裹也。勹、车，会意也。（《段注·车部》）

杨树达：包声字有包裹义……《说文·十四上·车部》："军，圆围也。从车，从包省。"军字从包省而训圆围，与抱为包裹义正同。（《论丛·字义同缘于语源同例证》）又：云受形义于回转……回又有周回之义，故云又孳乳为军。《说文·十四上·车部》云："军，圆围也。从车，从包省。"（《论丛·说云》）

段玉裁：凡从曾之字皆取加高之意。（《段注·土部》）

杨树达：赠从曾声，故有增益之义。……曾有益义，故从曾声之字多含加益之义，不惟赠字为然也。（《论丛·释赠》）

段玉裁：凡巠声之字皆训直而长者。（《段注·𨸏部》）

杨树达：巠声多含直立之义。（《论丛·字义同缘于语源同例证》）

段玉裁：《说文》："襛，衣厚皃。从衣农声。（诗）曰'何彼襛矣'。"段注：凡农声之字皆训厚。（《段注·衣部》）

杨树达：重声、竹声、农声字多含厚义。（《论丛·形声字声中有义略证》）

由以上可以看出，杨氏于段君"声义贯通"之说多有继承。但段氏大多以"凡"、"皆"言之，有"右文说"执偏概全之病；杨氏云"多"，盖源于其对"一义可多声"、"一声可多义"的认识，如：

叚声字多含大义。（《论丛·释雌雄》）

叚声字多含赤义。（《论丛·形声字声中有义略证》）

杨氏发现叚声兼有"大"义、"多"义，自然不言"凡"、"皆"而言"多"，以去执偏之病。

再看杨树达之于王念孙：

王念孙：《疏证·释诂》卷三上："侹者，《玉篇》音他顶切。《尔雅》：颋，直也。襄五年《左传》：周道挺挺。杜注云：挺挺，正直也。《曲礼》：鲜鱼曰脡祭。郑注云：脡，直也。并字异而义同。”

杨树达：《论丛·释经》（为简明见，杨氏文字所述以表示之）：

表1　杨树达《释经》

同义字	经	巠	廷	庭	颋	挺	侹	脡	珽	径	泾	胫	鋞	声义关系：𡈼声、巠声孳乳之字多训直
声符	巠	𡈼（省）	𡈼（省）	廷	廷	廷	廷	廷	廷	巠	巠	巠	巠	
意义	直	水脈	直	直	直	直	平直	直	挺直	直	直波	直长	圆直	

王念孙：《疏证·释器》卷八上：“䣼，浆也。”疏证：《说文》：䣼，杂味也。又云：犥，白黑杂毛牛也。犉，犥牛也。《春秋传》曰犥犉。杂和谓之䣼，杂毛牛谓之犉，其义一也。

杨树达：《说文·四篇下·酉部》云：“䣼，杂味也。又《二篇上·牛部》云：“犉，犥牛也。引《春秋传》曰：犥犉。”按犥下云：“白黑杂毛牛。”据二文观之，京声字盖有杂义。按京训人所为绝高丘，与杂义不相会，颇难索解。考《三篇上·䰜部》云：“鬻，五味和羹也。”或作羹。按羹训五味相和，饮食之事也。《八篇上·衣部》杂味五采相合，衣服之事也。五采相合为杂，则五味相合亦具杂义矣。古京与羹同音，从京犹从羹也。”（《论丛·释䣼》）另附简表示之：

表2　杨树达《释䣼》

同义字	䣼	犉	鬻	羹	形音义关系：京声有杂义；京、羹古音同，从京犹从羹；鬻、羹异体
构造	京声	京声	从䰜从羔	从羔从美	
意义	杂味	杂色牛	五味和羹	五味相和	

王念孙：《疏证·释宫》卷七上：“楣、檐，梠也。”《说文》：“梠，楣也。”……《释名》云：“梠，旅也，连旅之也。”……凡言吕者，皆相连之意。众谓之旅，紩衣谓之絽，脊骨谓之吕，梅端榜联谓之梠。其义一也。”

杨树达：《论丛·形声字声中有义略证》（简表示之）：

表3　杨树达《形声字声中有义略证》

同义字	吕	侣	闾	旅	梠	絽	筥	梋	栌	声义关系：吕声、旅声、卢声字多含连立之义
声符	吕	吕	吕	从（形）	吕	吕	吕	吕	卢	
意义	脊骨相连	伴	群侣	军五百人	屋梠	缝衣使相连	禾四秉	叶密布	屋上	

王念孙：《疏证·释诂》卷三上："几，微也。"疏证："几之言几希也。《系辞传》云：几者，动之微。《皋陶谟》云：惟几惟康。《说文》：仉，精详也。叽，小食也。司马相如《大人赋》云：咀噍芝英兮，叽琼华。《众经音义》卷九引《字林》云：玑，小珠也。《玉篇》：鐖，钩逆铓也。《淮南子说林训》云：无鐖之钩，不可以得鱼。《方言》云：钩，自关而西，或谓之鑶。郭璞音微。是凡言几者，皆微之义也。"

杨树达：《言部》又云："讥，诽也，从言，几声。"按《四篇下·丝部》云："几，微也。"故几声字多含微小之义。《二篇上·口部》云："叽，小食也，从口，几声。"《十三篇上·虫部》云："虮，虱子也，从虫，几声。"此虫之微小者也。几又有不足之义。《五篇下·食部》云："谷不熟为饥"，是也。讥从言从几，谓言其微小不足，故为诽也。（《述林·字义同缘于语源同续证》）另附简表示之：

表4　杨树达《字义同缘于语源同续证》

同义字	几	叽	虮	饥	讥	声义关系：几声字多含微小之义；几又有不足之义
声符	几	几	几	几	几	
意义	微小	小食	小虫	不足	诽小而轻之	

由以上可见，杨氏声义之说当受王氏启发，且多有申发。王氏突破字形（右文）束缚（如"吕"、"旅"），且"深合于以声为义之理"（沈兼士语），但沈氏又说："惜其说散慢，未具系统。"[①] 杨氏不仅突破字形，且长于"创通大例"，如云"京声字盖有杂义"、"古京与鶊同音，从京犹从鶊"，"几声字多含微小之义，几又有不足之义"。

① 沈兼士：《右文说在训诂学上之沿革及其推阐》，《沈兼士学术论文集》，中华书局1986年版，第97页。

现以段、王、杨分析叚声字义为例进行比较：

段玉裁：凡叚声多有红义。……凡叚声如瑕、騢、鰕等皆有赤色。古亦用鰕为云赮字。(《段注·马部》)

王念孙：《疏证·释地》卷七九下："赤瑕。"《说文》：瑕，玉小赤也。司马相如《上林赋》：赤瑕驳荦。张注云：赤瑕，赤玉也。张衡《七辩》云：玩赤瑕之璘豳。瑕者，赤色之名。赤云气谓之霞，赤玉谓之瑕，马赤白杂谓之騢，其义一也。

杨树达：叚声字多含大义。(《论丛·释雌雄》) 叚声字多含赤义。(《论丛·形声字声中有义略证》) 另附简表示之：

表5　杨树达《形声字声中有义略证》

同义字	瑕	蝦	霞	赮	騢	麚	豭	蝦	假	犌	声义关系：叚声字多含大义。叚声字多含赤义
声符	叚	叚	叚	叚	叚	叚	叚	叚	叚	叚	
意义	玉小赤	熟后赤	赤云气	赤色	赤白马	牡鹿	牡豕	大鲵	大	大牛	

段氏例举瑕、騢、鰕、赮四字，便云"凡叚声多有红义"①；王氏具体分析后云：瑕、霞、騢三字"其义一也"；杨氏例举瑕、騢、鰕、赮、霞五字云："叚声字多有赤义"，例举麚、豭、蝦、假、犌五字又云："叚声字多有有大义。"可见，关于"声义贯通"之说，段氏失之于宽，执偏以概全；王氏太过谨严，未精于"创通大例"；至于杨氏，用他自己的话总结，即"盖予循声类以探语源，因语源而得条贯，其径程如此。独念胜清三百年间，小学如日中天，臻于极盛。金坛段氏高邮王君夐绝一世，其于创通大例，顾未有闻，予以顽质，乃邂逅得之"。②

韩国的韩宗完说："他（杨树达）的文字训诂、金石考据，是从高邮二王、金坛段玉裁脱胎来的，平实、细密、无征不信。"③"脱胎"二字，当理解为"继承发扬"；"平实、细密、无征不信"，则完全是乾嘉学派的训诂考据

① 刘又辛先生说："具有赤义的字，只有瑕、騢、鰕、赮（新附）、霞（新附）五个字。用五个字和没有赤义的十三个字相比，只是少数。"《"右文说"说》，《文字训诂论集》，中华书局1993年版，第69页。

② 杨树达：《积微居小学金石论丛·自序》，中华书局1983年版，第14页。

③ 韩宗完：《日记里的杨树达》，载《人物》2003年第11期。

之风。

杨树达之文字训诂注重实证，征引博洽，他自己就说："我于传注之外，凡现代语言及其它一切皆取之做我的材料，故所涉较广。"① 杨氏文字训诂不因袭泥古，阙疑求真，孤证不妄，他在《答人论文字学书》中就说："树达近年研讨文字之学，于许书不肯过信，亦不欲轻诋，可信者信之，疑而不能决者阙之，其有订正许说者，必于故书雅记广求征证，确见其不然，然后信之，若单文孤证，则姑以为假定，不敢视为定论也。"② 杨氏曾以"六纲"、"五事"③概括其治学方法，并说："拿前举的六纲为经，后举的五事为纬，交错推衍，以之说字，往往左右逢源，无往不利。"④ 兹引杨氏自述之一例，以见其平实、细密之风：

> 又如辰字辱字，《说文》都说得全无道理。我因为金文辰字做蜃蛤的形状，又据《说文》裖字说解，知辰是蜃字的初文。辱字从寸从辰，表示手持蜃蛤。《淮南子·汜论篇》说："古人摩蜃而耨，"因悟到辱字是耨的初文，《说文》作槈鎒，是后起的加旁字。这个字又很明白地看得出：是拿六纲中的形义密合及广征经传利用甲金文三事和五例中的象形会意字有加旁字综合推衍出来的。(《述林·自序》)

兹再举三例，证形一例（《释晋》）、证义一例（《释嫁》）、证音（假借）一例（《释慈》），以管窥其训诂的实证之风（为简明见，据原文整理成下表示之）：

---

① 杨树达：《积微居小学述林·自序》，中华书局1983年版，第5页。

② 杨树达：《积微居小学述林》，中华书局1983年版，第305页。

③ "六纲"是：一、受了外来影响；二，思路开阔了；三、一直在做批判接受的工作；四、所涉很广；五、尽量利用古韵和甲金研究的新成果；六、死抓字形不放。"五事"是：一、形声字声中有义；二、文字构造时已有通借；三、意义相同之字构造相类；四、象形、指示、会意、形声之字往往有后起加旁字。五是象形、指示、会意字往往有后起形声字。见《积微居小学述林·自序》，第5～6页。

④ 杨树达：《积微居小学述林·自序》，中华书局1983年版，第6页。

《论丛·释晋》：

晋——箭之古文
- 1. 证以甲金文：（1）格伯毁；（2）魏三体石经；（3）甲文及《晋邦盨》；
- 2. 证以经典异文：（1）《仪礼》郑注；（2）《周礼》郑注；
- 3. 证以传记本字：《吴越春秋》“晋竹”即“箭竹”（依段说）；
- 4. 证以引申义和字形相合：后起字“搢”字之义；
- 5. 证以金文省形字。

《论丛·释嫁》：

嫁（女适夫）
- 女（形）
- 家（夫）
  - 证以对文：经籍“家”“室”对文：室指妻，家指夫；
  - ↓
  - 证以事理：男子职主内外；
  - ↓
  - 证以字形：家从宀，豭省声→豭指雄猪→比喻男子
    - 证一：《左传》中例；
    - 证二：《史记》中例；
    - 旁证：牡指雄性，从士声。

《论丛·释慈》：

慈（父母爱子）
- 心（形）
- 兹（声）→假兹为子
  - 证一：兹、子古音同（古音）；
  - 证二：兹、子可互训（故训）；
  - 证三：兹声孳乳字有子训；
  - 证四：兹或作子（异文）；
  - 证五：可假子为兹（假借）。

慈（父母爱子）
↓引申
君上爱民
↓引申
子事父母

曾运乾先生曾评价杨氏的文字训诂：“迹其功力所至，大率细绎许书，广综经典，稽诸金石以究其源，推之声韵以尽其变，于许氏一家之学，不敢率为异说，亦不肯苟为雷同。每树一义，按之字例而合，验之声韵而准，证之经典旧文而无乎不洽，六通四辟，周币旁皇，直令读者有涣然冰释、怡然理顺之

乐。”[①]曾氏之语可谓是对杨氏治学之风和方法的集中概括。

第二节　湘学余绪

中国古代宗法社会的基本格局，赋予地域学术和学术世家以特殊的历史地位。惟楚有材，于斯为盛，杨树达出生于“湘学”形成的中心，其学术、思想当然受其沾被。张舜徽先生就说：“湖南人的治学精神与江浙一带不同，走的是博通的路。近三百年间，如王夫之、王先谦、王闿运，是清代湘学中的代表人物。他们的学问极其广大，远非江浙所能及。杨先生少时承湘学余绪，有志昌大；在前人治学的基础上，更加精进不已。”[②]

一、湘学、皖派兼承

（一）小学：不湘而皖

作为地域学术和文化传统的湘学，形成于两宋时期，是宋代理学的一个重要派别。胡安国、胡宏父子、张栻、王船山（夫之）、魏源、曾国藩是其形成以来不同时期的代表人物。湘学涵及政治、哲学、宗教、艺术、史学、文学等意识形态，理学为宗，兼收并蓄，博采众家，维新求变。晚清的经世救亡思潮终于催生了湘学形态的近代转型，即将理学和实学结合，体现出强烈的民族情怀、忧患意识和经世致用思想：魏源主张“师夷长技”，由经涉史，以史致用；曾国藩兴办洋务以图存，汉宋兼治；谭嗣同维新变法，以身殉“理”。

湘学以理学为其传统，以通经致用为要务，而疏于“小学”。钱穆先生在《中国近三百年学术史》中就说：“清儒考证之学，盛起于吴皖，而流行于全国，独湖湘之间被其风最稀。”章太炎也曾说湖南“三王不识字”：“荆舒《字说》横作，自是小学破坏，言无典常。明末有衡阳王夫之，分文析字，略视荆舒为愈。晚有湘潭王闿运，亦言指事、会意，不关字形。此三王者，异世同术，后虽愈前，乃其刻削文字，不求声音，譬喑聋者之视书，其揆一也。”（《国故论衡·小学略说》）当然，湘、皖并无高下，学术旨趣、取向不同

① 曾运乾：《积微居小学述林·曾序》，中华书局1983年版，第1～2页。

② 引自王玉德《张舜徽先生的学术成就与贡献》，载《文献》1997年第4期。

而已。

杨树达同乡挚友、训诂学家曾运乾（星笠）于1945年辞世，杨氏悼念之余，也表达了和钱、章相似的看法：

> 湘士在有清一代大抵治宋儒之学，自唐陶山（仲冕）承其家学（父奂，曾有辨《伪古文》著述）；余存吾（廷灿）游宦京师，两君颇与戴东原之学接触。陶山之子镜海（鉴）仍折归宋学。乾嘉之际，汉学之盛如日中天，湘士无闻焉。道光间，邵阳魏氏治今文学，承其流者有湘潭、长沙二王氏（王闿运、王先谦），善化皮氏（皮锡瑞）；皮氏尤为卓绝。然今文学家，不曾由小学入；故湘中学者承东汉许、郑之绪以小学音韵、训诂入手进而治经者，数百年星笠一人而已。①

杨树达远绍段王，主治“小学”，走的是朴学的路子，有人就谓杨氏治学“不类湘学”。杨氏日记中曾私下批评黄侃为学“温故不能知新”，谓其“不皖而吴”②；套用此语，杨氏则可谓是“不湘而皖”了（仅指学风而言）。章太炎就曾夸杨氏说：“遇夫心思精细，殆欲突过其先辈矣。”③ 陈寅恪先生在《积微居小学金石论丛续稿序》中也说：

> 百年以来，洞庭衡岳之区，其才智之士多以功名著闻于世。先生少日即已肄业于时务学堂，后复游学外国，其同时辈流，颇有遭际世变，以功名显者，独先生讲学于南北诸学校，寂寞勤苦，逾三十年，不少间辍。持短笔，照孤灯，先后著书高数尺，传诵于海内外学术之林，始终未尝一籍时会毫末之助，自致于立言不朽之域。与彼假手功名，因得表见者，肥瘠

---

① 杨树达：《积微翁回忆录》，1945年1月20日日记，上海古籍出版社1986年版，第219～220页。

② 杨氏1943年11月9日日记中有一戏联批黄侃：“无周公之才，既骄且吝；受章君之教，不皖而吴。”1935年11月1日日记又云：“清儒学问本分两派：皖派江、戴，主实事求是；吴派惠氏，言信而好古。皖派有解放精神，故能发展；吴派主墨守，则反之。戴弟子有王、段、孔三家，各有创见。惠弟子为江声、余萧客辈，抱残守缺而已。俞荫甫私淑高邮，太炎师荫甫，实承皖派之流而益光大之。季刚受学太炎，应主实事求是；乃其治学力主保守，逆转为东吴惠氏之信而好古。……世人皆以季刚不寿未及著书为惜，余谓季刚主旨既差，虽享伏生之年，于学术空无多增益也。”（《积微翁回忆录》）又：杨氏作《温故知新说》云：“温故不能知新，其病也庸。”实暗指黄侃。今按：以上当为杨氏成见之语，黄氏之学自有公评。

③ 湖南师大学报编辑部：《杨树达诞辰百周年纪念集》，湖南教育出版社1985年版，第1页。

荣悴，固不相同，而孰难孰易，孰得孰失，天下后世当有能辨之者。[①]

其实，湘人治经，只是较吴、皖黯然，但不乏精专。湘人欧阳厚均、贺熙龄等共创“湘水校经堂”以后，以经史实学造士，一时“三吴汉学入湖湘”；道、咸以降，遂涌现出魏源、王闿运、皮锡瑞、王先谦、叶德辉、胡元仪等朴学大师，而杨树达、曾运乾、余嘉锡、张舜徽等便是其遗泽余韵。

杨树达早年就曾直接受业于经学名家胡元仪、文献及版本学家叶德辉。湘潭叶德辉（1864—1927），号郎园，学术上算是个皖派。叶氏学术上反对今文经学，主张乾嘉时代的考据学，亦以考据见长，对湖湘学术不重视文字训诂颇多批评。[②] 黄侃谓杨氏曰：“湘中大师仅郎园在，兄亲承师法，其所考订足以启吾顽陋而成就之者多已。”[③] 杨氏也赞其师：“吾师湘潭郎园先生，早岁登朝，谢荣归里，杜门却扫，述作自怡然，于时长沙耆宿有湘阴郭侍郎玉池先生，湘潭王孝廉湘绮先生，长沙王祭酒葵园先生，皆东南物望，坛坫盟主。……尝谓自来经术，莫盛有清，先生生丁末季；殿彼一朝，大可理初，愧其博洽，渊如西庄，逊其专诣。信学林之伟业，旷代之鸿儒。”（《〈郎园全书〉序》）

（二）史学：一脉相承

湘人治史，有其一脉相承的传统。两宋以来，胡氏父子、张栻、王船山均注重治史，其实学特色亦尤为明显：以史为鉴，以史资治。近代以来，湘人经世史学因应时势而兴。魏源由经学入政治，以经入史，著有《圣武记》、《海国图志》、《道光洋艘征抚记》、《元史新编》和《明代食兵二政录》等，体现出强烈的“以史致用”意识；王闿运以今文经学名家，史学贡献在于编撰了《湘军志》；另外，李元度、李恒、谭嗣同、陈天华等的史学观和史学著作也都体现出“经世史学”的特色。

长沙皮锡瑞通经致用，以经史称名，著有《经学历史》和《经学通论》；在封建正统史学方面，杨氏师叶德辉以元史研究见长，所校《元朝秘史》保留了元抄本的特色；王先谦（葵园）的正统史学成就则以《汉书补注》和《后汉书集解》为代表。

杨氏少时受其父及乡贤影响，亦好史籍，尤嗜班书，成有《汉书窥管》、

① 湖南师大学报编辑部：《杨树达诞辰百周年纪念集》，湖南教育出版社1985年版，第10页。

② 参见王继平《湖南晚清史》，湖南人民出版社2004年版，第457页。

③ 转引自韩宗完《日记里的杨树达》，载《人物》2003年第11期。

《汉代婚丧礼俗考》。陈寅恪曾谓杨氏曰："湖南前辈多业《汉书》，而君所得独多，过于诸前辈矣。"① 骆鸿凯述黄侃云："遇夫于《汉书》有发疑正读之功，文章不及葵园，而学问过之。《汉书补注》若成于遇夫之手，必当突过葵园也。"② 余嘉锡说杨氏"颂班孟坚书不复持本，终卷不失一字，古所谓汉圣无以远过"③。

二、为学独立、致用

（一）"独立根性"

杨氏继承了湘人的性格基因。湘人于战刚坚，杨氏为学勤苦，一生手不释卷，著述不辍，以兼人之力，获倍人之功；湘学"博通"，杨氏众采，"思路开阔"，"一切皆取之做我的材料"；湘人倔强、独立，不为古学所囿，杨氏则不墨守段王许君④，为学自辟蹊径，"批判接受"，"前人所受的桎梏，我努力挣扎摆脱他"。因此，杨氏治学，表现出的全然是湘人气慨："独立自由之思想，坚强不磨之志节。"⑤

（二）致用学风

杨氏乡学之"通经以致其用"思想于他也不无影响。杨氏一生潜心学问，设教治学，但经世致用之心未泯。杨氏 13 岁入时务学堂，梁启超教以《孟子》及《公羊春秋》，鼓吹民权主义，杨氏深受影响；杨氏弱冠留日，也是"激于国难"，当时即抱有读书救国大志；1919 年，湖南军阀张敬尧镇压爱国运动，杨氏积极参与驱张活动，被推为教职员代表，与学生代表毛泽东等同赴北京请愿。

治学授业，杨氏也多处表现其经世爱国思想。1918 年南北战争时期，杨氏感时伤怀，忧心民生，辑《老子古义》，云："余念老子'天地不仁，以万

---

① 杨树达：《积微翁回忆录》，1932 年 5 月 26 日日记，上海古籍出版社 1986 年版，第 63 页。

② 同上。

③ 余嘉锡：《积微居小学金石论丛序》，《杨树达诞辰百周年纪念集》，湖南教育出版社 1985 年版，第 19 页。

④ 1946 年杨树达 62 岁生日，学生有词曰："叔重以来几万家，都吃这杖儿一顿打煞。"（杖儿指杨氏所用拐杖。）诙谐、准确地表现了杨氏为学之不墨守之风。

⑤ 钱基博语，引自《近百年湖南学风》，中国人民大学出版社 2004 年版，第 1 页。

物为刍狗'及'兵者，不祥之器'诸语，始辑《老子古义》，凡五十日而竟。"①

杨氏避难辰溪，日机不断轰炸，杨氏愤慨，遂于湖南大学专设"春秋大义"课程，古为今用，根据梁启超当年所授的"微言大义"，以《公羊传》为主，阐述《春秋》"复仇"、"攘夷"之旨，并以"迫于迟暮，不能执干戈卫国"自恨，后成《春秋大义述》一书出版。

杨氏治语源训诂，也是为了整理国故，泽被后学，其情切切，云："方今外寇鸱张，党人偷乐，国家在惊涛骇浪之中，吾人既不能执干戈以卫社稷，则整理文化留贻子孙，非吾辈任之而谁任之哉?"并认为他所孜孜以求的语源之学有"四善"：

> ——盖语根既明，则由根以及干，由干以及枝叶，纲举而万目张，领挈而全裘振，于是训诂之学可以得一统宗，清朝一代极盛之小学可以得一结束，其善一也；
>
> ——吾祖先文字之制作实有极精之条贯存于其间。……若吾人将此种条贯理会明白，使国人知祖宗制作之精，将油然生其爱国之心，其善二也；
>
> ——假使故训条理清明，则学者断不至有望洋之叹，而记忆有捷径可寻，吾敢断言其成绩必远超乎今日之上，其善三也；
>
> ——近世一般人颇感于旧式字典之不完，而欲重为编纂。然余观西方之字典，即极寻常之种类，亦必附有语源，备人寻检。今之欲编新式字典者，附载语源乎？抑不载乎？若不载耶？何以异于旧者也。若附载耶？将从何措手也？故吾意必语根研究明白，而后有真正新式完备字典之可言。(《论丛·形声字声中有义略证》)

杨氏研究语法、修辞，十分强调民族特色，反对照抄他族，认为"吾先民有极精核之文法知识"（《论丛》）。他在《中国修辞学·自序》中又说："若夫修辞之事，乃欲冀文辞之美，与治文法求达者殊科。族姓不同，则其所以求美之术自异。况在华夏，历古以尚文为治，而谓其修辞之术与欧洲为一源，不亦诬乎？昧者顾取彼族之所为一一袭之，彼之所有，则我必具，彼之所缺，则我不能独有，其贬己媚人，不已甚乎！吾今不欲谓吾书足以尽吾国修辞

---

① 杨树达：《积微翁回忆录》，上海古籍出版社1986年版，第12页。

之全，第欲令世之治此学者，知此事为一族文化之彰表，义当沈浸于旧闻而以钩稽之法出之，无为削己足而适人屦，庶足令后生之士有自尊其族姓之心，而他媚之狂或以少戢云尔。”

第三节　时代影响

一、近代语源学

记录汉语的汉字是表意文字，古代语言学家也总是通过汉字的形体来认识汉语，而拘于形体的直接后果就是字、词不分，文字和语言相混。因此，古人对于音义关系的科学认识相当缓慢，加上汉语言文字之学的附庸地位，致使汉语语源学较不发达。相比之下，印欧语系是表音文字，语源之学较为发达。近代的西学东渐之风，使大批语言文字学家接触到了印欧语言及其语源学，其科学的思维方法、先进的语源学理论，都对汉语语源研究产生很大影响，近代汉语语源的研究也因之蔚然成风。

杨树达颇得段、王声义贯通之说的要领，留学日本时又“日治欧洲语言及诸杂学”。“声近义通”的根柢，西方语源学的影响，使杨氏在文字训诂时自然要求探求文字的声义之源，杨氏就曾说：“我治文字学的一个重要目的是在求得一些文字的语源。”① 杨氏曾自述其所受欧洲语源学的影响：

> 我研究文字学的方法，是受了欧洲文字语源学 etymology 的影响的。少年时代留学日本，学外国文字，知道他们有所谓语源学。偶然翻检他们的大字典，每一个字，语源都说得明明白白，心窃羡之。因此我后来治文字学，尽量地寻求语源。往年在《清华学报》发表文字学的论文，常常标题为语源学，在这以前，语源学这个名词是很少见到的。这是我研究的思想来源。(《论丛·自序》)

杨氏“尽量地寻求语源”主要体现在《论丛》和《述林》所收有关文字探源的 180 多篇文章中，下以“单字考释之属”和“通考系联之属”两表明之。

---

① 杨树达：《积微居小学金石论丛·自序》，中华书局 1983 年版，第 5 页。

表6　单字考释之属（考释单个字词的论文）

<table>
<tr><td>论著</td><td colspan="4">《述林》（120篇）</td><td colspan="2">《论丛》（60篇）</td></tr>
<tr><td>卷次篇数</td><td colspan="2">卷一45篇</td><td>卷二40篇</td><td>卷三35篇</td><td>卷一43篇</td><td>卷二17篇</td></tr>
<tr><td rowspan="7">内容</td><td rowspan="7">明形声字语源</td><td>音同音近字为语源者18篇</td><td rowspan="2">明文字初文者21篇</td><td>说字义申许说5篇</td><td rowspan="7">说文字制字之义，因声探求文字之源</td><td rowspan="7">说文字用字之义，因声系联同源词</td></tr>
<tr><td rowspan="2">同一声类孳乳字为语源者7篇</td><td>同一声类孳乳多字一义贯串者5篇</td></tr>
<tr><td rowspan="5">说字义订正许说者19篇</td><td>杂说义3篇</td></tr>
<tr><td rowspan="4">声旁即语源者20篇</td><td>说字形申许说5篇</td></tr>
<tr><td>说字形修正许说5篇</td></tr>
<tr><td>说字音正许说1篇</td></tr>
<tr><td>说古文字3篇</td></tr>
<tr><td>特点</td><td colspan="4">第一卷专论语源；第二、三卷主要释义，但大都和语源有关</td><td colspan="2">探源释义，以探源为其重点</td></tr>
</table>

表7　通考系联之属（揭示声中有义规律的论文）

<table>
<tr><td>论文</td><td>作文时间</td><td>所载文集</td><td>内容特点</td></tr>
<tr><td>形声字声中有义略证</td><td>1934年1月</td><td>《论丛》第38～52页</td><td rowspan="6">通过综合具体文字训诂材料，由文字假借、孳乳，形声字声符，同义字系联等，归纳出同源词的规律条例</td></tr>
<tr><td>字义同源于语源同例证</td><td>1935年7月</td><td>《论丛》第52～74页</td></tr>
<tr><td>造字时有通借证</td><td>1943年6月</td><td>《论丛》第97～109页</td></tr>
<tr><td>文字孳乳之一斑</td><td>1947年9月</td><td>《论丛》第153～164页</td></tr>
<tr><td>字义同源于语源同续证</td><td>1950年1月</td><td>《论丛》第171～181页</td></tr>
<tr><td>文字初义不属初形属后起字考</td><td>1950年6月</td><td>《论丛》第181～202页</td></tr>
</table>

杨氏“尽量地寻求语源”的目的，在于以声统义，更好地进行训诂。他

说："夫义生于声，则以声为统纪，岂惟《尔雅》、《说文》、《方言》、《广韵》当为所贯穿哉，举凡《经籍纂诂》之所纂，《小学钩沉》之所钩，凡一切训诂之书，将无不网罗而包举之矣。"进而像西方语源学那样，由"语根"统帅领挈训诂之学。他又说："语言之根柢，欧洲人谓之 etymology，所谓语源学也。盖语根既明，则由根以及干，由干以及枝叶，纲举而万目张，领挈而全裘振，于是训诂之学可以得一统宗，清朝一代极盛之小学可以得一结束。"①

章太炎为近代语源学导夫先路，其所著《文始》是第一部对汉语词源作全面研究的著作。《文始》以古声韵为经，以初文为纬，以转注为造字之法，用孳乳、变易为两大条例，系联同族词。"《文始》的问世，标志着新训诂学的开始。"② 杨树达的训诂研究自然也要受到章太炎"新训诂学"的影响。杨氏自述："1930 年，文法三书成，乃专力于文字之学。初读章君《文始》，则大好之，既而以其说多不根古义，又谓形声字不含义，则又疑之。"③《文始》中初文、语根、孳乳、变易等概念都给杨树达的文字探源研究以重要影响。当然，杨树达对章太炎的"新训诂学"是批判接受的：

> 京声字盖有杂义。……古京与羹同音，醇从京犹从羹也。……章氏《文始》谓醇得义于卤，按卤醇模唐二部阴阳对转，音理固为可通，惟卤咸第为五味之一，不含杂义，似不如谓受义于羹较为吻合矣。（《论丛·释醇》）

从杨氏的既好又疑中，足见其所受章君语源之学的影响。

杨树达与同时代的著名学者交游颇广，如章太炎、黄侃、郭沫若、陈寅恪、陈垣、沈兼士、曾运乾、余嘉锡、吴承仕、董作宾、高步瀛、于省吾等。杨氏与时彦或切磋砥砺，或赠著问学、序跋互赠，或书札往来，其文字训诂也于交流中所受沾溉良多。杨氏亦曾自述这种影响："余撰文字，往往印成讲义。亦偶布于诸杂志，必以其余份寄呈友人求教。诸友意在励余，时时加以奖籍。亦有贡献己意，加以商榷，而余遂据以或改正者；以此余得益甚宏。"④兹仅引数例明之：

① 杨树达：《论丛·形声字声中有义略证》，中华书局 1983 年版，第 50 ～ 51 页。
② 杨润陆：《〈文始〉说略》，载《北京师范大学学报》1989 年第 4 期，第 43 ～ 52 页。
③ 杨树达：《积微居小学金石论丛·自序》，中华书局 1983 年版，第 13 页。
④ 杨树达：《积微翁回忆录·自序》，上海古籍出版社 1986 年版。

《说文·八篇下·尾部》云："属，连也。"余向疑其泛训，余友沈君兼士告余："今俗谓人之构为属，兽之孳尾为连，非泛训也。"余初未深信，继读《吕氏春秋·明理篇》云："犬彘乃连，"高诱训连为合，信兼士良审。(《述林·释豖》)

余友陈君公培喜研讨文字之学，一日访余于岳麓山，谓余曰："对(對)字从寸从丵，与应对义不相涉。《诗·大雅·皇矣篇》云：'帝作邦作对'，以对与邦并言，对义当与邦近。许君训应无方，殆非是。"余按陈君之说甚碻。(《述林·释对》)

三十日。与高阆仙书。阆仙昨日以李善注《羽猎赋》引"杜邺上书，三垂晏业"之语相问，遍检诸杜上书，不得。今日复检，乃知其出《谷永传》，盖以永、邺同传，故善误题邺。急告知阆仙。(1928 年 4 月 30 日日记，《积微翁回忆录》)

廿一日。陈寅恪寄示所著《元白诗笺证》。连日阅之，既博且精，诗家笺注从来未有也。廿三日。书陈寅恪，赞其著书之美；并附告二事求教……(1950 年 12 月 21、23 日日记，《积微翁回忆录》)

独学而无友，则孤陋而寡闻。杨氏高足张清常曾总结说："他(杨氏)有家学的根底，有湖南乡先贤的熏陶，有通过英语所学，有留学日本所学，与当代著名学者交流，再加自己时时勤勉，这样就使他根基雄厚，思路心胸大为开阔。"①

二、近代甲金学

19 世纪末 20 世纪初的传统学术因材料不足而似乎走向山穷水尽，就在此时，甲骨文大出，也带动了金石研究，甲金之学方兴未艾。新发现带来新学问，其时甲骨文的发现，无疑为传统学术注入了一线生机；王国维"取地下之实物与纸上之遗文互相释证"的"二重证据法"，为当时的文史文献研究提供了有力利器。其时的学术界对甲骨文这一新材料有人持否定态度，如章太炎、黄侃(黄晚年有所转变)；有人持观望保留态度，如钱穆。杨树达积极研

① 张清常：《忆遇夫师》，《杨树达诞辰百周年纪念集》，湖南教育出版社 1985 年版，第 282 页。

究甲金文字，并以甲金文字研究名家。1925年杨氏开始接触古文字，“读孙仲容《古籀拾遗》，心颇嗜之”。[①] 其金石之学的研究实始自1931年，“余近日因考汉俗，涉猎汉碑，时有新获，治金石之学实始于此”。[②] 自1934年发表第一篇甲文研究论文以来的二十余年，杨氏著有考释甲金文字之文数百篇，专著4种。

陈寅恪在《陈垣敦煌劫余录序》中说：“一时代之学术，必有其新材料与新问题。取用此材料，以研求问题，则为此时代学术之新潮流。”[③] 杨树达训诂的一个重要特色，就是将甲金文字的研究和文字训诂结合起来，并积极利用甲金文字研究的最新成果。杨氏依据《说文》而不泥于《说文》，广稽甲金文字，参验《说文》，严格考辨，以进行文字训诂，如：

> 《说文·四篇上·隻部》：“有，不宜有也。《春秋传》曰：日有食之。从月，又声。”按许君据《公羊传》训有为不宜有，不可通，说此字形亦误。龟甲文从又持肉，是也。（《论丛·字义同源于语源同例证》）

> 《说文·十四篇下·辱部》云：“辱，耻也，从寸在辰下，失耕时，于封畺上戮之也；辰者，农之时也，故房星为辰，田候也。”按许君于字之从寸无说，释辰为农时，而云失耕时则戮之，然字形中绝不见失时之义也：其非正义，无可疑也。余谓：辱者，槈之初文也。《说文·六篇上·木部》云：“槈，薅器也，（薅下云：拔去田草也。）从木，辱声。”或从金作鎒，经典通作耨。……许君训为薅器者，薅为拔去田草，即芸草也。古人名动往往同辞，许君以字从木，或从金，故主以器言，而《易》《礼》《孟子》注则指言其事也。必知辱为槈之初字者。……寻辰字龟甲金文皆作蜃蛤之形，实蜃字之初字，辱字从寸从长，寸谓手，盖上古之世，尚无金铁，故手持摩锐之蜃以芸除秽草，所谓耨也。（《述林·释辱》）

王国维（静安）发明“二重证据法”，以甲金材料明史，而杨氏用以训诂（校订《说文》、进行语源研究），也有王氏的影响。杨任教清华时曾与王同事（1926年9月至1927年6月），杨氏后来著文立说，也多采王氏，如：“王静

① 1925年5月13日日记，杨树达《积微翁回忆录》，上海古籍出版社1986年版，第25页。
② 1931年10月14日日记，杨树达《积微翁回忆录》，上海古籍出版社1986年版，第57页。
③ 陈寅恪：《金明馆丛稿二编》，三联书店2001年版，第266页。

安著《释物篇》（见《观堂集林》卷六）据殷卜辞勿牛之文及《诗》三十维物《毛传》异毛色三十牛之训，定物字当训为杂色牛，其说碻不可易矣。余读《淮南子》，有足证明静安之说者。”（《述林·释物》）杨氏还服膺王氏考据之学，云：“静安先生平生治学，态度谨严，故其所论大都精审可信。”（《述林·书古本竹书纪年辑校后》）又评王氏甲骨文研究：“功力绝深，每下一义，泰山不移，读其书，怡然理顺，涣然冰释，使人之意也消，恒常所谓炉火纯青者，王君近之矣。”（《积微居甲文说自序》）

如果说段王音义关系的科学认识及实践是训诂学上的“革命”，那么近代甲骨文的发现以及甲金之学应用于训诂，是训诂学上的又一次“革命”。王力所说的“革命”是革传统“音义”观的命，而近代甲金之学应用于训诂是革传统“形义”观的命。《说文》囿于时代和材料，未能尽善，而传统训诂视《说文》为圭臬，其形义关系的认识始终没有突破《说文》的窠臼。如果说字形控制着中国1700多年的文字学，那么《说文》也控制着中国1700多年的训诂学。仅《说文》中1300多个非形声字，许慎说解不正确者就约有500个①；董莲池《说文解字考正》就利用多家的古文字研究考证《说文》中875个汉字的说解错误。曾宪通先生就指出：“就训诂方面而言，如果没有地下真实材料的发现，典籍上某些讹误就得不到纠正。没有古文字研究的新成果，训诂上一些长期纠缠不清的问题便得不到纠正。”② 近现代以来一大批文字训诂学家（包括杨氏）利用古文字材料以校正《说文》、纠正故训、碻诂文字，他们所取得的成绩就是这一“革命”的阶段性成果。

乾嘉学统，湘学余绪，加上西学影响，终成杨氏训诂之学。兹引杨树达的自述来概述其训诂的学术背景：

> 我自愧功力之深邃不及段、王，但以我的成绩论，又似乎有比段王进步了一些的地方。这并非我的学历超过段王，乃是受了时代的影响。我出生较晚，时代思想有变迁，因此我研究方法与前人大有不同。粗略地说来，第一，受了外来的影响，因比较对照有所吸取。第二，思路开阔了，前人所受的桎梏，我努力挣扎摆脱他，务求不受他的束缚。第三，前人只作证明《说文》的工作，如段玉裁、桂馥皆是，我却三十年来一直作批判接受的工作。第四，段氏于《说文》以外，博涉经传，所以成绩最高，

① 何金松先生《汉字形义考源·前言》中的统计。

② 曾宪通：《古文字资料的释读与训诂问题》，《古文字与汉语史论集》，中山大学出版社2002年版，第33～39页。

其余的人大都在文字本身中兜圈子。我于传注之外，凡现代语言及其它一切皆取之做我的材料，故所涉较广。第五，古韵部分大明，甲金文大出，我尽量地利用他们。第六，继承《苍颉篇》及《说文》以来形义密合的方法，死死抓紧字形不放。(《积微居小学述林·自序》)

第三章　杨树达的文字形义观及其在训诂中的应用

探求语义是训诂的中心工作，其方法是从词形之形、音、义的广泛联系中揭示语义。因此，只有揭示杨氏的形义观（文字观）、音义观和语义观及其训诂应用，才能把握杨氏训诂的主旨。从本章到第五章，依次以“杨树达的文字形义观及其在训诂中的应用”、“杨树达的音义观及其在训诂中的应用”和“杨树达的语义观及其在训诂中的应用”三端作为阐明杨树达训诂的主体。

第一节　杨树达的文字观

下面从文字和语言、文字的演变、文字的歧异、文字的构造、文字形义密合等五个方面阐述杨树达的文字观。

一、文字和语言

训诂主要是通过文字符号来解释文字所代表的语言的意义，因此，要正确地进行训诂，就有赖于对文字和语言之间关系的科学认识。杨氏对于文字和语言关系的观点有以下三端。

（一）文字在语言的基础上产生

语言先于文字，杨树达说：“盖文字根于言语，言语托于声音，言语在文字之先。”（《论丛·形声字声中有义略证》）文字在语言的基础上产生，其作用在于打破语言交际时间和空间的限制，他说：“人类既作，即有语言。然语言声出即消，不能垂久行远。欲弥此缺，文字以兴。”（《文字形义学·形篇·六书》）又说：“盖文字之未立，言语先之，文字起而代之，肖其声则传其义。”（《积微居小学金石论丛·自序》）又说：“言语者，所以表现其感觉与思想者也。然距离稍远，则言者之声不达，此言语之功用被制于空间者也；声出即消，不留余响，此言语之功用被制于时间者也。民知既进，则所以表示其思想感觉者，又有行远与传后之要求，于是文字生焉。”（《高等国文法·前言》）

（二）文字是语言的代用品

杨氏认为文字是语言的代用品，他说：“文字第是语音之征号。”（《论丛·形声字声中有义略证》）又说：“文字既是语言之代用，其始起也，固与语言密合而无差也。”（《高等国文法·前言》）

（三）文字和语言不相一致

杨氏说：“然而人类有经济思想，则力求文字之简焉；又有美术思想，则又力求文字之工焉。坐此二因，文字之发生，本所以代语言者，竟与语言歧异而不相合。旷观大地文明民族，盖未有绝对文言一致者。”（《高等国文法·前言》）

杨树达在文字探源、因声求义、破假借之字等方面所取得的成绩正是建立在其对文字和语言关系的科学认识之上。

二、文字的演变

文字不仅随语言变化，作为自成体系的符号系统，其形体也在使用中不断发生变化；杨氏在《中国文字学概要》中就列有结绳、古文、史籀、小篆、隶书、草书、金文、龟甲文等章节以论述文字形体的变迁。而谙熟文字字形的变迁，也是训诂的基础工作。曾宪通先生就说：“能不能恰当而有效地运用古文字资料以训读古代文献，亦是训诂工作的关键所在。”①

（一）重视《说文》所记形体

杨氏说：“时至秦汉，文字通用隶书，字形既非本始，则义无可求。”（《中国文字学概要·文字史及文字学》）因此，杨氏重视《说文》所记古文（大篆）、篆文（小篆）形体，他在《新识字之由来》中说：“据《说文》所

① 曾宪通：《古文字资料的释读与训诂问题》，《古文字与汉语史论集》，中山大学出版社2002年版，第33～39页。

记之字形以识字，此至简单而易为之事也。然而字形繁简小异，位置略殊，则人多忽而不察焉。”

（二）重视甲金文字

杨氏在《述林·自序》中总结治学方法时说：“甲金文字大出，我尽量地利用他们。”又在《论丛·释晋》中说：“今之研稽文字者，不上考古文而徒奉篆文谓科律，欲求得古人文字之真，不亦难哉！”杨氏以古文和篆文（小篆）为对文，所言“古文”为广义的古文，即：“然如殷墟龟甲文刻辞、周代彝器款识、《说文》及《三代石经》所记古文，皆古文之可见于今日者也。”（《中国文字学概要·文字史及文字学》）

杨氏还论述了金文、甲文在文字训诂中的作用：“大抵吉金之学，可以证经，可以考史，而文字之学所关尤大。……及字形差误，义不可求，则因形而违而遂失其意，或义失本初，形难吻合，则因义失而空具其形，于是妄说起而大道乖矣。精究金文，补苴许说，或订其字形，或纠其说义……彝器文字足以订正《说文》，前既言之矣。龟甲为殷商文字，其足以纠后起之误说，与彝器正同。”（《文字形义学·形篇·文字》）

三、文字的歧异

文字用以记录语言，但选用怎样的字形以记录，要受到时间、空间、人为等诸多因素的制约，从而表现出用字的歧异，诸如异体、异文、通假、混用等。而利用文字的歧异，也是训诂的重要方法。

（一）异体字

“以重文为吾人研究最便之阶梯故也”①，杨氏重视利用异体字，尤其是《说文》所记异体字。他说：“《说文》所记重文，有形通而声类异者，故一字有二体，或以甲为声类，或以乙为声类，甲乙二字皆无义可求则已，苟二字之中有一字有义可求，甲字有义，则乙为借字也；反此而乙字有义，则甲为借字也。”（《述林·造字时有通借证》）他举了一个利用异体字进行文字训诂的例子：“如余言麛字之借弭为儿，一以经传多作麑，而《说文》弭字有从儿作䚕之或体，故断知其必当然也。”（《述林·造字时有通借证》）《述林·说文读

① 杨树达：《论丛·形声字声中有义略证》，中华书局1983年版。

若探源》亦列有“本之文字重文者”，以证明《说文》读若条例。

（二）古今字

1．初文

杨氏在《述林·自序》中说：“发现初文，是我这本书一个重要的收获。”杨氏认为初文就是造字之始表示初义的字形，他说：“文字之构造，先有义而后有形。造字者因义赋形，故所赋之形必与其义相切合。此义谓之初义，此形谓之初形。”（《述林·文字初义不属初形属后起字考》）后来由于文字的发展发生了变化，“最初用字，形必与义符，历时既久，初形失其初义，乃由后起之义据有初形，别有后起之形据其初义，形义颠倒错乱，始初造字形义密合之故乃不可得见。”（《述林·文字初义不属初形属后起字考》）如他在《述林·文字初义不属初形属后起字考》就发现58个字的初文。杨氏注重利用初文进行训诂，如《述林·释眷》：

> 《说文·四篇上·目部》云：“眷，从目，𠔉声。《诗》曰：乃眷西顾。”字或作睠。《诗·小雅·大东篇》云：“睠言顾之。”按许君训眷为顾，乃粗略言之，按之初文，则重复难通。《方言》卷六云：“矔，转目也，梁益之间瞋目曰矔，转目顾视亦曰矔。”今以音义求之，《方言》之矔字即《说文》之眷，𠔉声雚声古音同相通也。

2．后起字

“所谓后起字者，当分二事：一曰加旁字，二曰形声字是也。”（《述林·文字初义不属初形属后起字考》）所谓加旁字，是指“《说文》所载文字，象形指事会意形声四书之字往往有加旁者，今名之曰加旁字”。（《述林·文字中的加旁字》）具体就是“象形指事会意形声四书的字往往有后起的加旁字。一加形旁，一加声旁。会意形声二书的字加形旁往往犯重复之病”。（《述林·自序》）杨氏还认为：“象形字加旁为象形之加旁字，指事字加旁为指事之加旁字，会意字加旁为会意之加旁字，形声字加旁为形声字之加旁字，加旁字盖六书以外独特之一种字也。”（《述林·文字中的加旁字》）

杨氏指出，还有一类后起字是后起形声字，即：“象形指事会意三书的字往往有后起的形声字。”（《述林·自序》）如他举例说：“何休训扳为引。扳字从手从反，从手与反字从又犯复，因此悟到扳是反字的加形旁字。扳字既然训引，知道初文的反字本当训引。”（《述林·自序》）

杨氏云“会意形声二书的字加形旁往往犯重复之病”，即今所言累增字；

其余的加旁字和“象形指事会意三书的字往往有后起的形声字”，即今所言区别字。累增字、区别字属今字，它们和初文构成古今字的关系。

（三）通假字[①]

杨氏认为古人用字有通假，他说：“古人之用字，有用其形即用其义者，亦有如今人之写别字，用其形不用其义，而但取其音者。”这时就需要“通读”：“如用其形不用其义而但借用其音，则虽识其字而文之不可通如故也，于是通读尚焉。”（《述林·彝铭与文字》）

而对于如何“通读”，杨氏也有自己的解释：“初因字以求义，继复因义而定字。义有不合，则活用其字形，借助于文法，乞灵于声韵，以假读通之。”（《积微居金文说·自序》）杨氏又说：“考释文字，舍义以就形者，必多窒碍不通，而屈形以就义者，往往犁然有当。盖古人字形不定，而文义必有定，吾辈依其不定之形，以求有定之义，则得之，以后世已定之形以律古代未定之形，固失之于形，又必失之于义也。”（《卜辞琐记》）可见杨氏主张首先要利用字形，倘若不通，就要不囿于字形，即“因义而定字”、“活用其字形”、“屈形以就义”，和高邮王氏之“引伸触类，不限形体”、“破其假借之字而读以本字，则涣然冰释”异曲同工。

（四）形讹字

杨氏在《拟整理古籍计划草案》中认为“经籍文字扞格难通有二事”，其一就是“误字”；在《积微居金文说·新识字之由来》中总结其文字考释方法的最后一条就是“字形近混用”；又在《卜辞琐记》中说：“盖古人作字无定形，形相似者时相混淆，与今日约定俗成之文字不同。”杨氏所说的“形近假借”也是混用：“形近假借，学者或以为疑，然不必疑也。《说文·二篇下·疋部》云：‘疋古文亦以为足字。’按疋与足形近，故古文以疋为足也。《五篇上·丂部》云：‘丂，古文以为于字，又以为巧字，’……以丂为于，此以形近为假借也。”（《述林·彝铭与文字》）

（五）异文[②]

杨氏注重利用异文进行训诂，如为说明“曷”、“害”通用，《论丛·释

① 这里所说的通假字，即是别字，其不唯借音，而且借形，是用字问题，故本章亦讨论。

② 这里所说的异文，其所指和前面的通假字和异体字等有交叉，但作为文字使用中重要的歧异现象，同样为训诂所资取，故一并讨论。

暍》云："《老子》云：'廉而不劌。'《释文》：'劌河上公本作害。'劌害异文。犹之曷害异文也。"《说文读若探源》中就有"本自经籍异文者"以证《说文》"读若"67条，如："《论语·宪问篇》云：'南宫适问孔子。'《释文》云：'适本一作括。'适括二字经传屡为异文，则二字同音甚明，故《许君》云适读若括矣。"

四、文字的构造

传统语言文字学是用"六书"理论以说形解义的。杨氏在文字训诂中就很重视利用"六书"分析字形。

（一）"六书"非造字之法，乃文字构造之分类

杨氏说："六书之起，乃后人寻绎文字，得其条理，为之类别焉尔。核实言之，文字之制造在先，六书之分类在后，非先有六书定则，而后造文字也。"（《中国文字学概要·六书》）

（二）"六书"有体用之分

杨氏赞同杨慎、戴震"四体二用"之说，云："明杨慎曰：'六书者，象形、指事、会意、形声四书为经，转注、假借为纬。'清戴震曰：'指事象形形声会意四者，字之体也。转注假借二者，字之用也。'……杨戴二君之说，不可易矣。"（《中国文字学概要·六书》）

（三）"四书"定义

杨氏说："象形指事二书谓之文。……会意形声二书谓之字。"并具体解释"四书"：

> "象形者，图画也。为客观的、模仿的、具体的。先有形而后有字，是为字生于形。"
>
> "指事者，符号也。为主观的、创造的、抽象的。先有字而后有形，是为形生于字。"
>
> "会意者，合二文或数文以成字者也。其所合之文互相融合、互相贯注、而别成一意。其字之音义超然于所合之文之外。"
>
> "形声亦合二文或数文以成字者也。其所合之文，或表义，或表声，各自独立，不相融合。所造之字之音义，即寓于所合之文之中。"（《中国

文字学概要·六书》)

五、文字形义密合

杨氏文字训诂的基本观点是形义密合，他在《述林·自序》中就总结说："继承《苍颉篇》及《说文》以来形义密合的方法，死死抓紧字形不放。"这是因为："文字以三事为要素，曰形，曰音，曰义。而其次第，则先有义而后有音，有音而后有形。文字之作，始则因义而赋形，继则即形而表义。故本始之字，形其于义也，必相密合。"(《中国文字学概要》)他在《述林·释对》中又说："夫字之受形，必有其故，不得其故，则义与形不相比附。"

杨氏认为若形义不相密合，形、义必有一误："余谓凡形义不能密合之字，形义二事必有一误。若兄字者，字形不误，许君未得字之初义，立训误也。"(《述林·释兄》)又："古人制字，因义赋形，形与义未有不密合者。说者失其形，则义具而不知其源；失其义，则形孤而无所丽。"(《述林·释同》)

杨氏"抓紧字形不放"以说解文字，颇有创获。如：抱，包声，杨氏云包声字有包裹义；晕，日月气，军声；军，从包省。抱、晕二字，一个从包声，一个从包省，杨氏死抓字形，说明了两字受名之故相同。

杨氏利用形义密合的方法进行文字训诂，也颇多发明，如他在《述林·释屰》中自述说："夫文字之成，形与义未有不密合无间者。若形与义不相密合，必其说有可疑者也。盖形当矣而义不与之合，则说义有失也；义是矣而形不与之合，则说形有误也。许说图从囗啚，形甚谛也，而训为画计难，则义与形舛，今释为地图，则形义密合也。荆云荆罚，义无可难也，释为从井，则形与义乖，今说为从甲文𠛁字所从之井，则形义相契也。屰字义训是而形不合，亦荆字之类也。正其形为大字倒文，则形与义如符券左右之相合矣。然非有甲文为据，则荆屰二字之说终古不可得也。然则生当今日，诚吾辈考文者之大幸哉。"

杨氏"形义密合"说可用下图示之：

- 形义是否密合
  - 密合
  - 不密合→形义必有一误
    - 求之于形
      - 古文字字形
      - 字之异体
      - 古今字（初文）
      - 通假
      - 形混
      - 异文
    - 求之于义
      - 泛训不切
      - 引伸义训初义
      - 未明语源义

杨氏在《积微居金文说·新识字之由来》中总结了14条文字考释方法，虽为铭文考释方法，但完全可以用以总结其文字形义观："一曰据《说文》释字，二曰据甲文释字，三曰据甲文偏旁释字，四曰据铭文释字，五曰据形体释字，六曰据文义释字，七曰据古礼俗释字，八曰义近形旁任作，九曰音近声旁任作，十曰古文形繁，十一曰古文形简单，十二曰古文象形会意字加声旁，十三曰古文位置与篆文不同，十四曰二字形近混用云。"

第二节　古文字字形的利用

一、古籀的利用

《说文·叙》："今叙篆文，合以古籀。"今见的古文和籀文仅存在《说文》里，是《说文》除小篆外兼录的字体。古文即孔子壁中书，籀文指《史籀篇》里的文字。就字体而言，杨树达认为籀文即古文，他说："籀文即古文。……《籀篇》本述古文，非自为书体。"而许慎云"古文"、"籀文"只是引文出处有别："许君载字时以古籀对言者，古文作某，犹言壁中书作某；籀文作某，犹云《史籀篇》作某耳。"（《中国文字学概要·文字史及文字学》）

（一）古文

1. 古文明字义

（1）明本义例

《门部》又云："闢，开也，从门，辟声。"或作𨵤，云："《虞书》曰：闢四门。从门，从𠬤。"按開闢义同，古文开从収，闢或作𨵤，从𠬤，形相反者，盖门有关，两手去其关则为开，门无关，第以二手推左右扉而启之，则谓之闢也。（《述林·释開闢閉》）

余疑豖当为豕去势之义，今通语所谓阉猪是也。古文于豕下加点，乃指其去势之事。……盖豖之去势，与马之白足，皆无形可象，故以指事表之也。（《述林·释豖》）

（2）明引申义例

古文晋象插矢之形，故晋有插义。（《论丛·释晋》）

《说文·竹部》："笠，可以收绳也，"古文作互，乃象互形也。丝绳同类之物，互可以收绳，亦可以收丝矣。（《述林·释𤔔》）

2. 古文明字之构造

（1）明偏旁例

余谓古文臣与目同形，卧当从人从目。（《述林·释卧》）

（2）明省形例

余谓糸古文作𢆶，𤔔字所从之幺，乃古文糸之省作。（《述林·释𤔔》）

（3）明加旁例

古字有于象形之外兼注声旁者，……《十篇下·尢部》云："尢，尪曲胫也。从大，象偏曲之形。"或体古文作尪，则于象形之外注声旁㞷矣。（《论丛·释旁》）

（4）明同形例

口为古城字，又为古方字者，古文同形不嫌异字也。（《论丛·释旁》）

3. 古文明字之声音

（1）明声符假借例

《三篇上·言部》云："诗，志也，从言，寺声。"古文从古文言，从㞢声。……志字从心㞢声，诗字从寺，寺亦从㞢得声，古文诗字则径从㞢，寺㞢皆志之假也。（《述林·造字时有通借证》）

（2）明声中有义例

《说文·十篇上·火部》云："烖，天火曰烖，从火，𢦏。"或作灾，从宀火，会意。古文作扗，从火，从才声。……按烖災二文并从声得义。《十二篇下·戈部》云："𢦏，伤也，从戈，才声。"（《述林·释烖》）

（3）明二字通用例

《九篇上·首部》𣃔从断声，或体作剸。又专从叀声，叀古文作𠆪，而断字古文作㓉，从古文叀之𠆪，此皆断专二字古音通作之证也。（《述林·造字时有通借证》）

（二）籀文

1. 籀文明字义

《说文·二篇上·口部》云："嗌，咽也，从口，益声。"或作𦤵，云："籀文嗌，上象口，下象颈脉理也。"（《述林·释嗌》）

2. 籀文明古今字

（1）明加旁字例

古字有于象形之外兼注声旁者，……《九篇下厂部》云："厂，山石之厓巖人可居。象形。"籀文作厈，则于象形之外注声旁干矣。（《论丛·释旁》）

（2）明初文例

匕者，妣之初文也。……籀文作妣。盖初字止作匕，变体象形字也。（《述林·释匕》）

3. 籀文明声音

（1）明声旁假借例

盖古方旁音同，古二字多通用。……《说文十一篇下·鱼部》云："鲂，赤尾鱼也，从鱼，方声。"籀文从旁作鳑。（《论丛·释放》）

《二篇上·牛部》云："牭，四岁牛，从牛，从四，四亦声。"或作樲，云："籀文牭从貳。"……然古人竟有此事者，貳虽非四，然与四同为数字，其义类相近故也。此形声字声旁通借者。（《述林·造字时有通借证》）

（2）明声中有义例

《说文·十篇上·火部》云："烖，天火曰烖，从火，𢦏。"或作灾，从宀火，会意。……籀文作災，巛声。按烖災二文并从声得义。……《十一篇下·川部》云："巛，害也，从一雝川。"（《述林·释烖》）

二、甲金文字的利用

（一）甲文

1. 甲文明字义

（1）明字之本（初）义例

余谓（逐）字当从辵从豕，豕走而人追之，故为逐也。甲文逐字作，可以证明余说矣。（《述林·释遯》）

（各）甲文字或作，知字非从口也。余谓ㄩ、凵并象区域之形，而足抵之，故其义为来，为至。出字甲文作，象人在坎陷中足欲上出之形，与各字形正相反，而其义则可以互证也。（《述林·释各》）

《说文·六篇下·之部》云："之，出也。象屮過中，枝茎益大，有所之。一者，地也。"按之龟甲文作或作，从足形背一。据形求义，

之当以训往为本义，许君所说非也。按一者地也，谓人今所在之地也。足背今所在之地而他向，故为往也。(《述林·释之》)

《说文·三篇下·臣部》云："藏，善也，从臣，戕声。"按龟甲文有字（殷墟书契精华八页一版），又作（龟甲兽骨文字一卷六页九版），周金文又《伯戥父鼎》，戥字亦从臣从戈。按此皆藏之初字也。盖藏本从臣从戈会意，后乃加爿声，甲文时尚未加声，故第从臣从戈也。许君说未从戕声，误矣。甲文藏字皆象以戈刺臣之形，据形求之，初义盖不得为善。(《述林·释藏》)

《说文·二篇上·口部》云："启，开也，从户，从口。"《三篇下·攴部》云："啓，教也，从攴，启声。"今以甲文考之，疑许君说此二字之形皆误也。甲文有叚字，从户从又。又有啟字，从户从攴。甲文从又从攴多不分，此二文为一字，皆示以手开户之形。(《述林·释启啓》)

今寻此字（興）甲文作，象众手共举一物之形。(《述林·释興》)

《十四篇上·𠫓部》云："育，养子使作善也。"或作毓，云：育或从每。按甲文此字作女子产子之形，字或从女，或从每。(《述林·造字时有通借证》)

考甲文死字作，象人卧棺中之形。荆字左旁盖本作，以形似遂误作井字，实非井字也。荆罚字无可象，故以棺形表死刑，从刀则示刀锯之刑。《书·吕刑》所谓劓刵椓黥之属也。(《述林·释荆》)

(2) 明字之引申义例

寻屰字《铁云藏龟拾遗》（十二页十版）作，《书契前编》（六卷四十页五版）作，又《后编》（下卷十一页十五版）作，皆作大字倒文。大象人形，故以倒人之形表顺屰之屰也。(《述林·释屰》)

"琰圭有锋芒，伤害，征伐诛讨之象。"……按火光下博而上锐，有如正三角形，故龟甲文火字作，肖火燄之形也。(《述林·释琰》)

2. 甲文明字之初文

用者，桶之初文也。……观甲文用字之形，皆以三直画为干，其横画或正或邪，或上或下，其数或二或三，或右三而左二，或右二而左一，绝不一致。盖横画第示为饰之横栏，器无定形，故字亦无定式也。(《述林·释用》)

匕者，妣之初文也。……龟甲文作匕，不作妣。(《述林·释匕》)

今按许君释正从一止，以为会意字，说不剀切。今考之甲文，字作，或作，字或从二止，或从一止，而皆从口，以足趾向之。据形求义，此即延、征之初文也。(《述林·释正韦》)

《说文·五篇下·韋部》云："韋，相背也，从舛，口声。"考龟甲文作，又或作，又或作，字亦从口，从二止……韋即违之初文也。(《述林·释正韦》)

余疑兄当为祝之初文，祝乃后起之加旁字。……甲文虽有从示旁之祝，而多以兄为祝。《铁云藏龟》百廿柒页一版云："辛丑，卜，献贞：兄于母庚？"《铁云藏龟拾遗》二页六版云："弜（弗）兄匕辛？"皆其例也。(《述林·释兄》)

《说文·四篇上·隻部》："隻，鸟一枚也。从又，从隹。"按龟甲文凡獲字作隻，从又持隹，金文《楚王酓志鼎》云："战隻兵铜，"亦以隻为獲。许君说为后起之义。(《论丛·字义同源于语源同例证》)

《说文·五篇下·冂部》云："冘冘，行貌，从人出冂。"……顷者余温寻龟甲文字，见此字作作，与许书形同，又有作者，象人荷担以手扶担之行，始悟此字为儋字之象形初文也。(《述林·释冘》)

獸盖狩之初文也。……甲文云："辛亥，卜，王贞△獸，禽？"（《铁云藏龟》五页一版）金文《宰甫毁》云："王来獸自豆彔，"此殷周人用獸本字之证也。(《述林·释獸》)

而龟甲有诸文，与金文许书所载大同。其诸点散见者，亦象电光散出闪烁不定之形，亦即电字也。(《论丛·释神祇》)

3. 甲文明字之构造（明偏旁）

《说文·七篇下·冃部》云："同，合会也，从冃，从口。"按冃训重复，与口字义不相会，无由成合会之意。……今寻甲文同字作，字从凡，不从冃。(《述林·释同》)

《说文·八篇下·见部》云："𢔁，取也。从见，从寸，寸度之，亦手也。"按许君说此字形大误。龟甲文𢔁字从贝，谓手持贝也。(《论丛·字义同源于语源同例证》)

《说文·四篇上·隻部》："有，不宜有也。《春秋传》曰：日有食之。从月，又声。"按许君据《公羊传》训有为不宜有，不可通，说此字形亦

误。龟甲文从又持肉，是也。（《论丛·字义同源于语源同例证》）

《说文·八篇上·先部》云：“先，前进也，从儿，从之。”树达按古之与止为一文，龟甲文先字多从止，金文《毛公鼎》及《仆儿钟》亦然。（《述林·释步先》）

4．甲文明声音

（1）明声旁假借例

按劓字训刑鼻而以臬为声者，臬从自声，古音臬自同，借臬为自也。……甲文有劓字，其明证也。（《述林·造字时有通借证》）

（2）明通训例

凡云次舍者，次通训为止，与𠂔训止同。今龟甲文次字作𠂔。（《述林·释姊》）

（二）金文

1．金文明字本义

《说文·三篇上·干部》云：“干，犯也，从反入，从一。”按许君说干字恐非朔义。寻金文《毛公鼎》干字作Ұ，象器分枝可以刺人及有柄之形。（《述林·释反》）

（各）其义为来……金文《师奎父鼎》云：“王各于大室。”《敔毁》云：“王各于成周大庙。”《元年师兑毁》云：“王在周，各康庙。”《善鼎》云：“王各大师宫。”《厚趠鼎》云：“隹王来各于成周年。”《宰椃角》云：“王在东门，夕，王各。”他器铭用各字者至多，皆用各字本义者也。（《述林·释各》）

2．金文明字之初文

匕者，妣之初文也。……《金文妣辛毁》、《戈妣辛鼎》、《妣己觚》、《妣己爵》皆作匕。（《述林·释匕》）

用者，桶之初文也。……金文《番生毁毛公鼎》并云：“簟弗鱼甬，”此即《诗·小雅·采芑篇》之“簟茀鱼服。”甬象矢在用中之形，近人吴大徵、罗振玉皆谓即《说文》弩矢箙之箙字，由此字变为今之葡字，其说碻不可易。[illegible]之下截即用字，即变为今之葡字，下亦从用。(《述林·释用》)

獸盖狩之初文也。……金文《宰甫毁》云："王来獸自豆彔，"此殷周人用獸本字之证也。(《述林·释獸》)

甲文云："土方正于我东啚，……"金文云："……与△之人民都啚。"殷周文字皆止作啚，不作从邑之鄙，鄙为后起字明矣。(《述林·释啚》)

《师汤父鼎》云："王乎宰雁锡卢弓弭，矢臸彤欮。"孙诒让释臸为箭，是也。据此晋字亦作臸，盖晋字上象二矢，下为插矢之器，器形省作无害也。此以金文省形字证之者五也。(《论丛·释晋》)

晋者，箭之古文也。……按晋字《格伯毁》作[illegible]，象两矢插入器中之形。《魏三体石经》作[illegible]，下器形虽小变，二矢插器之象则同。(《论丛·释晋》)

考神在《宗周钟》作[illegible]，《陈贮毁》作[illegible]，《说文》十三篇虫部虹字或体作[illegible]，许君云："籀文虹从申，申，电也。"又十一篇下雨部云："电，阴阳激燿也，从雨，从申。"据此诸证，知古申电同文，文作[illegible]作[illegible]作[illegible]，皆象阴阳激燿之形。(《论丛·释神祇》)

3. 金文明字之构造

(1) 明字之偏旁例

金文有《遂啟諆鼎》，啟字从户从攴，知不独甲文之形体为然矣。(《述林·释启啓》)

许以甬从丂，故以草木华甬甬然为说，乃附和为之，非正义也。寻金文甬字皆作[illegible]，文不从丂，足知许说之非矣。(《述林·释甬》)

(2) 明同形字例

甲文章从口，而衛字偏旁之韋或从方，金文衛字之偏旁或从口，或从方，此口方同字之确证也。(《论丛·释旁》)

4．金文明声音

(1) 明通用例

《无叀鼎》云：“用割𩁹寿，”即用匄眉寿：此金文害声匄声字通用之证也。(《论丛·释曷》)

(2) 明古字通例

金文记赐物通云易，吴容光《筠清馆金文》卷三载《周敦盖铭》云：“隹王三月初吉癸卯，䟒叔△△于西宫，𦬔贝十朋。”𦬔为古嗌字，此易益古通之证也。(《述林·造字时有通借证》)

(3) 明假借例

《说文·十篇下·夨部》云：“吴，大言也，从夨口。”……愚谓夨字从大而倾其头，故制字者即假夨为大，与顷夨之义不相涉也。徐段皆以夨口为说，不知古人造字时有假借也。吴重文作[illegible]，字从口大，金文《攻吴王夫差監》吴字作[illegible]，字亦从大，此皆可为吾说之证者也。(《述林·释吴》)

金文台㠯二字多通作，《陈侯午鐔》云：“台䇫台尝，”即以蒸以尝也。……《说文·二篇上·口部》云：“台，说也。从口，㠯声。”㠯今隶变为以，台从㠯声，故得假以为台而有何义矣。(《论丛·诗于以采蘩解》)

第三节　文字歧异的利用

一、异体字的利用

(一) 异体字明字（词）义

1. 明字源义

坻或作渚，渚之为言稽也。《说文·六篇下·稽部》云："稽，留止也。"（《述林·字义同缘于语源同续证》）

《说文·八篇上·尸部》云："𡰪，髀也。从尸下丌居几。"或体作脾。又作臀，从骨，殿声。按殿字从𡰪声，𡰪或体之臀又从殿声。簸训榜，字从殿声者，殿即𡰪也。（《论丛·释簸》）

《九篇上·髟部》云："鬄，髮也。从髟，易声。"或作髢。按髢下云："益发也。"髢训益发，则鬄为益发可知。（《述林·造字时有通借证》）

《六篇上·木部》云："槏，户也，从木，兼声。"按槏字服虔《通俗文》作㡘，《一切经音义》音《通俗文》云："小户曰㡘。"……㡘亦训小户，二文实一字也。是槏字有小义也。（《述林·释谦》）

《言部》又云："诋，诃也，从言，氐声。"又《二篇上·口部》云："呧，苛也，从口，氐声。"按诋、呧二文同字，呧训苛，苛亦同诃，诋诃犹今言诋毁也。（《述林·释謡》）

《言部》又云："谯，娆譊也，从言，焦声。"或作诮，字从肖。按肖字从小声，诮从肖者，假肖为小也。（《述林·释謡》）

《言部》又云："讇，谄也。从言，阎声。"或从臽作谄。按臽有低下之义。（《论丛·字义同缘于语源同例证》）

2. 明本（初）义

《门部》又云："闢，开也，从门，辟声。"或作𨵤，云："《虞书》曰：闢四门。从门，从𢪙。"按開闢义同，古文开从収，闢或作𨵤，从𢪙，

形相反者，盖门有关，两手去其关则为开，门无关，第以二手推左右扉而启之，则谓之闢也。(《述林·释開闢閉》)

帆字或作颿，《一切经音义》引《三苍》云："颿，船上张布帆也。"《吴都赋》云："楼船举颿而过肆。"《刘注》云："颿者，船帐也。"(《述林·释舆》)

(徹)或从鬲作徹……徹义当如《仪礼·有司徹》之徹，谓徹除也。……从攴从育从彳，谓手持肉而他去也。或从鬲者，古人鼎、鬲互用不别，肉指其物，鬲指其器也。(《述林·释徹》)

《三篇上·収部》云："兵，械也，从収持斤，并力之儿。"或作㒰，从人収干。按兵字从収持斤，斤，兵也。或体作㒰，从人，从収持干，収持干犹収持斤也。斤为器名，干亦器名矣。(《述林·释干》)

反者，𠬜之或体字也。《说文·三篇上·𠬜部》云："𠬜，引也。从反収。"或作攀。今作攀。反字从又从厂者，厂为山石厓岩，谓人以手攀厓也。(《述林·释反》)

3. 明声符有义

免声字多含低下之义。……《说文·九篇上·页部》云："頫，低头也。从页，从逃省。大史卜书俯仰字如此。"或作俛，从人免声也。(《论丛·释晚》)

考《三篇下·䰜部》："鬻，五味和羹也。"或作羹。按：羹训五味相和，饮食之事也。……古京与羹同音，从京犹从羹也。(《论丛·释醇》)

《说文·五篇上·𠙴部》云："𠙴，𠙴卢，饭器，以柳为之。象形。"或作笶，从竹，厺声。寻去声字多含开张之义。(《述林·释凵𠙴》)

4. 明义近

絺为细葛，故希字从巾。絺綌义近，古多连言，綌字或作㟝，从巾，是其比也。(《述林·释希》)

5. 明偏旁之义

䜌从丝，知重文𢿢字从𢇍为象丝也，𢇍象丝，知𤔔之从幺亦象丝也。(《述林·释𤔔》)

㲋者，𦒱之或字。……㲋从爻者，象𦒱窗中短木相交之形。(《述林·

释觙娖》)

《水部》云:“渊,回水也,从水,象形。𠂇又,岸也,中象水貌。”或作𣶒……𣶒训回水,亘为回泉,𣶒以两岸夹水,亘以两岸夹回水,二字不惟义近,其形亦相似也。(《述林·释亘》)

木部櫃训竟,字或作𠄨,从舟,在二之间,此二亦谓两岸。亘之从二,犹𠄨之从二也。(《述林·释亘》)

6. 明词义

剌癶或作剌犮。《十篇上·犬部》云:“犮,走犬貌,从犬而丿之,曳其足则剌犮也。”按人两足分张而行为剌癶,犬曳足而行为剌犮,皆言其行之不正也。(《述林·释步癶》)

(二)异体字明声音

1. 证声符通借

《三篇下·革部》鞀从召声,其重文有鞉𪔛磬三文,𪔛鞉皆从兆声,……此又制字之声类“召”“兆”相通之明证也。(《论丛·释旐》)

鐬与鍻音义并同,盖即一字而异形者也。按歲曷古音同在月部,鐬音于废切,鍻音乌介切,是二字音同也。(《论丛·释暍》)(今按:鐬与鍻是异体字,从而说明歲曷通假。)

斤艮二文古音同,土部垠或作圻,是其明证。(《论丛·释听》)

𣃔,或作剸,从刀,专声。从断之字或从专作剸,此断、专二字通作之证也。(《述林·释膞》)

《说文》弭或作从兒作㢲,此耳儿通作之证也。(《述林·释䴥》)

寻虒声与也声古多通作。《说文·十二篇下·弓部》云:“弛,弓解弦也。从弓,也声。”或从虒作㢮。(《述林·释㢮》)

古艮、斤二字同音,故往往通作。《说文·十三篇下·土部》云:“垠,地垠也,从土,艮声。”或从斤作圻。(《述林·释斷》)

韈字或作韤,从革与从韋同。又或作絉……又作怽、袜。……而韈、韤之从蔑乃假音字也。(今按:谓假蔑为末)(《述林·释韈》)

《说文·三篇上·言部》云:“䛡,会合善言也,从言,𠯑声,”或作譮。按䛡义为会合善言,则从会之譮当为正字,而䛡之从𠯑者为假音字也。《六篇上·木部》云："柄，柯也，从木，丙声，"或作棅。按柄可把持，秉从又从禾，则从秉之棅为正字，而柄之从丙者为假音字也。（《述林·释𥝢》）

贾侍中说："囧读与明同。"以盟或作盟、盟证之，则贾说良信。（《述林·释谓》）

《六篇上·木部》云："槠，柱砥也，古用木，今以石，从木，者声。"坻或作渚，犹槠之为砥矣。（《述林·释坻》）

《说文·四篇上·目部》云："眷，从目，𢍏声。《诗》曰：乃眷西顾。"字或作睠。《诗·小雅·大东篇》云："睠言顾之。"按许君训眷为顾，乃粗略言之，按之初文，则重复难通。《方言》卷六云："矔，转目也，梁益之间瞋目曰矔，转目顾视亦曰矔。"今以音义求之，《方言》之矔字即《说文》之眷，𢍏声雚声古音同相通也。（《述林·释眷》）

《七篇上·日部》云："暱，日近也，从日，匿声。"或从尼作昵。按《八篇上·尸部》云："尼，从后近之也。"日近之字昵从尼，取尼为义也。暱字从匿，则第以匿与尼音近通借耳。（《述林·造字时有通借证》）

《四篇下·肉部》云："胑，体四胑也，从肉，从只。"或作肢。按肢从支者，人之手足如树木之有枝故以从支表其义，从支犹从枝也。若胑之从只，第以只与枝音同，借其字书之耳。（《述林·造字时有通借证》）

《十篇上·鹿部》云："麠，大鹿也。牛尾，一角。从鹿，畺声。"或作麖。按麖字从京，京训人所为绝高丘，高大义近，故京有大义。麖为大鹿，实受义于京。若麠之从畺，畺为田界，不含大义，第以与京同音借书耳。（《述林·造字时有通借证》）

《十一篇下·鱼部》云："鱷，海大鱼也。从鱼，畺声。"或作鲸。按鲸为大鱼，亦受义于京，畺但为京之音借字。（《述林·造字时有通借证》）

《一篇下·艸部》云："荤，臭菜也，从艸，军声。"又云："薰，香艸也，从艸，熏声。"按臭菜谓有气味之菜，非谓恶臭也。香艸之薰，亦谓有臭味之艸，二字盖本一文。……薰从熏声，即受义于熏。……若荤从军声，则第以军熏音近，假军为熏耳。（《述林·造字时有通借证》）

《二篇下·辵部》："遁，迁也，一曰：逃也，从辵，盾声。"又云："遯，逃也，从辵，从豚。"按遁遯同训为逃而音同，实一字也。……遁之从盾，乃豚之借字也。（《述林·造字时有通借证》）

斮字从斤部而训本者，借斤为根也。寻斤艮二文古音同隶痕部，二音相同，故可通作。《十三篇下·土部》云："垠，地垠也，从土，艮声。"或从斤作圻。……或从斤，或从艮，此皆二声可通作之证也。（《述林·造字时有通借证》）

盖識之为言埴膱也。……戠直古音同在德部，故多通作，《仪礼·乡射礼注》云："膱今文或作植，"是其证也。（《述林·造字时有通借证》）

《弓部》云："弛，弓解弦也，从弓，也声。"或从虎作虒，此也虎二字古通作之证也。（《述林·造字时有通借证》）

农声字有獽，读奴力切，《广韵》肴韵有硇字，重文作磠，此囟可读嶩之证也。（《述林·造字时有通借证》）

《论语·乡党篇》云："素衣麑裘。"《国语·鲁语》云："兽长麑麇。"麛字皆作麑。弭与儿通作，故知麛之从弭犹从兒矣。（《述林·释麛》）

《说文·十篇下·赤部》赬或作赪，知古贞、巠二文可通也。（《论丛·字义同缘于语源同例证》）

《左传》之飧即《说文》飻之或字，飻从㐱声，飧从殄声为异耳。飧或从殄声，故《舜典》假殄为飧也。（《述林·书舜典朕堲谗说殄行解》）

2. 明《说文》读若

杨氏作《说文读若探源》，认为《说文》读若"皆拟其音"、"许书'读若'皆源于经籍"，并举有《说文》读若"本自文字重文者"8条，下取其例。

《水部》云："沇水出河东东垣王屋山，东为泲。从水，允声。"或体作沿，云："古文沇。"按沿从㕣声而与沇为一字，知㕣音读必与沇同，故云㕣读若沇州之沇也。（《述林·说文读若探源》）

《一篇上·玉部》云："瓊，赤玉也。从玉，敻声。"或从矞作璚。《四篇上·角部》云："觼，环之有舌者。从角敻声。"或从金矞作鐍。敻声矞声在文字中通作如此，故知趫可读若繘也。（《述林·说文读若探源》）

《说文·竹部》云："簏，竹高箧也。从竹，鹿声。"或从录作箓。《林部》云："麓，守山林吏也，从林，鹿声。"或从录作禁。《水部》云："漉，浚也，从水，鹿声。"或从录作渌。文字中鹿与录通假频繁如此，二字同音，的然可晓。今睩字从录声，字当与鹿同音，故许君云读若鹿矣。（《述林·说文读若探源》）

按雗䔊为一字，而䔊从皇声，故知雗读同皇也。（《述林·说文读若探源》）

《说文·五篇上·䑞部》云："雗，华荣也，从舜，生声。"或作䔊，从艹，皇声。按雗䔊二文为一字，而一从生声，一从皇声，故知生皇音同，而云生读若皇矣。（《述林·说文读若探源》）

《说文·水部》云："澣，濯衣垢也。从水，榦聲。"按澣从榦聲而与浣为同字，则榦与浣为同音可知，故许君云榦读若浣也。（《述林·说文读若探源》）

揙或作扼，云读若尼，据或体字从尼声为说也。（《述林·说文读若探源》）

蜦或作蜧，字从戾声，故知当读若戾，莀亦从戾声也。（《述林·说文读若探源》）

3. 明古音对转

(1) 微部[1]和痕部对转

微部字或从痕部字：

蚳或作蜃。《说文·十三篇上·虫部》云："蚳，螘子也。从虫氏声。"直尼切。或作蜃。按：从辰声。氏，微部；辰，痕部。（《论丛·古音对转疏证》）

痕部字或从微部字：

蜦或作蜧。《说文·十三篇上·虫部》云："蜦，它属也，黑色，潜于神渊，能兴风雨。从虫仑声。"力屯切。或作蜧，云："蜦或从戾。"按从戾声。仑，痕部；戾，微部。（《论丛·古音对转疏证》）

西或作棲。《说文·十二篇上·西部》云："西，鸟在巢上也。象形。"或作棲。按：棲从木，妻声。西，古音与孙近，痕部；妻，微部。（《论丛·古音对转疏证》）

(2) 没部和痕部对转

吻或作脗。《说文·二篇上·口部》云："吻，口边也。从口，勿

① 杨氏采用黄侃的分部："韵部之分，取黄君季刚之说。"（《论丛·古音对转疏证》）

声。”武粉切。或作脗，云：“吻或从肉从昏。”按从昏声。勿，没部；昏，痕部。（《论丛·古音对转疏证》）

（3）歌部和寒部对转

歌部字或从寒部字：

䡾或作钀。《说文·十四篇上·车部》云：“䡾，车衡载辔者。从车，义声。”或作钀，云：“䡾或从金从献。”鱼绮切。按钀从金献声也。义，歌部；献，寒部。（《论丛·古音对转疏证》）

地或作墬。《说文·十三篇上·土部》云：“地，元气初分，轻清阳为天，重浊阴为地，万物所陈列也。从土，也声。”或作墬，云：“籀文地从𨸏土，彖声。”按也古音它，歌部；彖，寒部。（《论丛·古音对转疏证》）

（4）曷部和寒部对转

曷部字或从寒部字：

锐或作𠟭。《说文·十四篇上·金部》云：“锐，芒也。从金，兑声。”以芮切。或作𠟭，云：“籀文锐从厂剡。”段氏曰：“𠟭从剡，厂声，合韵。”按：兑，曷部；厂，寒部。（《论丛·古音对转疏证》）

璿或作琁。《说文·一篇上·玉部》云：“璿，美玉也。从玉，睿聲。”或作琁，云：“琁或从旋省。”按：此从旋省声也。睿为叡之重文，曷部；旋，寒部。（《论丛·古音对转疏证》）

寒部字或从曷部字：

頞或作齃。《说文·九篇上·页部》云：“頞，鼻茎也。从頁安声。”乌割切。或作齃，云：“或从鼻曷。”按：从鼻，曷声。安，寒部；曷，曷部。（《论丛·古音对转疏证》）

（5）模部和唐部对转

抚或作㠯。《说文·十二篇上·手部》云：“抚，安也。从手，无声。”或作𢓊，云：“古文抚从亡辵。”按：𢓊从亡声。无，模部；亡，唐部。（《论丛·古音对转疏证》）

舞或作翌。《说文·五篇下·舛部》云：“舞，乐也，用足相背。从

舛，无声。”或作䍿，云：“古文舞从羽亡。”按：从亡声。无，模部；亡，唐部。(《论丛·古音对转疏证》)

(6) 侯部和锺部对转

侯部字或从锺部字：

酌或作酗。《说文·十二篇上·手部》云：“酌，醉醬也。从酉，句声。”……《玉篇》云：“酗，同酌。”按：酌从句声，句，侯部；酗从凶声，凶，锺部。(《论丛·古音对转疏证》)

(7) 屋部和锺部对转

屋部字或从锺部字：

容或作㝐。《说文·七篇下·宀部》云：“容，盛也。从宀，谷声。”或作㝐，云：“古文容从公。”按从公声。谷，屋部；公，锺部。(《论丛·古音对转疏证》)

锺部字或从屋部字：

《说文·八篇上·衣部》云：“襱，絝踦也。从衣，龍聲。”丈冢切。或作襩云：“襱或从賣。”按：从賣声。龍，锺部；賣，屋部。(《论丛·古音对转疏证》)

(8) 咍部和登部对转

咍部字或从登部字：

眙或作瞪。《说文·四篇上·目部》云：“眙，直视也。从目，台声。”丑吏切。玄应《一切经音义》引《通俗文》云：“直视曰瞪。”《广韵》云：“瞪，陆本作眙。”据此，眙瞪本一字。按：眙从台声，台，咍部；瞪，登部。(《论丛·古音对转疏证》)

登部字或从咍部字：

《说文·十三篇上·纟部》云：“繒，帛也。从纟，曾声。”疾陵切。或作綷，云：“籀文繒从宰省。”按从宰省声。曾，登部；宰，咍部。(《论丛·古音对转疏证》)

4．明文字孳乳（同源）

《说文·四篇下·肉部》云：“胑，体四胑也，从肉，只声。”或作肢。《释名·释形体》云：“胑，枝也，似木之枝格也，”其说亦是也。（《述林·释跟》）

咽喉道狭，引申于地理，孳乳为䧢：《十四篇下·𨸏部》：“䧢，陋也。从𨸏，𦎠声。”或作隘。戹训隘，陒训塞，皆䧢之孳乳也。（《述林·释嗌》）

5．明押韵

《小雅·信南山》六章云：“是蒸是享，苾苾芬芬，”此享字实亯字也。《信南山诗》凡六章，用韵甚密。……第六章首两句实以亯芬为韵。今读享为许两切，则与芬不为韵，且与二三四五诸章用韵不合矣。（《述林·释亯》）

（三）异体字明字形

1．明形旁混借

《说文·十篇下·夨部》云：“吴，大言也，从夨口。”……愚谓夨字从大而倾其头，故制字者即假夨为大，与顷夨之义不相涉也。徐段皆以夨口为说，不知古人造字时有假借也。吴重文作，字从口大，金文《攻吴王夫差監》吴字作，字亦从大，此皆可为吾说之证者也。（《述林·释吴》）

《十四篇上·𠫓部》云：“育，养子使作善也。”或作毓，云：育或从每。按甲文此字作女子产子之形，字或从女，或从每。然每字无义，乃借为母也。（《述林·造字时有通借证》）

《十四篇下·宁部》云：“⿰甾宁，㡏也。所以载盛米。从宁从甾。甾，缶也。宁亦声。”按甾为菑之或体，菑训不耕田，无缶之义而许云甾缶者，明甾假为甾也。（《述林·造字时有通借证》）

《说文·一篇下·蓐部》⿰女蓐字从好省声，或体作茠，从休声，此好休二字通作之证也。（《述林·诗对杨王休解》）

2. 明后起字

古字有于象形之外兼注声旁者，《说文》七篇下网部云："网，庖犧所结绳以渔。从冂，下象网交文。"按冂象网之纲，或体作罔，则于象形之外注声旁亡矣。(《论丛·释旁》)

3. 明异体

《说文·二篇上·口部》喟作嘳，知媦之或体亦可作嬇。(《论丛·释嬇》)

二、古今字的利用

（一）古今字的发现

杨树达有明确的古今字观念。《述林·自序》中说："发现初文，是我这本书一个重要的收获。""象形指事会意形声四书的字往往有后起的加旁字。""象形指事会意三书的字往往有后起的形声字。""初文"和"后起加旁字"、"后起形声字"就是古今字的关系。而确立两个字间的古今关系也是重要的训诂过程。

杨氏发现并利用的古今字在《述林·文字初义不属初形属后起字考》和《述林·文字中的加旁字》中有较为系统的总结。下面以两表说明其所发现的古今字。(为遵原作，两表所及古今字互有重复。)

表8 《述林·文字初义不属初形属后起字考》所发现古今字一览表（51 组）

初文	天	各	凵	止	正	丙	丞	異	革	安	反	用	葡	隻	甚	乎	壴
后起字	颠	洛 假	坎	趾	延 延 征	簟	拯	戴	鞆	按	扳	桶	箙	獲	媅	評	鼓
初文	益	冂	冘	畐	啬	韦	久	㞢	口	因	困	晋	晶	甬	罙	匕	兆
后起字	溢	扃	儋	鄙	穑	违	灸	往	城	茵 鞇	梱	箭	曐	鐘 鏞	探	妣 妣	朁
初文	卩	或	希	亘	力	卻	产	危	冄	劦	獸	甲	己	丑	辰	辱	午
后起字	膝	域 国	絺	淀	肋	腳	危	跪	髯	脅	狩	柙	跽	杻	蜃	槈 鎒	杵

表9 《述林·文字中的加旁字》所发现古今字一览表（110组）

文字中的加旁字											
象形加旁字				会意加旁字				指事加旁字		形声加旁字	
加形旁		加声旁		加形旁		加声旁		加形旁*		加形旁*	
初文	加旁字	初文	加旁字	初文	加旁字	初文	加旁字	初文	加旁字	初文	加旁字
云	雲	厂	厈	喜	歖	帰	歸	一	弌	菹	蕰
丘	㘳	兒	貌	或	域	惠	蕙	二	弍	巩	拲
𦣝	頣𦣞	网	罔	休	庥	处	處	三	弎	康	穅
ㄥ	厷肱	火	焜燬	㝵	得	亟	𩊚	曰	欥	閣	𡒡
它	蛇	𦣝	巸	典	𥮥	告	嚳	乎	評	匡	筐
朋	鵬	卩	膝	睿	濬	炎	餤	久	灸	叢	藂
乙	鳦	曲	豊	叡	壑			𢇍	繼	待	偫
术	秫	甘	𢍏	欶	瘶					卻	腳
户	床	午	啎	圭	珪					危	跪
囱	窗	齊	齌	印	抑						
求	裘	永	羕	或	國						
方	汸	晶	曐	隶	逮						
乂	刈	門	鬭	叜	搜						
矛	𢦪	雨	𩂣	穼	探						
勿	𣃽	片	版	辱	槈鎒						
鬲	甗			舀	搯						
互	䇘			𤔔	亂						
兆	𣂑			臭	齅						
册	笧			啚	鄙						
亢	頏			益	溢						
昔	腊			困	梱						
𣶒	渊			嗇	穡						
巤	鬣			㬰	浸						

（续表）

文字中的加旁字											
象形加旁字				会意加旁字				指事加旁字		形声加旁字	
加形旁		加声旁		加形旁		加声旁		加形旁*		加形旁*	
巨	榘			票	熛						
彗	篲			畟	稷						
冄	䫇			甚	媅						
力	肋			奄	俺						
朿	茦			沓	誻						
来	⿰禾来			誩	競						
豆	梪			哥	歌謌						
包	胞			步	踄						
毌	贯			劦	脅						
𠂢	派			黹	⿰衤黹						
厽	垒			敬	憼						
因	茵鞇			爰	援						
甲	柙			㐁	宿						
匕	妣⿰女匕										

*指事、形声未列加声旁字。

（二）古今字的利用

1. 明字（词）义

(1) 古今字间互证义

后起字证初文义例：

古文晋象插矢之形，故晋有插义。……后起字作搢。《仪礼》云："搢三而挟一个。"又："搢。"《礼记》云："裨冕搢笏。"注皆训搢为插，是也。（《论丛·释晋》）

愚按《十篇上·犬部》云："狩，犬田也，从犬，守声。"今以獸字之形与音求之，獸盖狩之初文也。（《述林·释獸》）

《五篇下·亯部》："䈞，孰也，从亯羊。"按亯为今之烹字，字形为烹羊，故义为孰也。孰即今之熟字也。（《述林·释養》）

《说文·一篇上·丨部》云："丨，下上通也。引而上行读若囟，引而下读若退。"按此字为囟退二字之初文，其以引而上行读若囟孳乳者皆有上义，以引而下行读若退孳乳者皆有下义。（《论丛·说丨》）

扳实反之后起加旁字。知者，以义言之，何休训扳为引，《庄子》及《礼记郑注》并以扳援连文，扳引扳援与反字形体相合。（《述林·释反》）

《说文·四篇上·隹部》云："隻，鸟一枚也。从又持隹。持一隹曰隻，二隹曰雙。"树达按《殷墟书契前编》卷贰云："壬子，卜贞：王田于斿，往来亡巛？丝御。隻鹿十一。"《卜辞通纂》陆拾壹片云："丁亥，卜，贞：王田書，往来亡巛？禽？隻鹿八，兔二，雉五。"金文《楚王酓恙鼎》云："楚王酓恙战隻兵铜。"此皆用隻为后世之獲字。（《述林·文字初义不属初形属后起字考》）

始悟此字（冘）为儋字之象形初文也……儋字今作擔，寻冘声詹声古音相近，从冘声之字如眈、耽、紞、酖音读今皆与儋同，决知其为一字矣。异者，冘为象形，儋为形声耳。（《述林·释冘》）

《说文·五篇下·亯部》云："䈞，孰也。从亯羊。读若纯。一曰鬻。"一曰鬻也者，孙诒让云：䈞不得训鬻，鬻疑当作鬻字，鬻与煮古今字。树达按孙说是也。……䈞训鬻，以声音求之，殆即今之炖字也。（《述林·释䈞》）

初文明后起字义例：

盖祭主赞词之祝，以口交于神明，故祝字初文之兄字从儿从口，此与人见用目，故见字从人目，企字从人止，卧息用鼻，故眉字从尸自，文字构造之意相同。（《述林·释兄》）

树达谓力象人膂骨之形，盖即肋之初文。三之者，手之列多不过三之意。加肉谓肋，犹云之为雲，臣之为頤，乃力之后起字矣。（《论丛·释力劦》）

罙字从穴，从火，从求省。人执火于穴中有所求，即今言探求之探之初文。深从罙得声，宜有动字义。（《论丛·说测》）

（2）通过明古今字关系证它字义

许从午声，午即杵之象形字。字从言从午，谓舂者送杵之声也。(《述林·释许》)

今按𠀠明是甲文凡字，叶玉森谓其字象船帆之形，其说至审，知凡乃帆之初文，帆乃后起加旁字。……帆之为物也大，其始也，联布于竿，当于地上为之；及其移而树之于舟也，当以众手举之，故兴字形象之，而其义为起也。(《述林·释興》)

《说文·十四篇下·辱部》云："辱，耻也，从寸在辰下，失耕时，于封畺上戮之也；辰者，农之时也，故房星为辰，田候也。"按许君于字之从寸无说，释辰为农时，而云失耕时则戮之，然字形中绝不见失时之义也：其非正义，无可疑也。……寻辰字龟甲金文皆作蜃蛤之形，实蜃字之初字，辱字从寸从辰，寸谓手，盖上古之世，尚无金铁，故手持摩锐之蜃以芸除秽草，所谓耨也。(《述林·释辱》)

余依形求义，圖当训地图。从口者，许君于冋下云：口象国邑，是也。国邑今言城市。从啚者，余往岁撰《释啚篇》，定啚为鄙之初字。(《述林·释圖》)

《八篇上·人部》云："像，象也，读若养。"按今字做样，像读若养，养从羊声，故羕字借羊为像也。(《述林·造字时有通借证》)

(3) 明古今字间形义交错关系（即文字初义不属初形属后起字）

《说文·一篇上·一部》云："天，颠也。至高无上，从一大。"按《九篇上·页部》云："颠，顶也，从页，真声。"……天为初文，颠顶是其初义，今颠顶之义不属于天，乃为后起形声字之颠所专有，而天则专谓穹苍之天也。(《述林·文字初义不属初形属后起字考》)

《说文·二篇上·口部》云："各，异词也。从口夂。夂者，有行而止之，不相听也。"……《方言》卷一云："佫，至也。"《说文·二篇下·彳部》云："徦，至也。"佫徦皆各之后起字也。……各为初形，来与至为初义，今初义为后起至佫徦所专，而各但为各自至各矣。(《述林·文字初义不属初形属后起字考》)

《说文·二篇上·凵部》云："凵，张口也。象形。"按张口非凵之初义。……以声求之，凵当为坎之初文。……凵为坎陷，凵坎一音，坎为凵之后起字明矣。间坎陷之义专属于坎，无知凵之为坎者矣。(《述林·文字初义不属初形属后起字考》)

《说文·二篇上·止部》云:“止，下基也。象草木有阯，故以止为足。”……毛传云:“趾，足也，”趾为止之后起加形旁字，乃俨然据有止之本义，而止仅为行止终止诸义矣。(《述林·文字初义不属初形属后起字考》)

《说文·二篇下·正部》云:“正，是也。从止，一以止。”……正字甲文或作又作，从口者，甲文假口为丙之丁，盖古城字。……《说文·二篇·辵部》云:“延，行也，从辵，正声。”又《辵部》云:“延，正行也，从辵，正声。”或作征。延延征皆正之后起加形旁字，却皆据有征行之初义，而正但为邪正之正矣。(《述林·文字初义不属初形属后起字考》)

《说文·二篇上·𧮫部》云:“丙，舌貌。从𧮫省。象形。”……“古文丙。读若三年导服之导。一曰竹上皮。读若沾。一曰读若誓。弻字从此。”……余谓《说文·五篇上·竹部》云:“簟，竹席也。从竹，覃声。”丙读若三年导服之导，导即禫字，簟与禫同从覃声。丙又读若沾，簟与沾古韵同覃部字。由此知丙与簟同音，实簟之初文也。今竹席之义为后起之簟字所专，无有知丙之为簟者矣。(《述林·文字初义不属初形属后起字考》)

《说文·三篇上·収部》云:“丞，翊也。从収，从卩，从山。山高，奉承之义。”……丞字象初出㘬上举之形，乃拯之初字，而许君不知，乃训为翊，上举之训，乃为后起加形旁之拯所据有。文字之用，历久而颠倒错乱有如此者。(《述林·文字初义不属初形属后起字考》)

《说文·三篇上·異部》云:“異，分也。从収，从畀，畀，兴也。”……《说文》云:“戴，分物得增益曰戴。从異，𢦏声。”按𢦏在哈部，異在德部，为哈部之入声，戴乃異之加声旁字。……要之異本头上戴物之谊，今其义为戴字所专有，而異乃专为分異異同之义矣。(《述林·文字初义不属初形属后起字考》)

《说文·三篇下·又部》云:“叜，老也。从又，从灾，阙。”……叜乃摉之初字耳。摉求为叜之初义，今叜字失其初义，乃由后起加形旁之摉字据有之，而叜字专为长者老人之义矣。(《述林·文字初义不属初形属后起字考》)

《说文·三篇下·又部》云:“反，覆也。从又，从厂，反形。”……反字本义为攀引，今失其初义，其义乃由后起加旁之扳字承受之。(《述林·文字初义不属初形属后起字考》)

《说文·五篇上·甘部》云："甚，尤安乐也。从甘，从匹，匹，耦也。"又《十二篇下·女部》云："媅，乐也。从女，甚声。"树达按二字义同，异者，甚为会意字，媅为会意加义旁字耳。……今则男女媅乐之初义为媅字所专有，而甚则只为尤甚之义，无有媅乐之义矣。（《述林·文字初义不属初形属后起字考》）

余谓用盖桶之初文。……用为初文，桶为后起形声字，用之初义失，由桶字承受而据有之，而用字只为形用之用矣。（《述林·文字初义不属初形属后起字考》）

《说文·三篇下·用部》云："葡，具也。从用，苟省。"……盛矢器为葡之初义，《说文》为具，则失其初义，而后起形声字之箙字乃据有葡字之初义焉。（《述林·文字初义不属初形属后起字考》）

(4) 明词义

晋者，箭之古文也。……《吴越春秋》卷八记勾践使大夫种复吴封礼有晋竹十廋，晋竹即箭竹，所谓会稽竹箭者是也。（本段玉裁说。）（《论丛·释晋》）

2. 古今字明异文

獸盖狩之初文也。……《诗·小雅·车攻篇》云："建旐设旄，搏獸于敖。"《水经注》及《后汉书安帝纪注》并引作"薄狩于敖，"《东京赋》亦作薄狩，盖《三家诗》文如此。今按：……獸狩不同者，《毛诗》为古文，作獸，用初字；《三家》为今文，作狩，用后起字也。（《述林·释獸》）

余谓希盖即絺之初文……《书·皋陶谟》云："絺繡，"絺郑本作希。《周礼·春官·司服》云："祭社稷五祀则希冕，"以希为絺。（《述林·释希》）

3. 明古今字字形关系规律

(1) 明三书字变形声字

会意变形声例：

獸盖狩之初文也。……獸为会意字，变为形声之狩，此余谓象形、指事、会意三书之字多变为形声者也。（《述林·释獸》）

象形变形声例：

《足部》又云："䟺，步行猎跋也，从足，贝声。"此与𣥠为一字。异者，𣥠为象形字，䟺为形声字耳。余谓象形指事会意三书字多变为形声，此其一事也。(《述林·释步𣥠》)

象形会意变形声例：

《门部》又云："闓，开也。从门，岂声，"此开之形声字也。又云："閟，闭门也，从门，必声，"此闭之形声字也。開閉皆象形字，闭为会意字，变为形声乃为闓闢閟矣。(《述林·释開闢閉》)

(2) 明三书加形旁累增

象形字加形旁例：

踄与步当为一字。异者，步为象形字，踄别加义旁足字尔。许君云从足步声，不知步踄为一文而析为二字，又非也。步象二足，踄又从足，象形字加义旁者，必有复叠之形也。(《述林·释開闢閉》)

会意字加形旁例：

《说文·八篇上·先部》云："先，前进也，从儿，从之。"……《八篇上·人部》云："侁，行貌，从人，先声。"……按行貌和前进义同，先从儿，侁又从人，于形为复，二字盖本一文，侁乃先之后起加旁字也。(《述林·释先》)

三书字加形旁例：

许君所认为形声字，颇多象形指事会意加形旁之字，余已屡言之矣。如《禾部》云："秾，齐谓来秾也，从禾，来声，"此象形来加义旁禾也。《火部》云："灸，灸灼也，从火，久声，"此指事久加义旁火也。《邑部》云："鄙，五酇谓鄙，从邑，啚声，"此会意啚加义旁邑也。三书加形旁之字与形声之字极相类，而不同者，形声字如江河，水与工，水与可，不相涉也。加形旁之字不然。(《述林·释韅》)

三、通假字的利用

通假字是古籍中常见的文字歧异现象，而识别通假字也是重要的训诂工作，杨氏训诂亦有大量的破解通假字从而进行训诂的例子。但是，通假字问题不仅仅是文字问题，还是声音问题，因为通假的必要条件就是声音相同或相近。因此，关于杨氏利用通假字的例子这里从略，其例子和本书第四章第三节之“声音的运用·破假借”互见。

四、形讹字的利用

杨氏利用字形，明其讹误，以作校勘，疏其语义。如：

《原道训》（一卷十五页下）高注云：“质的，射者之准執也。”按執字义不可通，明是埶字形之误。（《论丛·读刘叔雅君淮南鸿烈集解》）

《时则训》（卷第五八页下）高注云：《诗》云：“鼍鼓洋洋。”按今《毛诗大雅·下武篇》作鼍鼓逢逢，洋与逢声不相近，明是误字。考《吕览·季夏纪》及《谕大篇》高两引此诗均作韸韸，则洋洋是韸韸之误无疑。《毛诗·释文》云：“逢亦作韼。”韸韼形近，韼亦韸之误字。（《论丛·读刘叔雅君淮南鸿烈集解》）

如四卷九页下云：“八主风，风主虫，虫故八月而化。”按八月而化，《大戴礼》、《易·本命篇》、《家语·本命解》虽同，月字实是误字。……按《说文》风字下云：“虫八日而化。”《春秋考异邮》、《论衡商虫篇》皆同，则月为日字之误无疑。（《论丛·读刘叔雅君淮南鸿烈集解》）

又如《时则训》云：（五卷九页）“命四监大夫令百姓之秩刍以养牺牲也。”“令”字本不可通，明是“合”字之误。《礼记·月令》及《吕览》皆作合，其明证也。（《论丛·读刘叔雅君淮南鸿烈集解》）

又云：“伐寻抱不韦之稀，藝拱把不为之数。”数，犹稠也，与稀为对文……《崔骃传》注释“数”为“概”者，概乃穊之误文。《说文》：“穊，稠也。”（《论丛·读王葵园先生后汉书集解》）

《和熹邓后纪》云：“汝，我家出，尔敢尔邪。”上尔自不可通，乃亦字形近之误。（尔俗书作尒，与亦形近。）《邓禹传》正作亦，当据之改正。（《论丛·读王葵园先生后汉书集解》）

“然不纪重质赂之故改节。”树达按：“纪”字无义，字当作“以”，盖“以”或作“已”，因讹为“纪”也。（《盐铁论要释·结和第四十

三》）

“币之信故疑新。”树达按：“比之”无义，当作“比比。”比比，犹言往往。写书者于重文下一字多作两点，故误为“之”耳。（《盐铁论要释·错币第四》）

“臑鳖脍腥。”孙诒让云：“腥”当作“鲤”，形近而误。……树达按：《御览》引此文正作“鲤”字。（《盐铁论要释·散不足第二十九》）

“故祭祀而宽。”树达按：“宽”字无义，盖“寡”字之误，“宽”与“寡”形近似。（《盐铁论要释·散不足第二十九》）

“甲士糜弊。”树达案：句不通，“士”疑“兵”字之误。（《盐铁论要释·刺复第十》）

“昔商鞅之任秦也。”树达案：“任”疑“仕”字之误。（《盐铁论要释·结和第四十三》）

“乐岁不盗。”树达案：“盗”字无义，疑“盈”字之误。《孟子·滕文公》篇云：“则必取盈焉”，乐岁不盗，谓乐岁亦不多取也。（《盐铁论要释·取下第四十一》）

“追观上古，及贤大夫。（十三上）”树达注：及字无义，字当作友，及与友形近致误耳。《说苑·建本篇》云：“追观上古，友贤大夫”，字正作友，是其证也。（《淮南子证闻·修务训第十九》）

“于是泰清中而叹曰。”树达按：“中”字无义，字当作“仰”，形近误也。《释文》云：“崔本中作卬”，“卬”即“仰”，《淮南子·道应篇》用此文正作“仰”。（《积微居读书记·庄子拾遗》）

故古之至兵才民未合而威已谕矣敌已服矣。（八之五下）树达按：作“士民”者是也，“才”乃形近误字。（《积微居读书记·读吕氏春秋札记》）

“更始将北都洛阳以光武行司隶校尉使前整修宫府。”树达按：“宫”当作“官”，形近致误。（《积微居读书记·读后汉书札记》）

“去想去意静虚以待不伐之言不夺之事督名审实官使自司。”树达按：“夺”当为“奮”，字形之误也。“不奮之事”谓不以事自矜奋也（《淮南》亦误作“夺”）。（《积微居读书记·尚书说》）

“人主出声应容不可不审。（十八之一）”树达按：“容”字无义，疑“客”字形近之误。（《积微居读书记·读吕氏春秋札记》）

水冻方固（十四之十六）树达按：“水”疑“冰”之误字。（《积微居读书记·读吕氏春秋札记》）

五、异文的利用

（一）异文明字义

1. 明字之本义

以字形考之，工象曲尺之形，盖即曲尺也。巨所以为方，《说文》字或做榘，经传通作矩，《史记》、《礼》、《书》、《索隐》训矩为曲尺，而巨字形为手持工，此工即曲尺之明证也。（《述林·释工》）

《说文·十四篇上·斤部》云：“所，伐木声也，从斤，户声。《诗》曰：伐木所所。”按所与许古音同，故《毛诗》作伐木许许。运斤伐木有声谓之所，持杵捣粟谓之许，字音同，古义亦相近矣。（《述林·释许》）

荡亦平也。《诗》云：“王道荡荡。”又云：“王道平平。”

2. 明字之假借义

彼（一）不完全内动词，假做“匪”字用，非也。彼交匪敖，万福求来。（《诗小雅桑扈》）按《左传》襄公二十七年说此诗云：“匪交匪敖，福将焉往?”（《词诠》“彼”字条）

3. 明声中有义

按瞿声字有分张旁出之义。……按《顾命》之瞿字《广韵》作戵，训为戟属，此与《顾命伪孔传》云戣、瞿皆戟属者正同。据《郑注》，则戵之受名盖以三锋为义也。（《述林·释衢》）

4. 明词义

《尚书》有《多方篇》，篇首云：“周公曰：王若曰：猷！告而四国多方，惟而殷侯尹民。”……今按：方者，殷周称邦国之辞。《诗·大雅·常武篇》三章曰：“徐方绎骚”，又曰：“震惊徐方”，全篇称徐方者凡七见，而五章又曰：“濯征徐国”，故郑君笺《诗》，释徐方为徐国，此徐国恒称徐方也。（《述林·释尚书多方》）

《书·汤誓篇》云：“夏罪其如台?”《史记·殷本纪》作“有罪其奈何”。又《高宗肜日篇》云：“乃曰其如台?”《殷本纪》作“乃曰其奈

何”。又《西伯勘黎篇》云：“今王其如台？”《殷本纪》作“今王其奈何”。此台训为何之证也。(《论丛·诗于以采蘩解》)

《论语》孔子曰：“弟子，入则孝，出则弟，谨而信。”……《礼记》曰：“君子寡言而信以成其行。”此云“谨而信”，彼云“寡言而信”，此谨为寡言之碻证也。(《论丛·释谨》)

(二) 异文明声音

1. 明假借

(1) 明声符通借

《管子·小称篇》：“嗟兹乎！圣人之言长乎哉！”《说苑·贵德篇》曰：“嗟兹乎，我穷必也。”《尚书·大传》曰：“嗟子乎，此盖吾先君文武之风也。”“嗟兹乎”或作“子乎”，此又“兹”、“子”通作之证也。(《论丛·释慈》)

《说苑贵德篇》曰：“嗟兹乎！吾穷必矣！”《仪礼经传通解续》引《尚书大传》曰：“嗟子乎！此盖吾先君文武之风也。”嗟兹乎或作嗟子乎，此又兹、子通作之证也。(《论丛·释慈》)

《书·尧典》：“共工方鸠僝功。”方《史记·五帝纪》及《说文》二篇下辵部逑下、八篇下人部僝下并作旁。又《益稷篇》云：“方施象刑惟明。”方《白虎通·圣人篇》、《新序·节士篇》并作旁。又《吕刑篇》云：“方告无辜于上。”方《论衡·动作篇》作旁。(《论丛·释放》)

《论语·乡党篇》云：“素衣麑裘。”《国语·鲁语》云：“兽长麑麇。”麛字皆作麑。弭与儿通作，故知麛之从弭犹从儿矣。(《述林·释麛》)

《四篇下·肉部》云：“膞，切肉也，从肉，专声。”《仪礼》字作肫。屯古韵在痕部，耑在寒部，二部音近，故其孳乳字笹篅同义，膞肫通作也。(《述林·释篅》)

(2) 义近借其音

《小雅·雨无正》之十三章曰：“戎成不退，饥成不遂。曾我暬御，憯憯日瘁。凡百君子，莫肯用讯。(字当作谇) 听言则答，谮言则退。”按退遂瘁谇退古韵在没部，而答字则在合部，韵不叶，而《诗》文如此者，答对义同，答字读对字之对，而在没部也。《大雅·桑柔》之十三章曰："大风有隧，贪人败类，听言则对，诵言如醉。"听言则对与听言则答文句同而字作对，其明证也。(《述林·释鼌》)

(3) 二字通假

按鼌读若朝者，《左传》王子朝，《汉书·五行志》作王子鼌。《史记》鼌错，《汉书》作朝错。《汉书·严助传》："鼌不多夕"，亦假鼌为朝。(《述林·释鼌》)

按此灑字《史记·河渠书》作厮。《索隐》云："厮，《汉书》作灑。《史记》旧本亦作灑，字从水。韦昭云：疏决为灑。"……然《尔雅》、《史》、《汉》之灑酾，盖以声近假为斯。(《论丛·尔雅大瑟谓之灑解》)

按一之日滭泼，乃《诗·豳风·七月篇》三家诗文，《毛诗》作"觱發"，传亦云："觱發，风寒也。"滭泼为本字，觱發为假字。(《论丛·诗匪风發兮匪车偈兮解》)

"王若曰格汝众予告汝训汝猷黜乃心无傲从康"。树达按：《大诰》"猷"字，马融本作"繇"，金文亦作"繇"。……猷、繇字通，《诗》巧言"秩秩大猷"，汉书班固传作"繇"，是其例也。(《积微居读书记·尚书说》)

2. 明声韵相通

《左氏春秋经》云："夫人姒氏薨，"姒氏《公羊经》作弋氏。又"葬我小君定姒，"《公羊经》作定弋。《定公十五年·左氏春秋经》云："姒氏卒。"又云："葬定姒。"《穀梁经》作弋氏与定氏。姒从以声，咍部，弋，德部。……此皆咍德二部相通之证也。(《论丛·释䁞瞦》)

以声韵言之，𣳾反同在古韵寒部。《诗·齐风》云："四失反系"，反《韩诗》作变。《小雅·宾之初筵篇》云："威仪反反"，反反《韩诗》作扳扳。《庄子·秋水篇》云："是谓反衍。"《释文》云："反本作畔。"《说文·水部》汳水即汴水，是二字古声韵同之证也。(《述林·释反》)

3. 明通读

星字《说苑·指武篇》作晴。《汉书·天文志》曰："日餔时，天曐晏，"以曐为姓，此皆星字古读晶之证也。知晶、星二字古本同音，则二

文为一可以无疑也。(《述林·释晶》)

按《说文》尔下云丽尔,《广韵》则云叕介,叕介即丽尔,陆法言之训本自故书,知古人故读叕为丽矣。(《述林·释叕》)

《周礼·地官·乡师》云:"巡其前后之屯",故书屯或为臀,知屯、臀古音同也。《说文》屍或作脽,知屍脽古同音也。(《述林·字义同缘于语源同续证》)

4. 明二字通用

《老子》云:"廉而不劌。"《释文》:"劌河上公本作害。"劌害异文。犹之曷害异文也。(《论丛·释曷》)

且戴与载古恒通用,《左传·隐公十年》经:"宋人蔡人卫人伐戴",《穀梁经》作载。《礼记·月令》"载胜",《释文》戴本作载。又《郊特牲》"载冕璪",《释文》戴本亦作载。《荀子·解弊篇》云:"唐鞅弊于欲权而逐载子,"杨注云:"载读为戴。"《列子·黄帝篇》章载,《释文》云:"一本作章戴。"《诗·丝衣》载弁俅俅,《尔雅·释言注》引作戴。此皆二字通用之证也。(《论丛·瞯戴目释义》)

大抵古人曷害二文多通用。《书·大诰》云:"予曷其不于浅宁人图人图功攸终?"又云:"予曷敢不于前宁人攸受休毕?"又云:"予曷敢不终朕畝?"《汉书翟义传》载《莽诰》,三曷字皆作害。(《论丛·释曷》)

5. 明古音对转

(1) 微部和痕部对转

微部字或作痕部字:

慰或作愠。《诗·小雅》云:"以慰我心。"《释文》云:"《韩诗》作以愠我心。"按:慰,微部;愠,痕部。(《论丛·古音对转疏证》)

几或作近。《易中孚》云:"月几望。"《释文》云:"几京作近。"又《小畜》云:"月几望。"《释文》云:"几《字夏传》作近。"按:几,微部;近,痕部。(《论丛·古音对转疏证》)

戾或作吝。《礼记·大学》云:"一人贪戾。"《郑注》云:"戾或作吝。"按:戾,微部;吝,痕部。(《论丛·古音对转疏证》)

痕部字或作微部字:

运或作违。《易·系辞上传》云："日月运行。"《释文》云："运姚作违。"按：运，痕部；违，微部。(《论丛·古音对转疏证》)

梱或作魁。《仪礼·大射仪》云："既拾取矢，梱之。"又云："扬触，梱复。"《郑注》并云："古文梱作魁。"按：梱，痕部；魁，微部。(《论丛·古音对转疏证》)

君或作威。《尔雅·释亲》云："姑舅在，则曰君舅君姑。"《说文·十二篇下·女部》云："威，姑也。从女，从戌。《汉律》曰：妇告威姑。"按：威姑即君姑。君，痕部；威，微部。(《论丛·古音对转疏证》)

辰或作夷。《左氏·宣公十一年经》云："夏，楚子陈侯郑伯盟于辰陵。"辰陵《穀梁经》作夷陵。按：辰，痕部；夷，微部。(《论丛·古音对转疏证》)

(2) 没部和痕部对转

没部字或作痕部字：

掘或作穿。《易·系辞》云："掘地为臼。"《众经音义》十引掘作穿。按：掘，没部；穿，痕部。(《论丛·古音对转疏证》)

痕部字或作没部字：

允或作术。《诗·小雅·十月》云："仲允膳夫，"《汉书·古今人表》作膳夫中术。按：允，痕部；术，没部。(《论丛·古音对转疏证》)

《诗·大雅·云汉》云："蕴隆虫虫。"《释文》云："蕴《韩师》作郁。"按：蕴，痕部；郁，没部。(《论丛·古音对转疏证》)

(3) 歌部和寒部对转

歌部字或作寒部字：

施或作延。《诗·大雅·旱麓》云："施于条枚，"《吕览·知分篇》、《韩诗外传》卷二引《诗》及《后汉书·黄琬传注》引《新序》施并作延。按：施，歌部；延，寒部。(《论丛·古音对转疏证》)

伪或作然。《庄子·齐物论》云："道恶乎隐二有真伪?"《释文》云："真伪崔本作真然。"按：伪，歌部；然，寒部。(《论丛·古音对转疏证》)

寒部字或作歌部字：

焉或作为。《礼记·三年问》云："加隆焉尔也。"《释文》云："焉一本或作为。"按：焉，寒部；为，歌部。(《论丛·古音对转疏证》)

韩或作何。《史记四·周本纪》云："何不令人谓韩公叔?"《集解》徐广曰："韩一作何。"应劭曰："《氏姓注》云：以何姓为韩后。"按：韩，寒部；何，歌部。(《论丛·古音对转疏证》)

(4) 曷部和寒部对转

曷部字或作寒部字：

会或作冠。《诗·卫风》云："会弁如星。"《吕氏春秋上·农篇注》引作冠弁如星。按：会，曷部；冠，寒部。(《论丛·古音对转疏证》)

刮或作捖。《周礼·考工记》云："刮摩之工五。"郑注云："故书刮作捖。"按：刮，曷部；捖，寒部。(《论丛·古音对转疏证》)

寒部字或作曷部字：

延或作誓。《礼记·射义》云："使子路执弓矢出延射。"郑注云："延或为誓。"按：延，寒部；誓，曷部。(《论丛·古音对转疏证》)

按或作遏。《诗·大雅》云："以按徂旅。"《孟子·梁惠王篇》引作以遏徂莒。按：按，寒部；遏，曷部。(《论丛·古音对转疏证》)

(5) 锡部和青部对转

锡部字或作青部字：

役或作颖。《诗·大雅·生民》云："禾役穟穟。"《说文·禾部》两引皆作禾颖。按：役，锡部；颖，青部。(《论丛·古音对转疏证》)

青部字或作锡部字：

营蚈或作蠲。《礼记·月令》云："季夏之月，腐草为萤。"《吕氏春秋·季夏纪》、《淮南·时则篇》皆云："腐草化为蚈。"《说文·十三篇上·虫部》《明堂月令》曰："腐草为蠲。"按：营、蚈皆青部；蠲从益声，本锡部字。(《论丛·古音对转疏证》)

（6）模部和唐部对转

模部字或作唐部字：

序或作象。《易·系辞》云："是故君子所居而安者，《易》之序也。"《释文》云："序虞作象。"按：序，模部；象，唐部。（《论丛·古音对转疏证》）

唐部字或作模部字：

迎或作御。《史记·天官书》云："迎角而战，不胜。"徐广曰："迎一作御。"按：迎，唐部；御，模部。（《论丛·古音对转疏证》）

除以上外，《论丛·古音对转疏证》还利用异文证明支部和青部对转、铎部和唐部对转、侯部和钟部对转、屋部和钟部对转、咍部和登部对转、德部和登部对转。

6. 明《说文》读若

杨氏《说文读若探源》举有《说文》读若"本自经籍异文者"67条，云："许君精熟五经，博通群籍，知其异字同音，故尔以此拟彼。"下举其数例。

《诗·大雅·公刘》云："芮鞫之即，"《周礼·夏官职》方氏注引作"汭坭之即。"《诗经》有此芮、汭异文，则二字经师同读可知，故许君据之而云芮读若汭也。（《述林·说文读若探源》）

《诗·小雅·四月》云："近瘁以仕。"《释文》云："瘁本又作萃。"……经传屡以萃瘁为异文，则二字同音甚显。《释文》虽撰自唐人，而经本异文则始于秦汉之际，故许君本之而云萃读若瘁也。（《述林·说文读若探源》）

《艸部》云："菶，艸盛貌，从艸，奉声。"《广雅释训》云："菶菶，茂也。"此菶字本义也。许君于此及《玉部》玤字下并引《诗》"瓜瓞菶菶，"盖《三家诗》作菶，用本字也；《毛诗》作"瓜瓞唪唪"，用假字也。许君见《毛诗》假唪为菶，知唪音必与菶同，故云唪读若菶矣。（《述林·说文读若探源》）

《诗·魏风·硕鼠》云："逝将去女，适彼乐土。"《公羊传·昭公十五年疏》引作"誓将去女。"盖《三家诗》有作誓字者，此《诗》本表示决绝之辞，《三家》作誓，用本字也；《毛诗》作逝，用假字也。许君

见誓逝异文，知二字必同音，故云逝读若誓矣。（《述林·说文读若探源》）

《论语·宪问篇》云："南宫适问孔子，"《释文》云："适本一作括。"适括二字经传屡为异文，则二字同音甚明，故许君云适读若括矣。（《述林·说文读若探源》）

（三）异文明字形关系

1. 明古今字

《仪礼》云："用锡若絺，缀诸箭。"郑注云："古文箭作晋。"《周礼》云："扬州，其利金锡竹箭。"郑注云："故书箭作晋。"杜子春曰："晋当为箭，书亦或为箭。"此征诸经典异文者二也。（《论丛·释晋》）

余谓希盖即絺之初文……《书·皋陶谟》云："絺繡，"絺郑本作希。《周礼·春官·司服》云："祭社稷五祀则希冕，"以希为絺。（《述林·释希》）

（各）经传作格，同音借字也；《方言》作狢，后起加形旁字也；《说文》作徦，后起之形声字也。（《述林·释各》）

《左传·襄公四年》云："獸臣司原。"杜注云："獸臣，虞人，"此经传以獸作狩字用之证也。汉《杨君石门颂》云："恶虫蔽狩。"《张迁碑》云："帝游上林，问禽狩所有，"皆以狩为禽獸之獸。（《述林·释獸》）

2. 明异体字

似者，谓子貌似其父母也。……肖《释文》作俏。按肖或从人作俏，似字从人，与俏字同。肖为骨肉相似，知似亦当为骨肉相似也。（《述林·释似》）

经传有扳字，……何注云："扳，引也。"扳训引，与《说文》𠬜字训同。《礼记·丧大记注》云"承衾哭者，哀慕若欲扳援。"《释文》云："扳本又作攀。"《庄子·马蹄篇》云："鸟雀之巢可攀援而闚。"《释文》云："攀又作扳。"攀即《说文》字𠬜或作之撰，此皆𠬜扳同字之证也。（《述林·释反》）

《八篇上·人部》云："侁，行貌，从人，先声。"按《楚辞·招魂》

曰："豺狼从目，往来侁侁些。"王逸注引《诗》"侁侁征夫"。今《毛诗·小雅·皇皇者华篇》作"駪駪征夫"。王引侁侁者，乃《三家诗》，为许君所本。(《述林·释先》)

3. 明形讹字

《诗·小雅·车攻篇》云："建旐设旄，搏獸于敖。"《水经注》及《后汉书安帝纪注》并引作"薄狩于敖，"《东京赋》亦作薄狩，盖《三家诗》文如此。今按：《毛诗》字亦当作薄，薄为语辞，犹《鲁颂·泮宫篇》之言"薄采其芹"也。(《述林·释獸》)

《时则训》（五卷九页）云："命四监大夫令百姓之秩芻以养牺牲也。""令"字本不可通，明是"合"字之误。《礼记·月令》及《吕览》皆作合，其明证也。(《论丛·读刘叔雅君淮南鸿烈集解》)

第四章　杨树达的音义观及其在训诂中的应用

第一节　杨树达的音义观

训诂之旨，在于声音。声音和意义的关系问题是训诂学的根本问题。如前所述，杨树达颇得乾嘉“声近义通”之旨，又受到西方语源学的影响，因此，他对文字假借、声义关系都有独到的见解。

一、杨树达的假借观

（一）造字时有通借

杨树达认为“六书”之假借实为意义之引申，他说：“六书有假借，许君举令长二字为例，此治小学者尽人所知也。然此类实是义训之引申，非真正之通假，且以号令年长之义为县令县长，乃欲避造字之劳，以假借为造字条例之一，又名实相舛矣。”（《述林·造字时有通借证》）他明确提出“文字构造之初已有彼此相通借的现象”。（《论丛·自序》）云：“余研寻文字，加之剖析，知文字造作之始实有假借之条。模略区分，当为音与义通借、形与义通借两端。[①] 名曰通借者，欲以别于六书之假借及经传用字之通假，使无相混尔。”（《述林·造字时有通借证》）杨氏“造字时有通借”可以下表明之。

---

① 形与义通借和“声义观”无关，此处和下表均连类及之。

表 10　杨树达造字时有通借简表

	分类		含义	举例
造字之通借	音与义通借	音同借其义	甲乙二字音同或音近，会字为甲，而实用乙字之义	咸：咸为会意字，然从口从戌，会意之旨不明，故许君又云戌悉以明之。此非训戌为悉，谓假戌为悉也
		义同借其音	甲乙二字义同，今字作甲，而实用乙字之音	需：而须义近，以须字之音为而字之音
	形与义通借	形近借其音	甲乙二字形近，今字作甲形，实用乙字之义	吳：训大言，而夨为倾头，无大义，夨大形近，制字者假夨为大
		义近借其形	甲乙二字义相类似，义虽为甲，而形则为乙	麙：义为大山羊，字却从鹿，鹿羊同为四足之兽，义近而假用

（二）用字时有通假

1. 音同借其义（通假）

杨氏认为古人用字有假借："义与形符，所谓本字也；而经传用字，则往往第取本字之音与义而舍其形，所谓通假字也。"（《述林·说文读若探源》）他在《述林·拟整理古籍计划草案》中认为"经籍文字扞格难通有二事"，第一就是"文字之通假"。他认为本字和假字只是音近，而无义之联系："正字假字之关系在音不在义。正字与假字，只有音之关系，绝无义之关系。"又："本字者，造字之始，因义赋形，形与义密合之字也。假字者，其义与本字无关，但以声音与本字相近，姑假作本字之用者也。"（《述林·彝铭与文字》）

2. 义同借其音（同义换读）

杨氏认为不仅造字时有义同借其音者，经籍用字也有其例，和今所言"同义换读"大致相当。如《述林·释亀》："《小雅·雨无正》之四章曰：'戎成不退，饥成不遂，则我慹御，憯憯日瘁，凡百君子，莫肯用讯（字当作谇）。听言则答，谮言则退。'按退遂瘁谇古韵在没部，而答字则在合部，韵不叶，而《诗》文如此者，答对义同，答字读对字之对，而在没部也。"他又说："夫字各有音，今读甲为乙，得无紊乎？曰：古文以屮为艸（《一篇下·屮部》），屮艸音异也。古文以丂为于（《五篇下·丂部》），丂于音异也。古文以臭为泽（《十篇下·介部》），臭泽音非一也。文字若此类者甚众。……若其始初，同义字往往同音，字音之界限不严，彼此可以互用也。"

二、杨树达的声义观

（一）形声字声中含义

杨氏关于声义关系的探求是以寻求语源为出发点的，其曾云："我治文字学的一个重要目的是在求得一些文字的语源。"而其文字探源研究又是从形声字入手的，他说："语源存乎声音，《说文解字》载了九千多字，形声字占七千多，占许慎全书中一个绝大部分；所以研究中国文字的语源应该拿形声字做对象，那是必然的。"（《述林·自序》）

1. 形声字声旁有义

杨氏继承了"右文说"的合理成分，提出"形声字中声旁往往有义"。（《述林·自序》）如《论丛·释曾》："曾有益义，故从曾声之字多含有加益之义，不惟赠字为然也。"他说："中土文书，以形声字为多，谓形声字声不寓义，是直谓中土语言不含义也，遂发愤求形声字之说。"（《论丛·自序》）又说："以我国文字言之，形声字居全字十分之九，谓形声字义但寓于形而不在声，是直谓中国文字离语言而独立也。"（《论丛·形声字声中有义略证》）

杨氏认为形声字声中含义，是和其文字孳乳观相联系的。形声字当是在象形、指事、会意三书的基础上孳乳而浸多的，即杨氏所言"象形指事会意三书的字往往有后起的形声字"。"象形指事会意形声四书的字往往后起的加旁字。一加形旁，一加声旁。"加旁孳乳的结果，往往会使被孳之字和主孳之字在意义上发生联系。加旁字和文字孳乳，事实上涉及了形声字声中有义的理据，即声符含义原因的解释。

2. 形声字声旁有假借

杨氏认为形声字声中含义并非在其形，而是存于声。杨氏提出一个很重要的观点：形声字声类有假借，即前所云"文字构造之初已有彼此相通借"。如训"慈"为爱子，认为字从兹声就是从子声，假兹为子。关于这一点，可以说是杨氏的一大发明，是对"右文说"偏执形体的反动。声符有假借，刘师培、章太炎、黄侃也有所察觉，如刘师培《字义起于字音说》云形声字"若所从之声与所取之义不符，则所从得声之字必与所从得义之字声近义同"。黄侃《文字声韵训诂笔记》云："形声之字虽以取声为主，然所取之声比兼形义方为正派。盖同音之字甚多，若不就义择取之，则何所适从也。……而或以字体不便，古字不足，造字者遂以假借之法施之形声矣。假借与形声之关系，盖所以济形声取声之不足者也。是故不通假借，不足以言形声。"但真正明确提出“声符有假借”并用大量实例作系统论证的，杨氏则是第一人。《造字时有通借证》、《形声字声中有义略证》指出声类假借就有92条。杨氏打破了声符形体的限制，把声符仅看作表音的符号，将“右文说”全面发展为“右音说”：“盖古人于形声字之声类，但求音合，不泥字形也。”（《述林·释韈》）

3. 声义关系不一一对应

音节是有限的，但意义却有无穷多个。这一矛盾必然表现为一个声音要表示多个意义；由于时空的隔阂，同一个意义也有可能选择不同的声音来表达。前者可表述为“一声多义”，后者可表述为“一义多声”。杨氏对此也有清楚的认识，如：

“一义多声”问题：

表11 杨树达“一义多声”问题简表

字义	大					小							红					下			
声类	厷	叚	分	吴	高	此	取	眇	几	隹	少	兼	丹	者	叚	朱	赤	免	于	臾	臽
篇目	释雌雄	释雌雄	释雌雄	释雌雄	释雌雄	释雌雄	释雌雄	例证	续证	续证	说少	释谦	释旃	略证	略证	略证	略证	释晚	例证	例证	例证
字义	直					白				通			止					塞			
声类	巠	交	干	居	壬	燕	番	隺	票	胥	囱	尞	叕	互	刃	止	氏	邕	容	於	壹
篇目	续证	例证	例证	续证	续证	略证	说皤	释皠	释瞟	释谞	续证	续证	例证	例证	续证	释坻	释坻	略证	略证	例证	续证

“一声多义”问题：

表12 杨树达“一声多义”问题简表

声类	于		叚		氏		兼	
意义	下	塞	红	大	低下	留止	小	不足
篇目	例证	例证	略证	释雌雄	释諟	释坻	释谦	释谦

（表中“例证”、“续证”和“略证”分别指《论丛·字义同缘于语源同例证》、《述林·字义同缘于语源同续证》和《论丛·形声字声中有义略证》，下表同此。）

（二）因声求义（探源为训）

杨氏在其《训诂学讲义》（目录）中有“训释语五类”，其首条便是“探源为训”，云：“凡语必有根源，根源为何，即语言受声之故是也。假定造字时由甲而生乙，则乙字受声于甲，今欲明乙字之义，但举甲字为训而其义已明，此所谓探源为训也。”可见“探源为训”就是“因声求义”，即其在《论丛·自序》中所云“盖予循声类以探语源，因语源而得条贯，其径程如此”。

杨氏认为文字探源须音义兼顾，即“声近义通”，如他在《论丛·释醇》中批评章氏太炎：“章氏《文始》谓醇得义于卤，按卤醇模唐二部阴阳对转，音理固为可通，惟卤咸第为五味之一，不含杂义，似不如谓受义于羹较为吻合矣。”表现在文字训诂上，杨氏则“以声统义”，云：“夫义既生于声，则以声为统纪，岂惟《尔雅》《说文》《方言》《广韵》当为所贯穿哉！举凡《经籍纂诂》之所纂，《小学钩沈》之所钩，凡一切训诂之书，将无不网罗而包举之矣。”（《论丛·形声字声中有义略证》）再看下表所列：

表 13　《论丛·说少》

同义字	杪	秒	眇	篎	𪀦	刀	軺	沼	昭	鮡	珧	䍜	駣	鞉	窕	盗
意义	细枝	禾芒	目小	小管	小鸟	小船	小车	小池	小明	小鱼	小蜃	小羊	小马	小鼓	轻小	小人
声类	少					刀	召			兆						盗
语源	少声及音近之字刀、召、兆、盗含小义															

表 14　《论丛·释听》

同义字	听	忻	訢	欣	𤝞	齦	狠	貇	声义关系：斤声有开义，斤、艮古音同
声符	斤	斤	斤	斤	斤	艮	艮	艮	
意义	笑貌（口开）	心开（开心）	喜（口开）	笑喜（口开）	犬吠（张口）	啮（张口）	犬斗（斗时张口吠）	啮（张口）	

由上表可以看出，杨氏不仅因声求义，而且不限形体。《述林》卷一中就有45篇专门训释形声字语源的文章，杨氏将其分为三类：“一为用同音之字或音近之字为语源者，二为同一声类之孳乳为语源者，三为声旁即语源者。”如下表：

表 15　杨树达《述林》卷一文章分类

《述林》卷一								
音同音近字为语源（18 篇）			同声类字孳乳为语源（7 篇）			声旁即语源（20 篇）		
篇目	文字	语源	篇目	文字	语源	篇目	文字	语源
释觗	觗	弛	释谞	谞	觝	释諲	諲	亚
释齗	齗	根	释坻	坻	底	释许	许	午（杵）
释疫	疫	易	释榳槬	榳	厤	释琰	琰	炎
释呬	呬	自	释镝	镝	朿	释裕	裕	谷
释桎枳梏	桎	疐	释橦	橦	撞	释遯	遯	豚
释脽尻屍	脽	自	释跟	跟	根	释绅	绅	申
释頯肫頔	頯	九	衢	衢	瞿	释嗌	嗌	益
释姊	姊	次				释弦	弦	玄
释伯	伯	霸				释又𠂇	右	又
释旱	旱	斡				释证	证	正
释膞	膞	断				释螮蝀	蝀	东
释麛	麛	儿				释虹	虹	工
释識	識	戠				释烖	烖	戈
释谦	谦	兼				释诬	诬	巫
释簠	簠	甫				释蓄	蓄	畜
释稻	稻	卤				释養	養	羊
释韈	韈	末				释岐	岐	也
释梓	梓	子				释乙	吃	乙
						释律	律	聿
						再释介	界	介

第二节　形声字的利用

一、形符的利用

明形符通借，证字之初义。杨氏认为造字时形符有通借，包括形符因音近通借、因形近通借和因义近通借。[①] 杨氏通过阐明形符通借，说明文字的构造之义。

（一）音近借其义

1. 会意字形旁的假借

《一篇下·艸部》云："若，择菜也，从艸右。右，手也。"按右为手口相助，不得训手，而许云右手者，字借右为又也。……又与右音同，故借右为又耳。（《述林·造字时有通借证》）

《二篇上·口部》云："咸，皆也，悉也，从口，从戌，悉也。"按咸为会意字，然从口从戌，会意之旨不明，故许君又云戌悉以明之。此非训戌为悉，谓假戌为悉也。（《述林·造字时有通借证》）

《八篇上·王部》云："壬，善也，从人士。士，事也。"按人士义无可会，故许君复云士事以明之，谓壬字从士，实假士为事也。（《述林·造字时有通借证》）

《十四篇下·宁部》云："䀎，幡也。所以载盛米。从宁从甾。甾，缶也。宁亦声。"按甾为菑之或体，菑训不耕田，无缶之义而许云菑缶者，明菑假为甾也。（《述林·造字时有通借证》）

《三篇下·支部》云："徹，从彳，从支，从育。"今按字从彳支育，意无可会，与通义亦不相比附。……育字从肉声，肉育古音同，故借育为肉也。（《述林·造字时有通借证》）

《十篇上·㹜部》云："狱，确也，从㹜，从言。二犬，所以守也。"按二犬守言，义不可通，言实辛之借字也。辛字训辠，辠古罪字，辛谓罪

① 形义互借和声音无关，此处连类及之。

人也。(《述林·造字时有通借证》)

《十篇下·大部》云:“奊,瞋大也,从大,此声。”按字音读火戒切,此声之说不合,盖从大从此,非从此声也。字从此者,假此为眦。(《述林·造字时有通借证》)

《十二篇下·我部》云:“義,己之威仪也,从我羊。”按字从我,故训己,羊与威仪不相涉,而字从羊者,羊为像之借字也。(《述林·造字时有通借证》)

《十四篇上·𠂤部》云:“官,吏事君也,从宀𠂤,𠂤犹众也,此与师同意。”按𠂤训小阜,无众意,而师字《说文》云𠂤四帀众意,通训亦释师为众。官字从𠂤,即假𠂤为师也。(《述林·造字时有通借证》)

《十四篇上·𠫓部》云:“育,养子使作善也。”或作毓,云:育或从每。按甲文此字作女子产子之形,字或从女,或从每。然每字无义,乃借为母也。(《述林·造字时有通借证》)

2. 形声字形旁的假借

《五篇上·韦部》云:“韓,井垣也,从韦,取其帀也,倝声。”按韦字无帀义,而许云从韦取其帀者,段氏云:“说韦同口”是也。……韦字从口声,二音相同,故借韦为口耳。(《述林·造字时有通借证》)

(二)形近借其义

1. 会意字形符的假借

《说文·十篇下·夨部》云:“吴,大言也,从夨口。”……愚谓夨字从大而倾其头,故制字者即假夨为大,与顷夨之义不相涉也。徐段皆以夨口为说,不知古人造字时有假借也。吴重文作[illegible],字从口大,金文《攻吴王夫差监》吴字作[illegible],字亦从大,此皆可为吾说之证者也。(《述林·释吴》)

《十二篇上·户部》:“肁,始开也,从户聿。”……余谓聿字从又,肁字从聿,即以聿为又也。(《述林·造字时有通借证》)

2. 形声字形符的假借

《十四篇下·𠫓部》云:“育,养子使作善也,从𠫓,肉聲。”按𠫓下

训不顺出，无子字之义，此育下云养子者，𠫓从倒子，即以𠫓为子也。(《述林·造字时有通借证》)

(三) 义近借其形

《十篇上·鹿部》云："麙，山羊而大者，细角，从鹿，咸声。""麢，大羊而细角，从鹿，霝声。"夫鹿与羊非同类也，义为羊而字从鹿者，鹿羊同为四足之兽耳，此以二字义近而假用者也。(《述林·释吴》)

二、声符的利用

(一) 利用声符含义，释字义，探语源

声符含义和形符含义不同，形符显示的是形声字所表概念的上位意义，具有显性的特征；而声符显示所承源词的语源义，是词的"内部形式"，是一种隐性的语义"遗传基因"，即所谓"声符示源"："具有示源功能的声符，其语音也必然与形声字的语音相同或相近。因此，示音功能只是示源功能造成的一种客观结果，是示源功能派生出的附带功能。"①

1. 某声之字具有某义

(1) 某声字多含某义

免声之字多含低下之义。(《论丛·释晚》)

叚声字多含大义。(《论丛·释雌雄》)

古关声字多训曲，故曲齿谓之齤，曲角谓之觠，……曲手谓之拳，曲颈顾视谓之眷。(《论丛·释经》)

《说文》四篇上隹部云："雌，鸟母也。从隹，此声。"今按此声字多含小义。(《论丛·释雌雄》)

《隹部》又云："雄，鸟父也。从隹，厷声。"按厷声字多含大义。(《论丛·释雌雄》)

燕声、晏声字多含白义。(《论丛·形声字声中有义略证》)

赤声、者声、朱声、叚声字多含赤义。(《论丛·形声字声中有义略

① 李国英：《小篆形声字研究》，北京师范大学出版社1996年版，第62页。

证》)

开声字多含并列之义。(《论丛·形声字声中有义略证》)

尖声、雚声字多含曲义。(《论丛·形声字声中有义略证》)

重声、竹声、农声字多含厚义。(《论丛·形声字声中有义略证》)

《释畜》又云:“羊牡,羒。”按分声字亦多含大义。(《论丛·释雌雄》)

《尔雅·释兽》云:“麐牡,麌。”按麌从吴声,吴声字亦多含大义。(《论丛·释雌雄》)

《说文·五篇上·皿部》云:“盂,饮器也。从皿,于声。”按于声字多含汙下之义。(《论丛·字义同缘于语源同例证》)

叟声字多含聚集之义。(同上)

於声字多含壅塞之义。(同上)

暴声字多突起之义。(同上)

交声字多含直立之义。(同上)

干声字亦多含直立之义。(同上)

㬎声字有干燥之义。(同上)

我声字多含倾斜之义。(同上)

眇声之字亦多含小义。(同上)

去声字多有开义。(同上)

叕声字含有止义。(同上)

几声字多含微小之义。(《述林·字义同缘于语源同续证》)

今按刃声字多含碍止之义。(同上)

九声字多含高义。(同上)

凡从居声之字多含直义。(同上)

会声之字多含会合之义。(《论丛·说云》)

发声字多含根本之义。(《论丛·说髮》)

毛声之字多含选择之义。(《论丛·说覒》)

昏与会古音近,故昏声之字亦多含会合之义。(《论丛·说云》)

按也声字多有邪义,以弛或作弢,虒声字与也声字多相通例之,觽之从虒,犹之从也也,故训为角倾矣。(《述林·释觽》)

古次声字多含次比之义。(《论丛·释姊》)

兼声之字多含薄小不足之义。(《述林·释谦》)

京声字盖有杂义。(《论丛·释醇》)

寻乙有难出之义，故乙声之字多受此义焉。(《述林·释乙》)

寻去声字多含开张之义。(《述林·释凵𠫓》)

按耑声字多含圆义。(《述林·释篅》)

《说文》专从叀声，袁从叀省声，睘从袁声，故睘声之字多具圆义。(《述林·释篅》)

按敖声之字亦多含绝特之义。(《述林·释骏驐》)

《说文·七篇下·白部》云："皠，鸟之白也，从白，隺声。"按隺声字多含白义。(《述林·释皠》)

按票声字多含白义。(《述林·释驃》)

寻高声字多具大义。……高大义类同，故高得为大，此犹京为绝高丘有大义也。(《述林·造字时有通借证》)

啟为以手开户而训为开，故啟声之字多具开义。(《述林·释启啓》)

钟形狭而长，甬字象之，故凡甬声之字，其物多具狭长之状。(《述林·释甬》)

堇声之字多含寡少之义。(《论丛·释谨》)

瞿声字有分张旁出之义。(《述林·释衢》)

从录声之字多含谨善之义。(《盐铁论要释·未通第十五》)

(2) 某声及同音之字多含某义

焦声及同音之字多含小义。(《论丛·字义同缘于语源同例证》)

互声及音近之字多含止义。(《论丛·字义同缘于语源同例证》)

大抵兹声音近之字，义训多为黑。(《论丛·释滓》)

《广雅·释兽》云："豵，豕牝也。"按取声聚声及音近之字多含小义。(《论丛·释雌雄》)

按番声及音近之字多含白义。(《论丛·说皤》)

按識从戠声，戠声与其同音之字多含黏着之义。(《述林·释識》)

专与耑古音同，二字同端母寒韵，故专声字亦多含圆义。(《述林·释篅》)

字之具狭长义者，不惟甬声之字为然也，同声之字亦然，同与甬古音近也。(《述林·释甬》)

盖𠂤为小阜，隹与古音同，故隹声之字多含小义。(《述林·字义同缘于语源同续证》)

𠂔与次古音同，故𠂔声字亦含有次比之义者。(《论丛·释姊》)

吕声、旅声、卢声字多含连立之义。（《论丛·形声字声中有义略证》）

邕声、容声、庸声字多含蔽塞之义。（《论丛·形声字声中有义略证》）

古关声字多训曲，……雚关同音，故雚声字亦多训曲。（《论丛·释经》）

（3）某声孳乳字多含某义

比声孳乳字多含次比之义。（《论丛·字义同缘于语源同例证》）

巠声孳乳之字多训直。（《论丛·释经》）

（4）某声之字皆含某义

从夋声之字皆含绝特之义。（《述林·释骏駿》）

《卩部》又云："卷，厀曲也，从卩，季声。"凡季声字皆含曲义。（《述林·释卩》）

少声之字皆含小义。（《论丛·说少》）

壬声、廷声之字皆含直义。（《述林·字义同缘于语源同续证》）

按屯声字庉训楼墙，軘训兵车，皆含高义。（同上）

尞声之字皆具穿通有孔之义。（同上）

云文象回转，故云声之字皆有转义。（同上）

凡勹声字皆有包裹在外之义。（同上）

赞声字皆含丛聚之义。（同上）

2. 字从某声，遂具某义

（1）声符字本义显示语源义

《说文·五篇下·会部》："曾，益也。"赠从曾声，故有增益之义。……曾有益义，故从曾声之字多含加益之义，不惟赠字为然也。（《论丛·释赠》）

《说文·十三篇下·力部》："加，语相增加也。"加训增加，贺从加声，亦有增加义矣。（《论丛·释赠》）

旃从丹声，盖即以声为义也。……旃之制以大赤，故字从丹声，名曰旃矣。（《论丛·释旃》）

《二篇下·品部》仑下云："仑，理也。"论从言从仑，谓言之剖析事理者也。(《论丛·释说》)

桯之为言呈也，《说文》云："呈，平也。"(《论丛·字义同缘于语源同例证》)

玄者，黑也。卢童子色黑，故既名曰卢，又名曰矊矣。(《论丛·释矊瞦》)

喜之为义与火有关……然则喜声有火义，故熟食谓之饎也。(《论丛·形声字声中有义略证》)

屍有高起之形，殿从屍声，故亦有高义。(《述林·字义同缘于语源同续证》)

(沚)，止者，水之所止也。(《述林·字义同缘于语源同续证》)

按少字从小，故有小义。(《论丛·说少》)

《说文·十篇上·马部》："马，怒也。"……《七篇下·网部》云："骂，詈也。从网，马声。"按骂源于怒，此以怒义孳乳者也。(《论丛·说马》)

《说文·一篇上·丨部》云："丨，下上通也。引而上行读若囟，引而下读若退。"按此字为囟退二字之初文，其以引而上行读若囟孳乳者皆有上义，以引而下行读若退孳乳者皆有下义。(《论丛·说丨》)

罙字从穴，从火，从求省。人执火于穴中有所求，即今言探求之探之初文。深从罙得声，宜有动字义。(《论丛·说测》)

《韩非子·解老篇》曰："多费谓之侈。"此以多训侈也。《贾子新书·道术篇》曰："广较自歛谓之俭，反俭为侈。"此以歛释俭也。(《述林·释梓》)

坻从氐，义为底止，渚从者义为留止也。(《述林·释坻》)

余谓镝从啻声，啻从帝声，而帝从朿得声，镝则受义于朿也。(《述林·释镝》)

《说文·三篇上·言部》云："证，谏也，从言，正声。"……谏诤之言谓之正言，此证字从言从正训为谏之义也。(《述林·释证》)

祷从示寿声，盖谓求延年之福于神。(《论丛·释祷》)

《说文·十篇上·火部》云："烖，天火曰烖，从火，𢦏声。"或作灾，从宀火，会意。古文作扗，从火，从才声。籀文作災，巛声。按烖災二文并从声得义。《十二篇下·戈部》云："𢦏，伤也，从戈，才声。"《十一篇下·川部》云："巛，害也，从一雝川。"(《述林·释烖》)

再训并举，偁从再声，故有举义矣。(《述林·释誣》)

以竹管束毫书事谓之聿，以竹管候气定声谓之律，律从聿声，实兼受聿字之义也。(《述林·释律》)

许君一再言丽廔，而廔从婁声，《说文》婁训空。……惟丽为叕之假字，则叕为孔而廔为空，丽廔同义，故以为连文。(《述林·释叕》)

按養从羊声者，吾先民之食物，以羊为主要之品，此不必广求之于传记也，即文字之构造大可见之。……盖用羊供养，故依羊字之音造养字，此固最自然之孳乳法也。(《述林·释養》)

《五篇上·旨部》云："旨，美也，从甘，匕声。"按匕声有义，旨从甘匕，犹甚旨从甘匹也。(《述林·释匕》)

(亘)实则当训回水，即今语之漩涡也……《说文·十三篇下·土部》云："垣，墙也，从土，亘声。"按垣墙之用，舟回宫室，此取回环为义也。(《述林·释亘》)

(柄)或作棅。……秉有把持之义，柯柄可把持，故字从秉，受秉字之义。(《述林·造字时有通借证》)

按《八篇上·尸部》云："尼，从后近之也。"日近之字昵从尼，取尼为义也。(《述林·造字时有通借证》)

《尔雅·释鸟》云："鷚，天仑。"郭注云："大如鷃雀，色似鹑，好高飞作声，今江东名之天鷚。"《说文·四篇上·羽部》云："翏，高飞也。"是鸟性好高飞，故名鷚矣。(《论丛·尔雅鷚天仑解》)

寻亚即今丑恶之恶字。誣从言从亚者，谓言人之丑恶，故其义为相毁也。(《述林·释誣》)

诽从言从非，谓言人之非也。(《述林·释誣》)

诋从氐声者，《说文·七篇上·日部·昏下》云："氐者，下也。"……按氐即今之低字，诋从言从氐，谓言者低下视之。(《述林·释誣》)

(2) 声符字引伸义显示语源义

《食部》又云："饐，饭伤溼也，从食，壹声。"按壹字从壶，有闭塞之义。(《述林·字义同缘于语源同续证》)

《说文·二篇下·辵部》云："遯，逃也，从辵，豚声。"按豚声有义，以豚善逃也。(《述林·释遯》)

《说文·八篇上·衣部》云："裕，衣物饶也，从衣，谷声。"按字从谷而训为饶者，谷之为物，空广能容，容字从谷，即其义也。(《述林·

释裕》)

故弦张于弓则急，故弦引申有急义。知者：《说文·二篇上·走部》云："趚，急走也，从走，弦声。"按趚字从走从弦，而训急走，明弦有急义也。(《述林·释弦》)

堇有少义。……谨从言堇声者，盖谓寡言也。(《论丛·释谨》)

《孟子·滕文公上篇》云："草尚之风，必偃。"赵注云："尚，加也。"尚训加，赏从尚声，亦有加义矣。(《论丛·释赠》)

皮有加义，贩从皮声，亦有加义，故《广雅·释诂》训贩为益也。(《论丛·释赠》)

旝之从会，所以会合士众也。……旚之从要，所以要约士众也。(《论丛·释旐》)

《说文·九篇上·页部》云："颊，面旁也。从页，夹声。"按《说文》十篇下大部云："夹，持也。从大侠二人。"大侠二人，左右各义，故有在左右与在旁之义。

《说文·三篇上·言部》云："谀，讇也。从言，臾声。"按臾有下义。(《论丛·字义同缘于语源同例证》)

《言部》又云："讇，谄也。从言，阎声。"或从臽作谄。按臽有低下之义。(《论丛·字义同缘于语源同例证》)

胥、疏同从疋声，凡物通者智而闭者愚，故胥、堦、慉皆有知义也。(《述林·字义同缘于语源同续证》)

囱为通孔，故物之中空可通者皆受声义于囱。(《述林·字义同缘于语源同续证》)

頔字《说文》不载，然其字从出声，谓其高出于颜面也。(《述林·字义同缘于语源同续证》)

《八部》又云："尚，曾也，戍几也。从八，向声。"按向声有义。《七篇下·宀部》云："向，北出牖也。"尚字从向从八，谓七分散于牖外也。(《论丛·字义同源于语源同续证》)

禬字从会声，许以会福祭为训，是声兼义也。考会声之字多含会合之义。(《论丛·说云》)

测又得为名字义者，测从则声，则有准则法则之义。(《论丛·说测》)

瞿从䀠声，䀠声字亦有分张之义。(《述林·释衢》)

火光下博而上锐，有如正三角形，故龟甲文火字作凵，肖火燄之形

也。琰圭剡半以上，剡处为三角形，形似火光，故赋名曰琰也。(《述林·释琰》)

《说文·二篇下·辵部》云："遯，逃也，从辵，豚声。"按豚为小豕，性善逃。(《述林·释遯》)

《说文·十三篇上·糸部》云："绅，大带也，从糸，申声。"按申声有义。……郑注云："绅，大带，所以自申约。"按郑君以申释绅，明绅之语源，其说是也。……绅之言申，犹带之称束也。(《述林·释绅》)

鎎字所以从氣者，所谓士氣也。盖战以士气为要，而次要则用兵。(《论丛·释鎎》)

《说文·三篇上·言部》云："诬，加也，从言，巫声。"……字从巫者……盖巫之为术，假托鬼神，妄言祸福，故诬字从巫从言，训为加言，引申其义则为欺，为诬罔不信也。(《述林·释诬》)

《说文·一篇下·艸部》云："蓄，积也，从艸，畜声。"按畜声有义。……大抵古人财务，自圭璧布帛而外，以牲畜为大宗。(《述林·释蓄》)

《七篇上·鼎部》云："鼏，以木横贯鼎耳而举之，从鼎，冂声。"按户扃之形横，故横贯鼎耳之鼎于冂受其声义。(《述林·释冂》)

壹皆谓抑郁闭塞也。……余今更取从壹得声之噎饐曀墙四字证明壹之初义焉。(《述林·释壹》)

训教之启，许解为从攴启声，愚谓当解为从口啟声。盖教者必以言，故字从口，教者发人之蒙，开人之智，与啓户事相类，故字从啟声，兼受啟字义也。(《述林·释启啓》)

遯从豚者，豚性喜放逸，《孟子》云："如追放豚，"通言"狼奔豕突，"是也。有逃亡乃有追逐，故逐字从辵从豕。此知遯字受义于豚。(《述林·造字时有通借证》)

薰从熏声，即受义于熏。《一篇下·艸部》云："熏，火烟上出也。"香艸臭气上升，与火烟之上出者事类相同，故薰字从熏。(《述林·造字时有通借证》)

璋射邪出而以射名，则射字固有邪义。谢字从射声，亦宜有邪义矣。(《论丛·庄子谢施说》)

(3) 声符字假借义显示语源义

A：音近借其义

《说文·十篇上·心部》云："慈，爱子也，从心，兹声。"……然兹训草木多益，与爱子之义绝不相关，而慈徒训兹声者，以兹与子古音相同故也。(《论丛·释慈》)

古京与羹同音，从京犹从羹也。(《论丛·释䣺》)

谥与益义不相关，从益声实假益为易。(《论丛·释赠》)

赐从易声，易假为益，则赐字有益义又明矣。(《论丛·释赠》)

"放"从"方"声者，《说文》"旁"亦从"方"声，实假"方"为"旁"耳。盖古"方""旁"音同，故二字多通用。(《论丛·释放》)

(暍)从曷声者，曷之为言害也。(《论丛·释暍》)

(滓)文从宰声者，宰之为言兹也。(《论丛·释滓》)

(鎎)，从氣声者，……段氏注谓氣为气之假字，是也。……观于鎎字，造字时已以音同而通假矣。(《论丛·释鎎》)

《说文·三篇上·言部》："说，说释也。从言兑。一曰谈说。"愚按谈说乃造文之始义，许以说释为正义，殆非也。盖兑者锐也。(《论丛·释说》)

然以字形精求之，则龂盖受义于根，非自忻听来也。……龂文从齿从斤，斤艮同音，谓齿之根也。(《论丛·释听》)

圂训厕而文从豕，乃假豕为菌，犹经传之假矢为菌也。(《论丛·释圂》)

械为秽恶之器，而字从威，于义无取，以声音求之，械盖受义于豕，盖豕械二文为对转也。(《论丛·释圂》)

《说文》三篇下革部云："靻，击牛胫也。从革，见声。"按系之以革，故文从革。所系者为牛胫，故文从见声。寻见在寒部，巠在青部，部居殊异，义为胫而文从见者，以双声通假故尔。(《论丛·释靻》)

《说文》三篇上言部，言从䇂声，䇂部䇂训辠，则狱字所从之言，实假为䇂。从二犬从言，谓以二犬守罪人尔。(《论丛·释狱》)

《说文》六篇下贝部云："贩，买贱卖贵也。从贝，反声。"……愚谓反当读如《汉书·儁不疑传》有所平反之反，盖反之言翻，翻覆变易之谓也。(《论丛·释贩》)

盖《诗》以言志为古人通义，故造文者之制字也，即以言志为文。其以㞢为志，或以寺为志，音同假借耳。(《论丛·释诗》)

靻从见声，见实假为胫。(《论丛·释胫》)

盖气本义为云气，引申为气血之气，然后世用字皆以氣为气，观于鎎

字，则造字时已以音同而通假矣。（《论丛·释鏇》）

韔之为言藏也，所以藏弓也。……爿可假为长，知长可假为藏矣。（《论丛·释韔》）

《说文》四篇下角部云："牄，角长儿。从角，爿声。"按牄训角长，字从爿声，盖假爿为长。（《论丛·释韔》）

（瞏），愚谓縣之言玄也。古者縣玄同音，故互相训释。……二字音近，故得相通假。（《论丛·释瞏瞦》）

《目部》又云："瞦，目童子精也。从目，喜声。"喜声前儒皆不言其义。今按喜之为言黑也。古音喜在咍部，黑在德部，二部为平入，故古多通用。（《论丛·释瞏瞦》）

（牖）字又从户甫声者，甫之为言旁也。古音甫在模部，旁在唐部，二部对转。（《论丛·释牖》）

《六篇上·木部》云："榦，筑墙耑木也。从木，倝声。"按桢榦者直立之木，榦从倝声，倝训日光倝倝，无直立之义，盖倝实假为干。（《论丛·字义同缘于语源同例证》）

《尔雅释诂》云："桢，榦也。"……树达按贞声字所以有直立之义者，贞与巠古音同，贞假为巠故也。（《论丛·字义同缘于语源同例证》）

胫从巠声，巠从𡈼声，𡈼声巠声多含直立之义。（《论丛·字义同缘于语源同例证》）

《口部》又云："噱，大笑也。从口，豦声。"按豦声去声古多通假。（《论丛·字义同缘于语源同例证》）

《网部》又云："罝，兔网也。从网，且声。"按且之为言阻也。（《论丛·字义同缘于语源同例证》）

壻、惰从胥声得训为知者，胥之为言疏也。（《述林·字义同缘于语源同续证》）

《言部》又云："谤，毁也。从言，旁声。"按旁之为言薄也。（《述林·字义同缘于语源同续证》）

愚谓桎从至声，至之为言疐也，至、疐古音同。（《述林·字义同缘于语源同续证》）

艸部云："芰，蔆也，从艸，支声。"树达按支之言枝也，言角突出如树枝也。（《述林·字义同缘于语源同续证》）

按呬训息而字从四者，四之为言自也。……按泗为鼻涕字，从水四，亦假四为自，谓液之从鼻出者也。（《述林·释呬》）

故隹声字多含高义，盖皆假隹为𠂤也。（《述林·释脽尻𡱂》）

堂从尚声，尚与上音同，上者高也，故堂为室之高者。（《述林·释脽尻𡱂》）

今谓伯之为言霸也，伯从白声，犹从霸也。（《述林·释伯》）

旱从干者，干与乾古音同，天久阳不雨，则气枯燥而不润，故为乾而字从干也。（《述林·释旱》）

《说文·四篇下·肉部》云："膞，切肉也，从肉，专声。"按膞从专声，训切肉者，专假为断也。（《述林·释膞》）

弭字从耳声，耳与儿同声，从弭犹从儿也。（《述林·释麛》）

按鲕从而声，而训为鱼子者，从而犹从儿也。……栭亦受义于儿，谓柱之小者也。（《述林·释麛》）

兼训併，无薄少不足之义，而兼声字多具少薄之义者，……欠兼音近，余疑歉为欠之加声旁字，其他从兼声而有薄少不足之义者，兼皆欠之假，并受义于欠也。（《述林·释谦》）

《释名·释衣服》："韈，末也，在脚末也。"余按刘成国以末明韈之语源，是也。……末、蔑古音同，足谓之末，故衣足之韈谓之韈，非谓脚末也。……而韈、韤之从蔑乃假音字也。（《述林·释韈》）

按谞从胥声而训为知者，胥之为言䟽也。……按壻从胥声，胥亦言䟽，谓士之疏通有才知者也。（《述林·释谞》）

按聪从囱声而训为察者，囱之为言囟也。……按幒为今之短裈，字从囱者，囱假为囟，言其中空可容足，人囟之中空受声于囟。（《述林·释谞》）

按肖字从小声，诮从肖声，假肖为小也。《口部》云："哨，不容也，从口，肖声。"按不容谓口小不能容受，此亦假肖为小也。（《述林·释諠》）

《言部》又云："谤，毁也，从言旁声。"按义为毁而字从旁声，似无义可说，细意求之，旁盖薄字之假借也。（《述林·释諠》）

《辵部》又云："遁，逃也。"按遯与遁声义并同，遁字从盾者，盾与豚古音同也。《四篇下·肉部》云："腯，牛羊曰肥。豕曰腯，从肉，盾声。"按字从盾而义属于豕，亦假盾为豚也。（《述林·释遯》）

遂义为亡而字从㒸声，假㒸为豕也。（《述林·释遯》）

寻搤从手从益，假益为嗌，谓以手捉人之咽喉。（《述林·释嗌》）

《五篇上·竹部》云："簏，竹器也，可以取尘去细，从竹，丽声。"

此即今筛字。《十四篇下·酉部》云："釃，下酒也，从酉，丽声。一曰：醇也。"按此二文皆从丽声，以丽字本义求之，皆不可通，知其亦假丽为爻。(《述林·释爻》)

《三篇上·言部》云："諙，今作话会合善言也，从言，𠯑声。"或作譮……字又作諙从𠯑者，𠯑会音近，古音同在月部，借𠯑为会也。(《述林·造字时有通借证》)

《四篇下·肉部》云："胑，体四胑也，从肉，从只。"或作肢。……若胑之从只，第以只与枝音同，借其字书之耳。(同上)

《六篇上·木部》云："柄，柯也，从木，丙声。"或作棅。……秉有把持之义，柯柄可把持，故字从秉，受秉字之义。柄之从丙，则以与秉同音借其音耳。(同上)

《七篇上·日部》云："暱，日近也，从日，匿声。"或从尼作昵。按《八篇上·尸部》云："尼，从后近之也。"日近之字昵从尼，取尼为义也。暱字从匿，则第以匿与尼音近通借耳。(同上)

《十篇上·鹿部》云："麠，大鹿也。牛尾，一角。从鹿，畺聲。"或作麖。按麖字从京，京训人所为绝高丘，高大义近，故京有大义。麖为大鹿，实受义于京。若麠之从畺，畺为田界，不含大义，第以与京同音借书耳。(同上)

《十一篇下·鱼部》云："鱷，海大鱼也。从鱼，畺聲。"或作鲸。按鲸为大鱼，亦受义于京，畺但为京之音借字。(同上)

《一篇下·艸部》云："莗，臭菜也，从艸，军声。"又云："薰，香艸也，从艸，熏声。"按臭菜谓有气味之菜，非谓恶臭也。香艸之薰，亦谓有臭味之艸，二字盖本一文。……若薰字从军声，则第以军熏音近，假军谓熏耳。(同上)

《四篇下·肉部》云："腯，牛羊曰肥，豕曰腯。"腯从盾者，亦豚之借。(同上)

《二篇上·牛部》云："犗，騬牛也，从牛，害声。"按此谓牡牛割势使不能生殖者，字从害声，害盖假为割，谓于体中有所割去也。割从害声，害割古音同，故假害为割矣。(同上)

《二篇上·口部》云："哨，不容也，从口，肖声。"按《礼记·投壶》云："枉矢哨壶，"此谦虚言矢不直，壶不大也，不大故许说不容。字从肖声者，肖字从小声，借肖为小也。(同上)

《二篇上·齿部》云："齗，齿本肉也，从齿，斤声。"按斤训斫木

斧，无本字义，断字从斤部而训本者，借斤为根也。（同上）

《三篇上·言部》云："诗，志也，从言，寺声。"古文从古文言，从㞢声。……志字从心㞢声，诗字从寺，寺亦从㞢得声，古文诗字则径从㞢，寺㞢皆志之假也。（同上）

又云："谤，毁也，从言，旁声。"按讥毁人之字大抵有义可求。……独谤字从旁声，似无义可求，细思之，旁盖借为薄也。……言其人而薄之，古为谤矣。（同上）

又云："讒，谮也，从言，毚声。"按毚训狡兔，与讒谮义不相符，而讒字从毚声者，借毚为鑱劖也。（同上）

又云："譖，愬也，从言，朁声。"按《五篇上·曰部》朁训会，与譖愬义不相符，此实借朁为旡也。（同上）

《三篇下·革部》云："靬，乾革也，从革，干声。"按义为乾革而字从干者，明借干为乾也。（同上）

《四篇上·羊部》云："羯，羊羖犗也。从羊，曷声。"按谓牡羊割去睾丸使不能生育者，字从曷声，假曷为割也。（同上）

《四篇下·肉部》云："膞，切肉也，从肉，专声。"按专声字无割切之义，而膞字从专训切肉者，专与断音同，借专为断也。（同上）

又《刀部》云："劓，刑鼻也，从刀，臬声。"或作劓。按劓字训刑鼻而以臬为声者，臬从自声，古音臬自同，借臬为自也。（同上）

又《角部》云："觽，角倾也，从角，虒声。"按《二篇下·辵部》云："迤，邪行也。"倾邪义近，觽之从虒，盖借为迆也。（同上）

《九篇下·广部》云："庢，碍止也，从广，至声。"庢从至声而训为碍至，亦借至为疐也。（同上）

旐之从兆，借为召字耳。（同上）

《七篇上·鼎部》云："鼒，鼎之圆掩上者，从鼎，才声。"……然则从才者殆假才为子也。（同上）

《七篇下·疒部》云："疫，民皆疾也。从疒，役省声。"……余谓役与易古音同隶锡部，二字同音，从役实借为易也。（同上）

《七篇下·巾部》云："帬，绕领也，从巾，君声。"按君字无围绕之义，此假君为军也。（同上）

《九篇上·页部》云："䫉，大头也，从页，羔声。"按羔训羊子，与大字义正相反，䫉从羔声乃训大者，假羔为高也。（同上）

《九篇上·髟部》云："鬄，髲也。从髟，易声。"或作髢。按髲下

云："益发也。"……髮训益发，则鬄为益发可知。易益古音同，鬄从易，假易为益也。（同上）

又云："魧，大贝也，从鱼，亢声。读若刚。"按亢训人颈，无大义，魧从亢声训大贝者，亢与京古音同在唐部见母，假亢为京也。（同上）

《十二篇上·手部》云："掖，以手持人臂也，从手，夜声。"按此假夜为亦也。亦者，人之臂亦也。（同上）

《十二篇下·女部》云："姊，女兄也，从女，𠂔声。"……余谓姊者次也，𠂔与次古音同，故𠂔声与次声之字多通作。（同上）

《十三篇上·糸部》云："经，织从丝也，从糸，巠声。"……经从巠声者，巠借为颈。（同上）

又云："缢，经也，从糸，益声。"按缢与经同义，字之组织亦同。字从益者，益借为嗌也。

《十四篇上·金部》云："镝，矢锋也，从金，啻声。"按啻声义不可求，啻实借为朿也，啻字从帝声，帝字又从朿声，啻朿古音无异，故以啻为朿也。（同上）

愚谓"灑"之得名盖受之"析"。……《易離》云："離者，丽也。"离有分离之义，《易》以丽训离，则丽亦宜有分决之义。然《尔雅》《史》《汉》之灑酾，盖以声近假为斯。（《论丛·尔雅大瑟谓之灑解》）

姊受声于次，犹兄弟之弟、女弟之娣受声义于次弟之弟也。姊娣对文，犹次弟为连文矣。（《论丛·释姊》）

簠，字从甫声而义为方，此犹水旁为浦，面旁为酺，旁为溥，榜为辅弓弩也。（《述林·释簠》）

余谓稻之为言卣也……稻从舀声，舀为定母幽部字，与卣古音同……稻之从舀，假卣之音为音，而因以取其义。（《述林·释稻》）

韈受义于末，则从末之袜、帓、靺直表受名之义，而韈韤之从蔑乃假音字也。（《述林·释韈》）

《说文》话或作譮，训会合善言，受义于会也。柄或作棅，训柯，受义于柄也。肢或作肢，训体四肢，受义于树枝也。此皆一字两形，一明声义，一为假音，梓、杍正其比类也。（《述林·释梓》）

B：义近借其音

《十一篇下·雨部》云："需，䪾也。遇雨不進，止䪾也。从雨，而聲。"……《九篇下·而部》云："而，颊毛也。"《九篇上·须部》云：

“须，面毛也。”而须二字义近，故以须字之音为而字之音也。(《述林·造字时有通借证》)

《十三篇下·黽部》云：“鼂，匽鼂也，读若朝。从黽，从旦。”按黽非会意字，实以旦为声，与朝读音不合者，盖旦与朝同义，借旦为朝而用其声者。(同上)

《三篇上·晨部》云：“農，耕也，从晨，囟声。”今作农。按囟与农声殊远，吾友沈君兼士云：“囟为头会𡿺盖，与𡿺义近。”𡿺近作脑，此即假囟为𡿺也。(同上)

C：义近借其形

《二篇上·牛部》云：“牭，四岁牛，从牛，从四，四亦声。”或作犙，云：“籒文牭从貳。”……然古人竟有此事者，貳虽非四，然与四同为数字，其义类相近故也。此形声字声旁通借者。(《述林·造字时有通借证》)

(二) 利用声符，说明语音关系

《论丛·古音对转疏证》有“见于文字声类者”条，通过形声字和所从声符字所属韵部的不同，说明韵部间的对转关系。

1. 微部和痕部对转

微部读音字从痕部声类：

伊从尹声：《说文·八篇上·人部》云：“伊，殷圣人阿衡也，尹治天下者。从人尹。”于脂切。按：尹亦声。尹，痕部；伊，读入微部。

祈从斤声：《说文·一篇上·示部》云：“祈，求也。从示，斤声。”渠稀切。按：斤，痕部；祈，读入微部。

痕部读音字从微部声类：

员从口声：《说文·六篇上·员部》云：“员，物数也。从贝，口声。”按：口，微部；员，古音与云同，读入痕部。

脪从希声：《说文·四篇下·肉部》云：“脪，创肉反出也。从肉，希声。”香近切。按：希，微部；脪，读入痕部。

2. 没部和痕部对转

没部读音字从痕部声类：

腯从盾声。《说文·四篇下·肉部》云："腯，牛羊曰肥。豕曰腯，从肉，盾声。"他骨切。按：盾，痕部；腯，读入没部。

搰从圂声。《说文·十二篇上·手部》云："搰，手推之也。从手圂声。"户骨切。按：圂，痕部；搰，读入没部。

痕部读音字从没部声类：

奔从卉声。《说文·十篇下·夭部》云："奔，走也。从夭，卉声。与走同意，故从夭。"博昆切。按：卉，没部；奔，读入痕部。

吻从勿声。《说文·二篇上·口部》云："吻，口边也。从口，勿声。"武粉切。按：勿，没部；吻，读入痕部。

3. 歌部和寒部对转

歌部读音字从寒部声类：

播从番声。《说文·十二篇上·手部》云："播，种也。从手，番声。一曰：布也。"补过切。按：番，寒部；播，读入歌部。

鄱从番声。《说文·六篇下·邑部》云："鄱，鄱阳豫章县。从邑，番声。"薄波切。按：番，寒部；鄱，读入歌部。

寒部读音字从歌部声类：

祼从果声。《说文·一篇上·示部》云："祼，灌祭也。从示，果声。"古玩切。按：果，歌部；祼，读入寒部。

閔从戈声。《说文·三篇下·斗部》云："閔，试力士锤也。从斗从戈。或从战省。读若县。"胡畎切。今按：字从戈声。戈，歌部；閔，读入寒部。

4. 曷部和寒部对转

曷部读音字从寒部声类：

揠从匽声。《说文·十二篇上·手部》云："揠，拔也。从手，匽声。"乌黠切。按：匽，寒部；揠，读入曷部。

寒部读音字从曷部声类：

憲从害声。《说文·十篇下·心部》云："憲，敏也。从心目，害省声。"许建切。按：害，曷部；憲，读入寒部。

5. 支部和青部对转

支部读音字从青部声类：

笄从开声。《说文·五篇上·竹部》云："笄，簪也。从竹，开声。"古兮切。按：笄，读入支部。

青部读音字从支部声类：

鞞从卑声。《说文·三篇下·革部》云："鞞，刀室也。从革，卑声。"并顶切。按：卑，支部；鞞，读入青部。

6. 锡部和青部对转

锡部读音字从青部声类：

幎从冥声。《说文·七篇下·巾部》云："幎，幔也。从巾冥声。《周礼》有幎人。"莫狄切。按：幎，读入锡部。

青部读音字从锡部声类：

餳从易声。《说文·五篇下·食部》云："餳，饴和馓者也。从食易声。"徐盈切。按：易，锡部，餳，读入青部。

除以上外，《论丛·古音对转疏证》"见于文字声类者"条利用文字声符还说明了模部和唐部、铎部和唐部、侯部和钟部、屋部和钟部、咍部和登部、德部和登部的对转关系。

第三节 声音的利用

声音在训诂中的运用有两个方面：一是破假借，即用以解释只有音近或音同关系而意义毫无联系的同音借用现象；二是声训，训释词和被训释词之间“声近义通”，实际上就是用同源词来解释词语的含义。下以“破假借”和“声训”两端举例说明杨氏训诂对声音的运用。

一、破假借

（一）破假借，疏语义

1．明本字，解文义

（1）“某假为某”、“假字”例

《诗·周颂·丝衣》云：“载弁俅俅，”载假为戴。（《述林·文字初义不属初形属后起字考》）

古我先王惟图任旧人共政王播告之修不匿厥指　树达按：“指”假为“恉”，《说文·心部》云：“恉，意也。”（《积微居读书记·尚书说》）

“称其雠不为谄。（襄三年）”树达按：“称”假为“偁”，《说文·人部》云：“偁，扬也。”（《积微居读书记·读左传》）

按此灑字《史记·河渠书》作厮。《索隐》云：“厮，《汉书》作灑。《史记》旧本亦作灑，字从水。韦昭云：疏决为灑。”……然《尔雅》《史》《汉》之灑鰤，盖以声近假为斯。（《论丛·尔雅大瑟谓之灑解》）

《诗·召南·采蘩篇》一章云：“于以采蘩，于沼于沚；于以用之？公侯之事。”……今按以假为台。《书·汤誓篇》云：“夏罪其如台？”《史记·殷本纪》作“有罪其奈何”。又《高宗肜日篇》云：“乃曰其如台？”《殷本纪》作“乃曰其奈何”。又《西伯戡黎篇》云：“今王其如台？”《殷本纪》作“今王其奈何”。此台训为何之证也。（《论丛·诗于以采蘩解》）

（《诗·齐风·东风之日》）一章云：“东方之月兮，彼姝者子，在我闼兮。在我闼兮，履我發兮。”……發者，《说文》發从癹声，癹从癶声，《诗》文乃假發为癶。癶从二止，《说文》训足刺癶，其有足义甚明。履我發者，谓践我足也。（《述林·诗履我即兮履我发兮解》）

《说文·三篇下·卜部》云：“卲，卜问也，从卜，召声。”按此字经传未见有用者，惟《书·大诰》云：“用宁王遗我大宝龟绍天明”，绍当为此字之同音假字。宁王当做文王……天明犹言天命。（《述林·释卦》）

《周礼·秋官司刑注》引《尚书大传》云：“决关梁，踰城郭而略盗者，其刑膑；男女不以义交者，其刑宫触；易君命，革舆服制度，奸轨盗攘伤人者，其刑劓；非事而事之，出入不以道义，而诵不详之辞者，其刑墨；降畔寇贼，劫略夺攘挢虔者，其刑死。”按《周礼疏》卷三十六贾公彦于宫字断句，……愚谓：文当于“宫触”为句，“宫触”即“宫割”也。……伏生作触，假字也。……郑注《孝经》曰：“男女不与礼交者，宫割。”此语即本伏生。(《论丛·读周礼司刑注引尚书大传书后》)

《尔雅·释木》云：“木自獘，柛。立死，椔。蔽者，翳。”……《说文》云：“槙从真声，与柛声义俱近。柛犹伸也，人欠伸则体弛懈如颠仆也。”树达按：槙为正字，柛为假字。……又陈字从申声，古读陈与田同，知申声字古读如电如田，与槙音近，故得相通假。(《论丛·尔雅木自獘柛说》)

(2)“读为”、“读曰”例

《书·君奭》云：“殷既坠厥命，我有周既受，我不敢知曰：厥基永孚于休，若无棐忱；我亦不敢知曰：其终出于不祥。”按此文“孚”当读为“抱”。(《论丛·书盘庚罔知天之断命解》)

《诗·桧风·匪风》云：“匪风發兮，匪车偈兮。”……今按“發”读为“泼”。《说文·十一篇下·仌部》云：“滭，风寒也。从仌，畢声。”“泼，一之日滭泼。从仌，犮声。”按一之日滭泼，乃《诗·豳风·七月篇》三家诗文，《毛诗》作“觱發”，传亦云：“觱發，风寒也。”滭泼为本字，觱發为假字，知《毛诗》恒假發为泼，《匪风》正其一例矣。偈者，字当读为辖。……曷害二字古音近，故《毛诗》假偈为辖也。(《论丛·诗匪风發兮匪车偈兮解》)

“今不承于古罔知天之断命矧曰其克從先王之烈若颠木之有由蘖　。”树达按：“古”读为“故”……“從”读曰“蹤”，车迹也。(《积微居读书记·尚书说》)

盘庚敎于民由乃在位以常旧服正法度曰无或敢伏小人之攸箴　。树达按：“正”，读为“证”，谏也。(《积微居读书记·尚书说》)

《书·微子》云：“殷罔不小大好草窃奸宄，卿士师师非度。”……今按“草”当读为“钞”……按“草”古音在幽部，“钞”古音在毫部，二部音最近，故得通假。(《论丛·书微子草窃奸宄解》)

《孟子·万章下篇》云：“缪公之于子思也，亟问，亟馈鼎肉。子思不悦。于卒也，摽使者出诸大门之外，北面稽首再拜而不受。曰：今而后知君之犬马畜急。盖自是台无馈也。”……今按台当读为始。“盖自是台无馈”，为鲁缪公自是始不馈子思也。(《论丛·孟子台无馈解》)

《庄子·秋水篇》：“以道观之，何贵何贱，是谓反衍；无拘而志，与道大蹇。何少何多，是谓谢施；无一而行，与道参差。”……愚谓谢当读为衺，施当读为迆，谢施为邪曲也。(《论丛·庄子谢施说》)

“文王载拜稽首而辞（九之七）。”树达按：“载”读为“再”，音同通用。(《积微居读书记·读吕氏春秋札记》)

“养叔曰吴乘衰谓我不能师也必易我而不戒（襄十三年）。”树达按：“易”读为“傷”，《说文·人部》云：“傷，轻也。”(《积微居读书记·读左传》)

“亲近導谀（四上）。”树达注：導当读为谄，字之假也。(《淮南子证闻·人间训第十八》)

《诗·小雅·正月》五章云：“谓山盖卑，为岗为陵？民之讹言，宁莫之惩。”……盖当读为盍，何不也。《说文》盖从盍声，故二文可通用。(《述林·诗谓山盖卑解》)

《诗》六章云：“虎拜稽首，对扬王休，作召公考，天子万寿。”郑笺云：“休，美也。”……愚疑休当为赐与之义。……窃谓古音休与好同（同幽部晓母字），休当读为好也。(《述林·诗对扬王休解》)

卷十上《皇后纪》云：“后宠幸殊特，专固后宫。”“固”当读如“錮”。前书《赵后传》云：“姊弟专宠錮寝”，是其证也。(《论丛·读王葵园先生后汉书集解》)

《书·舜典》云：“帝曰：龙，朕堲谗说殄行，震惊朕师。”……余谓殄当读为飻。《说文·五篇下·食部》云：“飻，贪也。从食，㐱声。《春秋传》曰：“谓之饕飻。”(《述林·书舜典朕堲谗说殄行解》)

《诗·周颂·天作篇》云：“天作高山，大王荒之。彼作矣，文王康之。彼徂矣岐，有夷之行。子孙保之。”……康《郑笺》释为安，殊误。今按当读为庚。《小雅·大车》云：“西有长庚。”《毛传》云：“庚，续也。”《说文》康字从庚声，古康庚二字可通用。(《述林·诗周颂天作篇释》)

《诗·邶风·谷风》五章云：“不我能慉，反以我为雠。”……窃疑慉当读为畜，好也。知者，《孟子·梁惠王篇》云：“畜君者，好君也。”……畜慉嫡音并相近，与好为一声之转，好古音在幽部，畜在觉部，二部为平入也。(《述林·诗不我能慉解》)

(3)“某与某同(通)”例

《诗·豳风·七月》云:“嗟我农夫,我稼既同,上如执宫功。”……此“上”字与“尚”同,古书“上”“尚”二字多通用。(《论丛·诗上如执宫功解》)

“则农夫罢与埜而草莱不辟。”树达案:“罢”与“疲”同。(《盐铁论要释·禁耕第五》)

“王若曰格汝众予告汝训汝猷黜乃心无傲从康。”树达按:《大诰》“猷”字,马融本作“繇”,金文亦作“繇”。……猷、繇字通,《诗》巧言“秩秩大猷”,汉书班固传作“繇”,是其例也。(《积微居读书记·尚书说》)

(4)“犹言”例

《诗·小雅·十月之交》云:“皇父孔圣,作都于向;择三有事,亶侯多藏。”今按《说文·五篇下·亩部》云:“亶,多谷也。从亩,旦声。”《诗》文言多藏,故以训多谷之亶状之。“亶侯”者,犹言“亶兮”也。……故《索隐》云:“侯,语辞也。兮,亦语辞。沛诗有三兮,故云三侯,”是也。(《论丛·诗亶侯多藏解》)

(5)“音转”例

西至酆郭(八之九)高注云:“酆郭在长安西南。”陈昌齐曰“郭当作部。”王念孙说同。树达按:“郭”“鄗”音之转,郭偃亦作高偃,是其比类。此二字音近字通,非误字也。(《积微居读书记·读吕氏春秋札记》)

2. 破假借,解名字

齐陈书字子占,王氏以占书为说。余谓占当读为笘:《说文·竹部》云:“颍川人名小儿所书写为笘。”“籥,书僮竹笘也。”《礼记·学记》云“伸其佔毕,”佔亦笘也。笘为书写所用,故名书字笘矣。(《论丛·读春秋名字解诂书后》)

齐公子于字且,……余谓:于,往也;且读为徂,亦往也。于徂皆训往,故名于字且矣。(《论丛·读春秋名字解诂书后》)

（二）明通假，证读若

关于《说文》读若的性质，杨树达《述林·说文读若探源》认为段玉裁“凡言读若者，皆拟其音也”为“独得其真诠”，云：“许君《说文》为形书之初祖，希见之字拟其音读，寻常易识之字则略说不记。”杨氏又说：“经传假借者，《说文》读若之所取资……经传缘同音而假借，许君缘经典之假借而证同音，非至顺利自然之事乎？”《述林·说文读若探源》之二有“本之通假字者”87条，下取其数条明之。

哙读若快：

《二上·口部》：“哙，咽也；从口，会声。读若快。”《淮南子·精神篇》云：“病疵瘕者捧心抑腹，膝上叩头，踡跼而啼，通夕不寐。当此之时，哙然得卧，则亲戚兄弟欢然而喜。”寻《淮南》文义，哙如字读，则不可通，实释假哙为快。许君曾注《淮南》，见此同音假借，故云哙读若快也。（《述林·说文读若探源》）

迁读若干：

《二下·辵部》：“迁，进也；干声。读若干。”《楚辞》云：“既干进而务入”，干进二字为连文。许君以迁为进义，则干进字正当作迁，《楚辞》文乃假干为迁也。二字相假，其音比同，故知迁当读如干矣。（《述林·说文读若探源》）

徲读若迟：

《二下·彳部》：“徲，久也；从彳，犀声。读若迟。”《礼记·乐记》云：“敢问迟之迟而又久，何也？”许君谓迟训徐行，无迟久之义，《乐记》之迟当训久，乃迟字之假借。《礼记》既借迟为徲则二字音必无异，故云徲读若迟矣。（《述林·说文读若探源》）

𤕟读若疏：

《二下·疋部》：“门户疏窻也。从疋，疋亦声。囱象𤕟形。读若疏。”此𤕟窻本字，经传多假疏字为之。《荀子·礼论篇》云：“疏房床第几席，所以养体也。"《史记》《礼》《书》用此文，《索隐》云："疏谓窻也"，是其例也。徐君以䆞为囱，乃䆞窗本字，而疏为假字，二字彼此相假，必是同音，故云䆞读若疏矣。(《述林·说文读若探源》)

丰读若介：

《四下·丰部》："艸蔡也。象艸生之散乱也。凡丰之属皆从丰。读若介。"《孟子·万章上篇》云："非其义也，非其道也，一介不以与入，一介不以取诸人。"赵歧注云："一介草不以与入，亦不以取于人也。"赵释一介为一介草，则《孟子》文明释假介为丰也。介假为丰，音必相同，故许君云丰读若介矣。(《述林·说文读若探源》)

饰读若式：

《七下·巾部》："㕞也。从巾从人，食声。读若式。"《管子·輜重篇》云："桓公使八使者式璧而聘之"，假式为饰。许君盖据此而云饰读若式也。(《述林·说文读若探源》)

二、声训

(一)"之言"、"之为言"例

坻之言底也。《尔雅·释诂》云："底，止也。"(《述林·字义同缘于语源同续证》)

渚之言著也。《国语·晋语》韦注："著，附也。"(《述林·字义同缘于语源同续证》)

段氏云："蔆以角得名，蔆之言棱也。"按段说是也。(《述林·字义同缘于语源同续证》)

渚之言著也。……渚者，言水之所附着也。(《述林·释坻》)

女兄为姊，姊娣之言次第也。(《述林·造字时有通借证》)

谈之言剡，说之言锐，语源同故其义同矣。(《论丛·释说》)

偞之言附也。(《述林·字义同缘于受名之故同续证》)

段氏云："菩之言角也，菩角双声。"按段说是也。菩在侯部，角在屋部，二部为平入声。(《述林·字义同缘于语源同续证》)

今按餲之言遏也，饭含水分，阻遏不能宣泄，故臭味道变也。(《述林·字义同缘于语源同续证》)

椴之为言短也，蕣之为言瞬也，皆言其华时短促也。(《论丛·释谨》)

愚谓旐之为言召也，谓所以召士众也。(《论丛·释旐》)

今谓鱺之为言迪也。(《述林·释鱺》)

按齗之为言根也。古艮、斤二字同音，故往往通作。(《述林·释齗》)

今谓疫之为言易也，易者，延也。……延易即今语之传染也。病以延易而民皆疾，故谓之疫矣。(《述林·释役》)

姊之为言次也。(《述林·释姊》)

坻之为言底也，氐也。(《述林·释坻》)

以木离析罪人之手指而束之，故谓之櫪撕，櫪撕之为言犹离析也。(《述林·释櫪撕》)

《说文·十篇下·心部》云："憭，慧也，从心，尞声。"按憭之为言寮也。(《述林·释谞》)

按橦之为言撞也。《后汉书·光武纪》云："冲輣撞城，"是橦有撞之用也。(《述林·释橦》)

《言部》云："誉，称也，从言，与声。"按誉之为言舁也。《述林·释誙》

(韔)，树达按韔之为言藏也，所以藏弓也。(《论丛·释韔》)

胠之为言亦夹也，谓在旁夹人体也。(《论丛·释韔颊》)

县之为言玄也，古者县玄音近，故互相训释。(《论丛·释瞯瞦》)

故識字当以记識为最初义。……識字之初义明，識字之语源乃可得言焉。盖識之为言埴膱也。……物之相黏谓之膱，黏土谓之埴，事著于心不忘谓之識，其义一也。(《述林·造字时有通借证》)

今谓偶之为言耦也。《说文·四篇下·耒部》云："耕广五寸为伐，二伐为耦。从耒，禺声。"耦本训二伐，引申为二人。……人与人相逢则得其偶，故谓之遇矣。(《论丛·释遇》)

(二)"同音"、"音同（近)"、"音某"例

按羖与股为同音字，人膝以上为股，膝以下为胫，股大于胫，知羖亦

当受义于大，义当为牡，不得为牝，一也。羖古音与假同，羖为牡羊，与麚为牡鹿、豭为牡豕一律。若麚豭为牡而羖为牝，理不可通，二也。(《论丛·释雌雄》)

哉生霸之字经传多作魄，许君亦以魄释霸。盖魄从白声，白、霸古音同，故用字者假魄为霸也。五伯为诸侯之长，或做五霸，乃假霸为伯也。用字时之通假，大可证造字时通假矣。(《述林·释伯》)

按梓字古人声训皆以子字为释，字与梓古音同也。(《述林·释梓》)

羖与股为同音字。人膝以上为股，膝以下为胫，股大于胫，知羖亦当受义于大，义当为牡，不得为牝。(《论丛·释雌雄》)

始悟此字（儋）为冘字之象形初文也……儋字今作担，寻冘声詹声古音相近，从冘声之字如眈、耽、紞、酖音读今皆与儋同，决知其为一字矣。异者，冘为象形，儋为形声耳。(《述林·释冘》)

《说文·七篇上·香部》云："香，芳也。从黍，从甘。"香与膷古音同，古亦通用。(《论丛·字义同缘于语源同例证》)

《说文·四篇上·目部》："眹，目不正也。从目，从矢。"音舜。按即今之瞬字，谓一动目间也。(《论丛·字义同缘于语源同例证》)

(三)"对转"、"一声之转"例

《一篇上·上部》云："旁，溥也。"《六篇上·木部》云："榜，所以辅弓弩也。"旁训溥，榜训辅，皆以双声对转为义。(《述林·字义同缘于语源同续证》)

槭为秽恶之器，而字从戚，于义无取，以声音求之，槭盖受义于圂，盖圂槭二文为对转也。《贾子·道术篇》曰："诚动可畏谓之威，反威为圂。"此以对转为相反之义者也。厕谓之圂，亵器谓之槭，此以对转为相类之义者也。义之正反有殊，其以音之对转相孳生则一而已。(《论丛·释圂》)

嗌以双声真部孳乳为咽……嗌又对转入青部，孳乳为脰。(《述林·释嗌》)

登（一）形容词，当也。"登"与"当"一声之转。(《词诠》"登"字条)

第（一）命令副词，但也，第但一声之转。(《词诠》"第"字条)

(四)“某，某也”例

双声：

由诏更用临众。(十五下) 树达按：更，改也。(《汉书窥管·赵充国辛庆忌传第三十九》)

叠韵：

“郡，群也。”(《述林·字义同缘于语源同续证》)

第五章　杨树达的语义观及其在训诂中的应用

第一节　杨树达的语义观

训诂之学，意义为其核心。陆宗达先生就指出："训诂虽然不是单纯解释词义的，但词是语言中最小的表义单位，即语义的基本单位。所以，解释词义是训诂学的基础工作，在训诂学中占有最重要的地位。"[①] 因此，有关杨氏训诂的研究必须揭示其语义观。

一、"义为之主"

杨氏首先从发生学上阐明了意义在代表语言的文字中的核心地位："夫文字之生也，有义而后有音，有音而后有形，三事递衍，而义为之主。"（《述林·论小学书流别》）其次，在具体的文字训诂中，他同样认为："考释文字，舍义以就形者，必多窒碍不通，而屈形以就义者，往往犂然有当。盖古人字形不定，而文义必有定，吾辈依其不定之形，以求有定之义，则得之，以后世已定之形以律古代未定之形，固失之于形，又必失之于义也。"（《卜辞琐记》）又说："余谓吾辈考释古文，首当求文义之合，而形则次之。"（《卜辞琐记》）

---

① 陆宗达：《训诂简论》，北京出版社 1980 年版，第 15 ～ 16 页。

二、语义规律的揭示和利用

（一）语义的聚合

1. 义由音生，某声多具有某义

如前所述，相关例子和前文互见，这里从略。

2. 对文关义①

对文从形式上看，是一种修辞现象，指在相同或相近的语法结构中，处于相对位置上的语言单位；但从内容上看，对文之间则有相对、相近、相类、相关或相同的语义关系。杨氏训诂也不乏对这一语义关系规律的揭示和利用，如《述林·释椐》："居声字有直义，往往与曲义之句对言。《礼记·乐记》云：'倨中矩，句中鉤。'《大戴礼记·曾子立事篇》云：'与其倨也，宁句。'《考工记·冶氏》云：'已倨则不入，已句则不决。'此皆以倨句对文。"

3. 连文同义

连文也是一种修辞现象，其形式上的组合包含语义的聚合，即所谓"连文同义"。如《述林·释坻》云："古连文之字多同义。《诗·小雅·祁父》云：'胡转予于恤，靡所底止。'底止连言，犹坻沚二文同义也。"又《论丛·书微子草窃奸宄解》云："经以'草窃奸宄'连文，'奸宄'义近，'草'与'窃'义亦当相近。又《盘庚上篇》云：'乃败祸奸宄以自灾与厥身。'彼文'败'与'祸'义近，则此文'草'与'窃'义亦当相近。"

4. 施受同辞②

从语义的层面看，"施受同辞"指同一个词兼具施与和接受两个对立的义项。杨氏提出："古人美恶不嫌同辞，俞氏书已言之矣。乃同一事也，一为主事，一为受事，且又同时连用，此宜有别白矣。而古人亦不加区别，读者往往以此迷惑，则亦读古书者所不可不知也。"（《古书疑义举例续补·施受同辞例》）他接着举例：《公羊传·庄公二十八年》传云："春秋伐者为客，伐者为主。"何注云："伐人者为客，长言之；伐者为主，短言之。"然则伐者为客之"伐"，指伐人者，主事之词也；伐者为主之"伐"，指见伐者，受事之词也，而《公羊传》文只皆曰"伐"。

---

① 本章和下章"对文"、"连文"互见。

② 有人把"施受同辞"归入"反训"或"施受的引申"，反训主要是由于词义的引申而形成的词义现象。本书认为杨氏所谓的"施受同辞"是一个共时的语义概念。

5. 名字相因

“古者，名以正体，字以表德。”（《颜氏家训·风操篇》）古人名、字意义相应，即相同、相近、相对或相关，《白虎通德论》云“闻名即知其字，闻字即知其名”即是。杨氏亦将这种意义关联用于训诂，如：

明本义：

> 春秋郑石制字子服。……此皆用制字本义者也。（《论丛·说制》）

明引申义：

> 余更考春秋鲁公子尾字施父，《后汉书》屡言首施两端，王念孙为首施即首尾。盖古人文字名动多相因。就名词言，施即是尾，公子尾名字取义于此。（《述林·释敀》）

明字形关系：

> 按𣶒为初文，渊乃后起之加形旁字。回为渊水，渊训回水，二字互相训。孔子弟子颜渊字回，取义于此也。（《述林·释亘》）

6. 语境承义

即上下文语义相承。利用上下文语境来解释词义是传统训诂中常用的方法，杨氏亦有利用，如：

> （《诗》）郑笺云：“休，美也。”……余按对扬王美，文理肤泛不切，郑说殆非也。愚疑休当为赐与之义。《诗》文五章言厘尔圭瓒，秬鬯一卣。又云锡山土田，此记天子赏赐召虎之事也。六章云：“虎拜稽首，对扬王休，”此记虎答扬王赐之事也。文字上下相承，至为警策，若训休为美，则文字松懈，全失《诗》文上下相承之理矣。（《述林·诗对扬王休解》）
>
> 《诗·大雅·烝民》云：“衮职有阙，惟仲山甫补之。”……今谓：职者，适也，乍也，言衮乍有缺，则仲山甫即补之也。衮为上服，补为补衣，二字文义上下相承。（《述林·诗衮职有阙解》）
>
> 《诗·豳风·七月》：“嗟我农夫，我稼既同，上入执宫功。”……盖诗人言：嗟我农夫乎！今已冬时矣，我之禾稼已聚集矣，汝庶几其可以入于都邑治宫室之事矣。盖上文已言十月纳禾稼，此在既纳之后，故云已聚

集也。(《论丛·诗上入执宫功解》)

7. **同训、互训、递训同义**

故训中的同训、互训和递训就是用同义词来训释词义。杨氏“字义同缘于语源同”中的“字义同”有很多是以同训、互训或递训来说明，如：

同训：

瘫《说文·七篇下·疒部》云：“瘫，肿也。从疒，雝声。”

瘤《疒部》又云：“瘤，肿也。从疒，留声。”

痤《疒部》又云：“痤，小肿也。从疒，坐声。(《字义同缘于语源同例证·十六》)

沚《说文·十一篇上·水部》云：“沚，小渚曰沚。从水，止声。”

坻《说文·十三篇下·土部》云：“坻，小渚也，从土，氐声。”

陼《说文·十四篇下·𨸏部》云：“陼，如渚者陼丘。水中高者也。”(《字义同缘于语源同续证·十一》)

互训：

谀《说文·三篇上·言部》云：“谀，谄也。从言，臾声。”

谄《言部》又云：“谄，谀也。从言，臽声。”(《字义同缘于语源同例证·四十八》)

扉《说文·十二篇上·户部》云：“扉，户扇也。从户，非声。”

扇《说文》云：“扇，扉也。从翅省。”(《字义同缘于语源同例证·四十》)

递训：

梠《说文·六篇上·木部》云：“梠，楣也。从木，吕声。”

槐《说文·六篇上·木部》云：“槐，梠也。从木，皀声。”(《字义同缘于语源同例证·二十二》)

戍《说文·十二篇下·戈部》云：“戍，守边也，从人执戈。”

役《说文·三篇下·殳部》云：“役，戍也。从彳殳。”(《字义同缘

于语源同续证·十六》)

(二)语义的发展——引申

1. 引申的方式①

(1)抽象

本义是具体的,引申义是抽象的,即杨氏《述林·自序》云:"文字抽象的意义,往往是从具体的事物来的。"他举例说:"譏譖抽象之义,皆由具体义而来。"(《论丛·字义同缘于语源同例证》)又:

> 荆罚字无可象,故以棺形表死刑,从刀则示刀锯之刑,《书·吕刑》所谓劓刵椓黥之属也。以具体之器物表抽象之意义,此先民智慧之所在也。(《述林·释荆》)
>
> (箴、刺)通语云箴规,云讽刺,义相近。諫字《说文》训数谏,为讽刺之本字,字亦从朿声。箴朿皆锐锋,以具体假为抽象之用也。(《论丛·字义同缘于语源同例证》)

(2)相关

如《论丛·臣牵解》:"臣之所以受义于牵者,盖臣本俘虏之称。……盖囚俘人数不一,引之者必以绳索牵之,名其事则曰牵,名其所牵之人则曰臣矣。"

(3)相似

由本义引申指有相似之处的另一事物。即《论丛·释嫁》云:"古人文字,近取诸身,远取诸物,取诸身者由身引申以及于物,取诸物者由物引申以及于人,其义一也。"又举例说:"按文字之孳乳,凡人为之物,往往取自然之物为比拟,刘说谓锋得义于蠭,是也。"(《述林·字义同缘于语源同续证》)

(4)转化

本指一事物而转指另一事物。杨氏说:"《说文·十二篇下·门部》云:'閒,隙也。从门,从月。'此閒之本义也。引申为宽閒之閒,谓有余地也,复引申为閒暇之閒,谓有余时也;复引申为悠閒之閒,谓有余情也。愚意其引申之次盖当如此。"(《论丛·尔雅窕閒说》)

(5)名动相因

---

① 以下只为例举,不为分类。

“名动相因”为语法命名，从语义上看，则属动静的引申。名受义于动，即由动态到静态，如《论丛·字义同缘于语源同例证》：“古名字多受义于动字，粮之受名实源于鬻。”动受义于名，即由静态到动态，如《论丛·说马》：“古人名动同辞，兽名曰马，上马因亦曰马，犹车乘曰乘，乘车亦曰乘也。”又如：

许君训槈为薅器者，薅为拔去田草，即芸草也。古人名动往往同辞，许君以字从木，或从金，故主以器官，而《易》、《礼》、《孟子》注则指言其事也。必知辱为槈之初字也。（《述林·释辱》）

《说文·一篇下·艸部》云：“荒，芜也。”芜谓之荒，垦治芜秽亦谓之荒，古名动同辞之通例也。（《述林·诗周颂天作篇释》）

《诗》六章云：“虎拜稽首，对扬王休，作召公考，天子万寿。”……《追毁》云：“追虔夙夕恤厥死事，天子多锡追休。”夫休而云锡，且云多锡，若休为美义，如何可锡，又何多少之可言乎！惟休为赐与，古人名动相因，故赐与之物亦可谓之休也。（《述林·诗对扬王休解》）

（6）虚化

《述林·释之》：“文字之孳乳，由名而动，由实而虚也。”杨氏把虚化称为“引申”，如《词诠》“故”字条：“（二）名词。《墨子经上篇》云：故所得而后成也。今言‘原由’。……（九）承递连词。因果相承时用之。与今语‘所以’同。按此用法乃由第二条‘缘故’之义引伸而来。”①

2. 同向引申

所谓“同向引申”，是指意义相近的词其引申义也相近，即杨氏所云：“本字义相近，故引申义亦相近也。”（《述林·释卩》）（按：还包括相反。）此乃杨氏“字义同缘于受名之故同”的换一种说法。

（1）本字义近，引申义亦近

例如：

足为人足，引申为止足知足之义。止甲文作𠂤，象足形，亦足也，引申为退止知止之义。卩者，胫头卩也，引申为节止节制之义。卻者，胫也，引申为节却却退之义。本字义相近，故引申义亦相近也。（《述林·

① 蒋绍愚先生则认为：“它不是两个义位的词汇意义之间的联系，所以我们还是把‘虚化’另立一类，不包括在‘引申’之中。”见蒋绍愚《古汉语词汇纲要》，商务印书馆2005年版，第87页。

释卩》）

酺在面之两旁，故谓之酺，又谓之頬；颔车在口之两旁，故谓之辅，又谓之頬；人肩在颈之两旁，故谓之髆，又谓之甲；膂在身之两旁，故谓之膀，又谓之膂。语源同，故其孳乳亦同矣。（《论丛·释頬》）

（曾）口气上出穿囱而散越，故训为语之舒。引申之，则义为高举。……尚从八从向，谓气散越达于牖外也。尚曾二字义同，故其组织结构同矣。尚有高上之义，犹曾之引申为高也。（《论丛·释曾》）

旅力二者皆骨骼之名。《说文》七篇吕部云："吕，脊骨也。象形。"或作膂。经传之旅乃膂之省。力则膂骨也。人体干骨为脊，由脊分张前曲为肋，二体相属，故古人以旅力连言。脊肋强者多力，《淮南子·齐俗篇》云："强脊者使之负土。"许注云："脊强者任负重"，是其说也。旅力引申为气力之力，《方言》《广雅》膂亦训力，是也。古人谓骈膂者多力，知膂骨与气力有关矣。（《论丛·释力劦》）

《说文·六篇下·贝部》云："贤，多才也。从贝，臤声。"按文从臤者，《三篇下·臤部》云："臤，坚也。古文以为贤字。"据此臤乃坚之初文。人坚则贤，故即以臤为贤，后乃加形旁之贝为贤字耳。《十篇上·能部》云："能，熊属，足似鹿。从肉，㠯声。能兽坚中，故称贤能而彊壮称能杰也。"今按能与耐古字同，惟坚耐能耐也。《九篇下·希部》云："㲖，㲖豕，鬣如笔管者。出南郡。从希，高声。"或从豕作豪，今通作毫。按毫豕以毛鬣坚刚如笔管，故引申为豪杰之豪。贤能同义，贤豪亦同义。能义受自坚中，豪杰缘于刚鬣，贤之受义于坚，以二文互证而益明矣。（《论丛·释贤》）

《说文·四篇下·耒部》云："耕广五寸为伐，二伐为耦。从耒，禺声。"耦本训二伐，引申为二人。……更引申为匹敌之名。……《五篇上·曰部》云："曹，狱两曹也。"两曹经传言两造：《书·吕刑》云："两造具备。"《周礼·大司寇》云："以两造禁民颂"，是也。引申之，有辈偶群众之义。……按曹有两义，引申为群辈，与耦有二义引申为匹敌之名者正同。（《论丛·释遇》）

（2）本字义相对，引申义亦相对

例如：

誉偁皆言举，举者，推而上之者也。诋之言氏，氐者下也。誉偁与诋义相反，故其语源亦相反矣。（《述林·释諲》）

凡国都必侈，乡邑必陋，故都引申义为大，为盛，为美，为闲，为雅，为姣，皆美义也。鄙之引申义为小，为狭，为陋，为贱，为俚，为猥，为不通，皆恶义也。(《述林·释啚》)

3. 同根反训

反训词是由于语义的发展变化，从而使一个词具有两个相反、相对的义项。杨氏也有对这一词汇现象的揭示，如：

其以相近或相反之义转变者：子之于孙……（按：此例为相近）贫之于富。《说文·六篇下·贝部》云："贫，财分少也。从贝分，分亦声。"符巾切。又《七篇下·宀部》云："富，备也。一曰厚也。从宀，畐声。"方副切。按：贫，痕部；富，德部。(《论丛·古音咍德部对转证》)

盂为饮器，中低而四傍高，故从于声，于犹言圩言窊矣。……屋宇之象，中高而四下，宇字亦从于声者，此以相反为义。(《论丛·略证》)

按隹为短尾鸟，雉为长尾，可以反义受名，然或亦受义于印鼻，与隹本字无涉。或曰：读若退者本引而下行，高仰诸字乃反义孳乳也。(《论丛·说丨》)

"末"既训首，又训为"根"，杨氏亦从引申的角度予以解释：

树木有干有枝，干之杪为末，拟人之身，则元首是也。枝之杪亦为末，拟之人身，则手足是也；故末又有四肢之训也。抑末者与本相对之辞。本在树曰根，在人曰跟，所居皆最下；以脊膂视跟，则远在上矣，故亦受末名是也。大抵文字之义训，缘引申之故，迤逦渐移，有不可以刻画求，而惟当以意逆之者，此类是也。(《述林·释跟》)

杨氏还在《高等国文法·总论》中分析"反训"产生的原因，也臻于科学：

我国语之缘起，有五端：……二、缘反训而起。初民知识混沌，一事二面，不能精析，故吾国语言中有反训之例。如"乱"训"治"；"苦"又训"快"；"徂"又训"往"，又训"存"；"故"训"旧"，又训"今"；"离"训"去"，又训"遭逢"；……然一字兼含相反之二义，必有混淆之虞。于是或取某字而变其韵以表其相对或相反之义，则此意义相对或相反之二字为双声；例如对于“天”而言“地”，对于“古”而言“今”，对“疾”言“徐”，对“加”言“减”，对“夫”言“妇”，对“规”言“矩”是也。与此相反，但取某字之韵而变其声以表其相对或相反之义，则此意义相反或相对之二字为叠韵。

由以上的举例和解释可以看出，杨氏认为反训词形成的主要原因是词义的引申和分化。这也是目前学术界比较一致的看法。

第二节　词义的辨析

杨氏治文字训诂，尽量寻找“语源”；而同源必同义，或意义相关，因此，无论是以声统义，还是系联同源词，都必须辨析同义词。而这又涉及同义词的分类问题。冯蒸：“对于古汉语同义词，宜采用语音条件这一明确标准，从而把同义词分为非同源同义词和同源同义词。”① 鉴于杨氏以“音近义通”的语源学思想贯穿其文字训诂研究，本书采用冯蒸先生的语音分类标准，以“同源同义词”和“非同源同义词”两端来探讨杨氏的同义词辨析。

一、同源同义词的辨析

（一）辨同义，系同源

同源同义词就是同源词。王力《同源字论》：“凡音义皆近，音近义同，或义近音同的字，叫同源字。这些字都有同一来源。或者是同时产生的……同源字，常常是以某一概念为中心，而以语音的细微差别（或同音），表示相近或相关的概念。”简言之，同源词就是音近义通的词，因此，要说明同源，在音近（同）的情况下，就要辨明同义。

1．音同（近）

（1）声符相同

《论丛·释雌雄》（以下表简明示之）

① 冯蒸：《说文同义词研究》，首都师范大学出版社 1995 年版，第 3 页。

表16　杨树达《释雌雄》

同义字	雌	佌	柴	赀	姕	疵	趀	龇	頾	
声符	此	此	此	此	此	此	此	此	此	声义关系：此声字多含小义
意义	鸟母	小	小木	小罚以财	妇人小物	小病	浅渡	短	口上小须	

盖锐谓之镵，石针谓之镵，砭刺谓之劖，贯刺谓之攙，以言伤人谓之谗，其义一也。(《论丛·形声字声中有义略证》)

锐意谓之殩，锐物谓之鐕，痛谓之憯，以言伤人谓之谗，亦一义也。(《论丛·形声字声中有义略证》)

盖地气之上升者为云，人气之上升者为魂，其义一也。(《述林·说云》)

《水部》云："澱，滓垽也，从水，殿声。"又《十篇上黑部》云："𪒠，𪒠谓之垽，垽，滓也。从黑，殿省声。"按澱𪒠声义并同，实一字也。滓澱𪒠互相训，𪒠与澱同而文从黑，则滓之为黑又可知。(《论丛·释滓》)

按余从舍省声，余舍古音同，知騇鵌雓古皆受义于小也。(《论丛·释雌雄》)

今按羖与股为同音字，人膝以上为股，膝以下为胫。股大于胫，知羖亦当受义于大。……羖古音与假同，羖为牡羊。(今按：假声有大义。)(《论丛·形声字声中有义略证》)

豖与豚细言则有别，总言则不分矣。(《述林·释遯》)

按从夋声之字皆含绝特之义。……《四篇上·鸟部》云："鵔鸃，鷩也，从鸟，夋声。"按《尔雅》云："鷩，山雉。"按今云野雉，鸟中之绝特者也。……按狻麑即今之狮子，此兽中之绝特者也。鸃古音在歌部，麑在支部，支歌二部古通。鸟曰鵔鸃，兽曰狻麑，字义异而语源无二也。(《述林·释骏驐》)

大抵物之受名，不以其德，则以其业，而业又有施受之殊。橦者，主撞之器也；钟者，见撞之器也。其用虽殊，受名于撞则一也。(《述林·释橦》)

木在树曰根，在人曰跟，所居皆最下。(《述林·释跟》)

手之有助于人也至大，《史记》言汉王失萧何，如失左右手，以左右手喻人，其义可见也。又字孳乳为右，助也。𠂇字孳乳为左，𠂇手相左也。

(《述林·释叉》)

(2) 声符不同(不同或不全同)

表 17 《论丛·释雌雄》

同义字	羒	帉	颁	坋	汾	墳	蕡(黂)	鼖(鞼)	分声字多含大义；分、賁古音同
声符	分	分	分	分	分	賁	賁	賁(省)	
意义	羊牡	大巾	大头	大防	大	大	大麻子	大鼓	

藏弓谓之韔，鸟藏谓之粻，藏谷谓之仓，藏死谓之葬，其义一而已矣。(《论丛·释韔》)

左右谓之夹，在傍谓之挟，目旁谓之䀹，面旁谓之颊，两膀谓之胁，其义一也。(《论丛·释颊》)

物之相黏谓之膱，黏土谓之埴，事著于心不忘谓之識，其义一也。(《述林·造字时有通借证》)

盖两人用手共举谓之舁，一人以手对举谓之举，以言称举谓之誉，其义一也。(《述林·字义同缘于语源同续证》)

凡字之同源者往往同音，面权高起，故谓之頯頄，又谓之肫，脽亦高起，故谓之尻，又谓之屍，鼻称準，亦言其高耸也。(《述林·释頯肫頄》)

胠之为旁，犹挟之为在傍，颊之为面旁，脅之为两膀矣。(《论丛·释颊》)

《辵部》又云："遁，逃也。"按遯与遁声义并同，遁字从盾者，盾与豚古音同也。(《述林·释遯》)

伤谓之害，利伤谓之劌，伤暑谓之暍，饭伤谓之饖，又谓之餲。文虽散殊，义固一贯矣。(又：歲曷古音同在月部，饖音于废切，餲音乌介切，是二字音同也。)(《论丛·释暍》)

运斤伐木有声谓之所，持杵捣粟人有声谓之许，字音同，故义亦相近矣。(《述林·释许》)

盖阴茎谓之烛，尾下窍谓之豚，又谓之丑，谓之州，交构谓之属，豕去势谓之豖，人去阴谓之豛，其事近，故字音皆相近也。(《述林·释豖》)

2. 音转

械为秽恶之器，而字从威，于义无取，以声音求之，槭盖受义于圂，盖圂槭二文为对转也。《贾子·道术篇》曰："诚动可畏谓之威，反威为圂。"此以对转为相反之义者也。厕谓之圂，亵器谓之槭，此以对转为相类之义者也。义之正反有殊，其以音之对转相孳生则一而已。（《论丛·释圂》）

（二）析名义，释转注

转注众说纷纭，杨氏同意章太炎的观点，云：

转注，说者纷纭，惟章太炎氏之说得其理。章氏之说曰："字者，孳乳而寖多。字之未造，语言先之矣。以文字代语言，各循其声。方语有殊，名义一也。其音或双声相转，叠韵相迤，则为更制一字，此所谓转注也。考老同在幽类，其义互相容受，其音小变。按形体，成枝叶，审语言，同本株。虽制殊文，其实公族也。循是以退，有双声者，有同音者，其条例不异。适举考老叠韵之字以示一端，得包彼二者矣。"（《国故论衡》上）所谓同意相受者，义相近也。所谓建类一首者，同一语原之谓也。（《小学略说》上）达按：章君析转注为三科，勰理密矣。独同音转注，理不可通。盖音义俱同，造文者何当别构？此自一字之异形，不关转注也。故今取其叠韵双声二事，而益以对转，仍得三科云尔。（《中国文字学概要·转注》）

可见，杨氏认为转注就是同源分化。杨氏以语音为标准，按照"义相近"的标准，分转注为三科，即叠韵、双声和对转。

1. 叠韵

檦，木杪末也。从木票声。敷沼切，六上木部。
杪，木檦末也。从木少声。亡沼切，六上木部。
按：檦杪同在豪部。

恇，怯也。从心，匡声。去王切，十下心部。
惶，恐也。从心，皇声。胡光切，十下心部。
按：恇惶同在唐部。

2. 双声

改，更也。从攴、己声。古亥切，三下攴声。
更，改也。从攴丙声。古孟切，三下攴部。
按：改在咍部，更在唐部，同属见母。

谋，虑难曰谋。从言，某声。莫浮切，三上言部。
谟，议谋也。从言，莫声。莫胡切，三上言部。
按：谋在咍部，谟在模部，同属明母。

3. 对转

逆，迎也。从辵，屰声。关东曰逆，关西曰迎。宜战切，二下辵部。
迎，逢也。从辵，卬声。语京切，二下辵部。
按：逆在铎部，迎在唐部，二部对转。

鹅，鴚鹅也。从鸟，我声。五何切，四上鸟部。
雁，鹅也。从鸟人，厂声。五晏切，四上鸟部。

按：鹅在歌部，雁在寒部，二部对转。（以上六组例子均自《中国文字学概要·转注》）

二、非同源同义词的辨析

按照现代语言学的观点，同源词是指音义皆同（近）的词，但杨氏在《论丛·形声字声中有义略证》、《论丛·字义同缘于语源同例证》和《述林·字义同缘于语源同续证》中所辨析的71组同义词中，绝大部分都不是“音近义通”的同源词（次标题例字，不包括文中系联的同源词），而是意义相同或组织构造相类的非同源同义词。

就《字义同缘于语源同例证》和《字义同缘于语源同续证》中的实例来看，“字义同缘于语源同”中的“语源同”包括两个方面：一是指“受名之故”即语源义相同；一是指“组织构造同”。

（一）“语源同”

第一种情况实指语源义相同，而语音并不同，如《字义同缘于语源同续证》："以言抬举人谓之誉，称扬人之美谓之偁，皆受义于举，字义同由于语源同也。"誉、偁语音不同，不是同源词。这种情况即杨氏所谓："二字义同，其所以得义之故往往相同。"（《论丛·释经》）"字义既缘声而生，则凡同义之字或义近之字，析其声类，往往得相同或相近之义，亦自然之理也。"（《论丛·形声字声中有义略证》）再如《字义同缘于语源同续证》："言人之恶谓之諲，言其非谓之诽，言其低下谓之诋，轻而小之谓之讥，谓之呰，薄之谓之谤，语源同，故字义同也。"

表18　语音不同，语义相近

同义字	諲	诽	诋	讥	呰	谤
意义	言人之恶	言人非	言人低下	轻而小之	轻而小之	言人微薄
构造	从言亚声	从言非声	从言氐声	从言几声	从口此声	从言旁声
受名之故	諲、诽、诋、讥、呰、谤皆受义于"言人低下"					

按：諲、诽、诋、讥、呰、谤语音并不相同或相近，可见杨氏"语源同"仅指各词的"语源义"相同。

又如：

《说文》云："嫂，兄妻也，从女，叜声。"……《说文》云："叜，老也。"……盖舅姑分尊，而嫂亦年长，姑以古故久舅叜老称之，孙炎所谓尊老尊长之名，郑君所谓尊严之称者，是也。盖诸子义训虽异，而语源则相类也。（《述林·释姑》）

女兄为姊，姊娣之言次第也。……姊娣亦次第为义，姊妹之夫相称曰亚，亦以亚次为义，其事相近，故语源同也。（《述林·造字时有通借证》）

夫嗌与颈义近，缢与经义同，知经之为以绳悬颈，又可知缢之为以绳悬嗌也。此以缢经二文互相比证而知其义当然，即余所谓二字义同其所以得义之故往往相同者也。（《论丛·释晚》）

（矑），愚谓縣之为言玄也。……玄，黑也。卢童子色黑，故既名曰卢，又名曰矑矣。……《目部》又云："瞦，目童子精也。从目，喜声。"喜声前儒皆不言其义。今按喜之为言黑也。……然则矑也，瞦也，卢也，皆言童子之黑也。（《论丛·释矑瞦》）

窗牖对文有别，散文则通也。（《论丛·释牖》）

> 盖行而得其偶谓之遇，行而得其曹谓之遭。举其名为曹偶，言其行为遭遇，其义一也。（《论丛·释牖》）
>
> 盖木自斃者谓之槙，为人所斃者谓之殪，槙殪皆仆踣之辞，事相近则其受名之故亦相近。（《论丛·尔雅木自獘柛说》）
>
> 兽之吠必开口，故犬吠声谓之狋，虎声谓之虓。犬斗则必吠，故犬斗声谓之狠。又齧物者必开张其齿，故齧谓之齦，豕齧谓之豤，两犬相啮谓之犾，与齦豤音亦同。此皆意义相因之字也。（《论丛·释听》）

以下是《形声字声中有义略证》、《字义同缘于语源同例证》、《字义同缘于语源同续证》中“字义同缘于受名之故同”所辨析的58组非同源同义词①：

表19　杨树达“字义同缘于受名之故同”

组别	出处	同义字	声类	意义	受名之故
一	略证	枅	开	屋櫨栌	开有并合之义
		栌	卢	屋櫨栌	卢有连侣之义
二	略证	絣	并	缝衣	并有并合之义
		絽	吕	缝衣	吕有连侣之义
三	略证	栟	并	栟櫚	并有并合之义
		櫚	吕	栟櫚	吕有连侣之义
		椶	嵏	栟櫚	嵏有聚合之义
四	略证	筥	吕	禾四秉	吕有连侣之义
		稯	嵏	禾十筥	嵏有聚合之义

① 表19所列有少数组中例字是同源同义词，如第七组；或者例字中的某几个字是同源同义词，如第二十八组中的䏰和䁖。为保持和原文一致，本表照录，并用※标明。这些不影响我们对“字义同缘于语源同”中“语源同”不是指“音义全同”的同源词的认识，是杨氏举例时的客观偶合。

（续表）

组别	出处	同义字	声类	意义	受名之故
五	略证	癰	邕	肿	邕有蔽塞之义
		瘀	於	积血	受义于淤塞
		疽	且	久癰	且有止义
		瘤	留	肿	受义于留止
		痤	坐	小肿	受义于坐止
六	略证	赠	曾	玩好相送	曾声字有加义
		赏	尚	赐有功	尚者，加也
		贶	兄	赐	兄者，赐也
		贺	加	加礼	加者，增也
		貱	皮	赐予	皮有加义
		赐	易	加赏	易假为益
七※	略证	盂	于	饮器（中低）	于声有低下义
		盌	夗	小盂	夗声有低下义
八	略证	凤（或作朋、鹏）	凡	神鸟	朋为朋党
		鷟	族	鸑鷟	族为族类
九	略证	饼	并	饼或谓之餛	并有并合之义
		餛	昆	饼或谓之餛	昆，同也
十	略证	脰	豆	项	豆声字含树立义
		颈	巠	头茎	巠声含挺然卓立义
十一	例证	糗		干食	糗之受名源于鬻（今炒）
		糒		干饭	糒源于以火干物
十二	例证	颊	夹	面旁	夹有左右与在旁之义
		酺	甫	面颊	甫有旁义
十三	例证	郛	孚	郭之外	孚声含包裹之义
		章（郭）	章	外城	章声有包裹在外之义

（续表）

组别	出处	同义字	声类	意义	受名之故
十四※	例证	沦	仑	水波	沦受义于转轮
		沄	云	转流	云有转义
十五	例证	鱮	与	鲢鱼	连与义近
		鲢	连	鲢鱼	连与义近
十六	例证	芬（芬）	分	草香分布	其香分布
		苾	必	馨香	必训分极
十七	例证	旗	其	招士卒	旗与期同从其声
		旌	生	精进士卒	精从青声，青从生声，与旌声类同
		旟	与	聚众	旟、旐同义
		旐	兆	召士卒	兆假为召
		旝	会	会合士众	会有会合之义
		旚	要	要约士众	要为要约之义
十八	例证	昏	氐	日低下	氐者，下也
		莫		日在茻中	从日从草会意
		晚	免	暮也	免声有低下义
十九	例证	驹	句	小马	句声有小义
		駣	兆	小马	兆声有小义
二十	例证	抱	包	气向日	包声有包裹义
		晕	军	日月气	军从包省而训圆围
二十一	例证	犦	暴	犎牛领肉突起	暴声字多突起之义
		犎封	封	犦牛	隆起若封

（续表）

组别	出处	同义字	声类	意义	受名之故
二十二※	例证	梠	吕	屋楣	吕声字有连侣之义
		棍	昆	梠	昆从比声，比含次比义
		比	比	五家为比	比有次比义
		闾	吕	五比为闾	吕有连侣义
		族	族	四闾为族	族有丛聚义
		党	党	五族为党	党为朋群
二十三	例证	俄		倾	我声含倾斜义
		顷		头不从正	俄顷为须臾之义
		眣		目不正	音舜，即瞬，一动目间
二十四	例证	箴	咸	缝衣用	箴、朿皆锐锋
		刺	朿	直伤	
二十五	例证	膷	香	香	膷与香音同
		臐	熏	香	臐从熏声，熏为香草
		膮	蒿	肉香	膮音与蒿同，蒿训香草
二十六	例证	胫	巠	体直	巠声字多含直义
		骹	交	胫	交声字多含直立义
		骭	干	骹	干声字亦含直立之义
二十七	例证	桢	贞	榦	贞假为巠
		榦	干	直木	干声字含直立义
二十八	例证	蚬		缢女（喜自经死之虫）	蚬之为言磬，磬、经同义
		缢		经	缢，经也
二十九※	例证	脯	甫	干肉	脯、脩受名于干燥义
		脩	攸	脯	
		㬎	㬎	朐脯	㬎声字有干义
		曝	㬎	欲干	

（续表）

组别	出处	同义字	声类	意义	受名之故
三十	例证	脅	劦	两膀	劦之为言夹，夹有旁义
		膀	旁	脅	
三十一	例证	讒	毚	言伤人	毚声字有锐利之义
		谮		言伤人	声有锐利之义
		⿰目縣	玄	眼中黑子	縣、玄古音近，玄有黑义
		瞦	喜	目童子精	喜之为言黑也
		盧	盧	黑	卢声字有黑义
三十二	例证	扉		户扇	非，从飞下翅，取其相背
		扇		扉	从户，从翅省
三十三	例证	雄	厷	鸟父	厷声字有大义
		麚	叚	牡鹿	叚声字有大义
		豭	叚	牡豕	
		羖	假	牡羊	羖古音与假同
		羒	分	牡羊	分声字有大义
三十四	例证	雌	此	鸟母	此声字多含小义
		⿰豕聚	取	豕牝	取声字多含小义
		贤		多才	贤固有坚义
		能		能杰	能兽坚中，故称能杰
		豪		豪豕	鬣如笔管，谓其刚也
三十五	例证	柛		木自獘	柛、翳皆受义于仆
		翳		木被獘	
三十六	例证	谐	皆	詥	谐、詥、諴、詷四字义近，其声类皆、各、咸、同亦同义
		詥	各	谐	
		諴	咸	和	
		詷	同	共	

（续表）

组别	出处	同义字	声类	意义	受名之故
三十七	例证	谀	臾	谀	臾有下义
		谄	臽	谄	臽有低下之义
三十八	例证	梏	告	手械	梏受义于告
		桁	行（衡）	脚械	桁受义于衡
三十九	例证	桯	呈	床前几（平）	呈，平也
		荡	荡	平	荡亦有平义
四十※	例证	桃（虫）	兆	小鸟	兆声字有小义
		鷦	焦	小鸟	焦声字有小义
		鹪	眇	小鸟	眇声字亦含小义
四十一※	例证	臣		牵	臣、虏受义于为人所拘
		牵		获	
四十二	例证	听	斤	笑貌	斤声字有开义
		噱	去豦	大笑	去声有开义（豦假为去）
四十三	例证	罶	留	止鱼	留固有止义
		罝	且	止兔	阻固有止义
		罬	叕	止鸟	叕声字含有止义
		罟	互	止兔	互声字多含止义
四十四	续证	壻	疋	夫（有才智）	疋声字含通义
		倩	青	人美字	青声字含才知义
四十五	续证	聪	囱	察	囱、囧、尞、霝声字含明慧空通之义
		朙明	囧	照	
		憭	尞	慧	
		靈	霝	明慧	
四十六	续证	鏠	锋	兵锋	鏠、镝皆受义于锐利
		镝	朿	矢锋	

（续表）

组别	出处	同义字	声类	意义	受名之故
四十七	续证	誉	舁	以言称举	舁、爯皆有举义
		偁	爯	飞举	
四十八	续证	⿰言亞	亚	言人之恶	⿰言亞、诽、诋、讥、呰、谤皆受义于“言人低下”
		诽	非	言人非	
		诋	氐	言人低下	
		讥	几	轻而小之	
		呰	此	轻而小之	
		谤	旁	言人微薄	
四十九	续证	桎	至	足械	至之为言疐，疐，碍也
		杒	刃	桎杒	刃声字含碍止义
		梏	告	手械	梏、牿受义于碍止
五十	续证	脽	隹	突肉	隹声字含高义
		尻	九	脽	九声字含高义
		凥	凥	高形	凥有高起之形
五十一	续证	頯	九	面權高起	頯、頄同字，九声有高义
		肫	屯	面頯	屯声字有高义
		⿰出頁	出	權	出可训高出之义
五十二	续证	蔆	棱	角	蔆之言棱，以角得名
		茩	后	角	茩之言角
		芰	支	角	芰之言枝，角突出如树枝
五十三	续证	隸	柰	隶属	隶属于吏谓隸
		僕	菐	附着	僕之言附
五十四※	续证	沚	止	小渚	沚，止也
		坻	氐	小渚	坻之言底
		陼	著	小渚	陼之言著

（续表）

组别	出处	同义字	声类	意义	受名之故
五十五	续证	腒	居	形直腊鸟	居声字含直义
		脡	廷	直	廷声字有直义
		膱	直	直	膱与直音近
五十六	续证	郡	群	群邑	郡之言群
		酂	赞	百家	赞声含丛聚义
		都	都	民聚	都有聚义
五十七	续证	餲	遏	饭餲	餲之言遏
		饐	壹	饭伤湿	壹有止义
五十八※	续证	遯	豚	逃	豚有善逃义
		遂	豖	亡	豚豖义近

（二）“构造同”

第二种情况，即“语源同或云组织结构同”。杨氏说：“语源同或云构造同。悉言之，构造同谓象形会意字，……语源同为形声字，……两者虽别，亦可互用也。文字先有义而后有形，义同，故以相同之构造表之也。”（《述林·字义同缘于语源同续证》）可见“构造同”是“语源同”用于解释同义同构的会意字时的具体用词，即“语源同”对形声字而言，“构造同”对会意字而言。但杨氏又说：“今观莫昏为会意字，晚为形声字，字义相同，其所以得义之故亦同，然则字义同缘于其组织同之说，固不惟形声字与形声字为然矣。”（《论丛·释晚》）

“构造同”的具体含义是：“意义相同的字，它的构造往往相同或相类。”（《述林·自序》）如戍《说文》训守边，役训戍，二字义同。戍从人持戈，役从人持殳，构造也相类。再如：

表 20　杨树达“字义同缘于组织构造同”辨析

同义字	開	闢	僉	皆	咸	同	合
意义	张	开	皆	俱	皆	合会	同
构造	从门开	从门辟	从亼吅从	从比白	从口戌	从冃口	从亼口
构造同	開、闢鼓古文皆象以手开门之形		二人二口相合为僉、二人共一自为皆		悉口为咸、凡口为同、亼口为合，字义同由于构造同		

尚、曾二字义同，故其组织亦同矣。(《论丛·释曾》)

二人口相合为僉，二人共㑹为皆，二字皆近，故其组织亦相近矣。(《述林·释僉》)

大象人形，故以倒人之形表顺屰之屰也。……《说文·十四篇下·𠫓部》云：“𠫓，不顺忽出也，从到子。”到大为屰，到子为𠫓，皆训不顺，字之取象相同，故义训亦同矣。(《述林·释屰》)

下表是《字义同缘于语源同例证》、《字义同缘于语源同续证》中“字义同缘于组织构造同”中例字义同的辨析情况：

表 21　杨树达“字义同缘于组织构造同”

组别	出处	同义字	意义	组织构造
一	例证	缢	以丝系嗌（咽）	从丝从益，益假为嗌（咽）
		经	以丝系颈	从丝从巠，巠假为颈
二	例证	曰	词也	从口，乙象口气出
		云	山川气	从雨，云象回转形
三	例证	狱	二犬守罪人	从犾、辛，为两犬守罪人
		圉	图圄	从囗、㚔，为用囗拘罪人
四	例证	分	别	从八、刀，以分别物
		别	分解	从冎、刀，分别之义
五	例证	亟	敏疾	从口、又，以手口并用
		疌	疾	从又、止，以手足并用
		憲	敏	从心、目，以心目并用

（续表）

组别	出处	同义字	意义	组织构造
六	例证	析	破木	从木从斤，以斤破木
		解	判牛	从刀判牛角
七	例证	贫	财分少	从贝分，贝分为贫
		寡	少	从宀颁，颁，分也，故为少
八	例证	財	取	从寸贝，手持贝谓之財
		隻	手持隹	从又隹，手持隹谓之隻
		有	手持肉	从又肉，手持肉谓之有
		取	取左耳	从又耳，手持耳谓之取
九	续证	戍	守边	从人持戈
		役	戍	从人持殳
十	续证	㐬	不顺	从倒子
		屰	不顺	从倒大
十一	续证	曾	语之舒	曾从八囱，谓气穿窗出
		尚	气分散	尚从八向，谓气从牖散
十二	续证	開	张	从门开，古文象以手开门形
		闢	开	从门辟，古文象以手开门形
十三	续证	僉	皆	从亼吅从，二人二口相合为僉
		皆	俱	从比白，二人共一自为皆
十四	续证	咸	皆	从口戍，悉口为咸
		同	合会	从冃口，凡口为同
		合	同	从亼口，亼口为合

第三节　词义的引申

词义引申是词义运动发展的基本方式。词义引申使词义构成“有系统的系列”，从而显示“多义词的各义项关系和同源词意义相通的关系”①，这也是词义引申之训诂价值所在。杨氏通过揭示词义引申关系，说明了词之本义、引申义和语源义。

一、明本义

例如：

同字从凡，不从冃……按《说文》凡训最括，引申有皆字之义，此与口字义会，且与咸佥皆诸文组织相似，其形是也。(《述林·释同》)

家从豭省声者，乃以猪之牡拟人之男也。(《论丛·释嫁》)

旁之义为四面而非一方，故引申之义为溥。许君以溥为训，既失其初义，篆文从二，从冂者，亦失其真形矣。(《论丛·释旁》)

余谓希盖即絺之初文……絺綌暑时所服，其缕视布为疏，古希引申有稀疏、稀少之义。此征之引申义可明者三也。(《述林·释希》)

癶反同字，癶象反手外向之形，人以手攀厓，亦必反其手，故反之引申义为正之对，反之覆。许君以引申义训初义，故其说与形不合也。(《述林·释反》)

似者，谓子貌似其父母也。……惟《杂记》谓人之见他人容貌似己之父母者而目瞿，此似字为引申义，然以引申义推本义，则似为子似父母，了无可疑。(《述林·释似》)

《说文·三篇下·又部》云：“反，覆也。从又，从厂，反形。”……反字本义为以手攀崖，攀崖手必外向，故引申义为覆。许以引申义为初义，故误。(《述林·文字初义不属初形属后起字考》)

旁之义为四面而非一方，故引伸之义为溥。(《论丛·释旁》)

谈说者，说之始义也。由谈说引申为说释之说，又引申为悦怿之悦。许君以引申义为正义，失其次矣。(《论丛·释说》)

余疑豖当为豕去势之义，今通语所谓阉猪是也。……豖之去势谓之豖，引申及于人，去阴之刑谓之斀。斀字或假作斶……又或作椓……盖豖与蜀古本音同，古豖孳乳为斀，而用斀字义者，又假椓为之也。(《述林·释豖》)

① 王宁：《训诂学原理·词义的引申》，中国国际广播出版社1996年版，第54页。

二、明引申义

例如：

古文晋象插矢之形，故晋有插义。（《论丛·释晋》）

人恒以经常权变为说者，乃后起之义，非初义也。（《论丛·释经》）

胠在人身旁，故有以胠为在旁之称者。（《论丛·释颊》）

凡物厚重则迟钝，故迟谓之憧……马行顿迟谓之笃。（《论丛·形声字声中有义略证》）

耦本训为二伐，引申为二人。……更引申为匹敌之名。……按曹有两义，引申为群辈，与耦有二义引申为匹敌之名者正同。（《论丛·释遇》）

至慈本为父母爱子之称，稍扩其义，则为慈幼。《周礼地官大司徒》云："以保息六养万民，一曰慈幼"，是也。又稍扩其义，则为君上爱民之称。《晋语》云："甚宽惠而慈于民"，是也。更扩张之，则又可以与其本义正相反而为子事父母之称。《齐语》云："不慈孝于父母"，《庄子渔父篇》云："事亲则慈孝"，是也。（《论丛·释慈》）

甬本是钟，乃后人用字变迁，缩小其义为钟柄。（《述林·释甬》）

（箴、刺）通语云箴规，云讽刺，义相近。……箴束皆锐锋，以具体假为抽象之用也。（《论丛·字义同缘于语源同例证》）

《史记·留侯世家》注云："矰，一弦可以仰射高者。"按物加益则高，增益义之引申也。（《论丛·释赠》）

盖气本义为云气，引申为气血之气，然后世用字皆以氣为气。（《论丛·释鑶》）

盖月之始生者谓之霸，子之始生者谓之伯，造文者引天象于人事也。（《述林·释伯》）

蠭为自然之物，兵耑之锋出自人为，人类制器赋名，恒假天然之物为比拟，故兵刃之锋假螫人之虫以为名，于事为顺。（《述林·释镝》）

舂者手持物而口有声，故许字从言从午。口有言而身应之，故许之引申义为听。（《述林·释许》）

獸本猎禽之称，引申为所猎之禽之称，动字引申为名字。（《述林·释獸》）

元本义为首，引申之亦有始义。（《述林·释元》）

𣥠义本为行步不正，引申为凡不正也。……𣥠义本为两足分张，引申

为弓张也。(《述林·释步𢆶》)

图有画计之义者，凡有谋画，必稽之于图籍。……地图者，图之初义也，实义也；图谋画计，图之引申义也，虚义也。凡造字之始，其义必实，引申之则渐即于虚。(《述林·释圖》)

先民之制语言也，近取诸身，远取诸物，而人身诸名，则多取象于树木。盖人身直立，与树木之象同，足踵在下，有似树木之根，故曰跟也。(《述林·释跟》)

三、明语源义

例如：

凡地卑下者，水停畜而为洿池，水停则污浊，义皆相因，知浼有下义矣。(《论丛·释晚》)

(曾)，口气上出穿囪而散越，故训为语之舒。引申之，则义为高举。(《论丛·释曾》)

"裁，制衣也。"……裁衣者必量布帛之长短，故引申之，制又训匹长。……裁衣又必量布帛之广狭，故制又训布帛幅广狭。……缘其表长度，故制又为表示单位之名，与言匹言段言两言纯为类。……如制之本义不为裁衣而为裁制之通言，则诸经注诸子所称制字之义不得其源，用字展转引申之迹无由获见也。(《论丛·说制》)

臣之所以受义于牵者，盖臣本俘虏之称。……盖囚俘人数不一，引之者必以绳索牵之，名其事则曰牵，名其所牵之人则曰臣矣。[①] (《论丛·臣牵解》)

𠱾也，囱也，囧也，窱也，皆具体之物也。谞也，聪也，朙也，憭也，皆抽象之物也。由此可知抽象之义，往往从具体之物来也。(《述林·释谞》)

---

① 何九盈先生批评杨氏说："训臣为牵，的确是声训，而这种声训是不可信的。臣之为字并非取义于牵，而是取义于形。郭沫若认为'臣象一竖目之形，人首俯则目竖，所以'象屈服之形'者，殆以此也'，其说可从。"(何九盈：《中国现代语言学史》，广东教育出版社2005年版，第517页。）今按：郭氏求之于形，而杨氏求之于声，角度不同，两说并不矛盾。何氏自己说过："语根是因声求义，字原是审形考义，这是二者的根本区别。"（何九盈：《中国现代语言学史》，广东教育出版社2005年版，第523页。）即使是同一个词，可以因声求其义，也可审形考其义。何氏失之于偏。

秝孳乳为磿，为歷，皆有分离之义，稀疏与分离义相因也。（《述林·释櫪撕》）

大抵物之受名，不以其德，则以其业，而业又有施受之殊。橦者，主撞之器也；钟者，见撞之器也。其用虽殊，受名于撞则一也。（《述林·释橦》）

按兽颤下肉垂谓之胡，引申之，人颈在颤下，亦谓之胡……因而凡物之下垂者皆谓之胡。（《述林·释胡》）

䆫窗有通空，故引申有通义。（《述林·释䆫㚇》）

第六章　杨树达的语法修辞观及其在训诂中的应用

高邮王氏的训诂贡献，概以两端，一为“就古音以求古义，引申触类，不限形体”；二为揭示了大量的语法规律和修辞条例，并将之应用于训诂，而于虚词训诂尤精。杨氏对后者的继承，不仅在于他写了一批语法、修辞著作，还在于其训诂中明确的语法修辞观念。以语法修辞明训诂成为杨氏训诂的重要方法和显著特点。

第一节　杨树达的语法观及其训诂应用

一、杨氏的语法研究

杨氏早年研究语法，著有《中国语法纲要》（商务印书馆，1928 年版）、《高等国文法》（商务印书馆，1930 年版）、《词诠》（商务印书馆，1928 年版）、《马氏文通刊误》（商务印书馆，1931 年版）、《中国文法学小史》（湖南大学讲义，1942 年）等语法著作。

《中国语法纲要》是为教学的目的、仿英语语法而写的一部分析白话文语法结构的语法书。《高等国文法》在 20 世纪 30 年代影响很大，该书树立了以划分词类为中心的文言语法体系，揭示了文言语法的一些规律，是一部博采众长之作，即作者所云：“是书上采刘淇、王引之、俞樾所著之说，同时人著作，于总论中颇采胡君以鲁之说；词类各篇中颇采陈君慎侯、章君行严之说。”（《高等国文法·序例》）《词诠》是《高等国文法》的姊妹篇，集《马氏文通》以来虚词研究之大成。该书开创了“以字为头，以词为纲，以义为目”的新体例，解释虚词 472 个，“取古书恒用之介词、连词、叹词及一部分之代名词、内动词、副词之用法，加以说明，首别其词类，次说明其义训，终举例说明之。”（《词诠·序例》）《马氏文通刊误》校订了《马氏文通》文字训诂、材料等方面的错误计368条，并以十端归纳“马氏之失”：“一曰不明理论；二曰所见不莹（即理论不彻底，作两歧之论），致词类与组织动摇不定；三曰强以外国文法律中文，失中文固有之神味；四曰不知古人省略；五曰强分无当（指对某些词的用法强生分别）；六曰不识古文有错综变化，泥于词位，误加解释；七曰误认组织（句子成分分析不当）；八曰误定词类；九曰不明音韵故训；十曰误读古书。”

综观杨氏的语法著作，有三个特点。一是脱胎于高邮王氏。王力先生《中国语言学史》云：“他的语法著作，显然是从高邮王氏那里继承了很多东西。《词诠》等于一部‘新经传释词’。即以《高等国文法》而论，也等于拿一部‘新经传释词’进行一种新的排列法。”杨氏也自述说：“余昔著《词诠》十卷，意欲将从来所谓虚字之解释作一总清算，每字分别其词类，冀欲使人得系统之知识也。书中除一己心得外，采录王氏之说最多。”① 杨氏继承的同时，也因袭了一些今天看来不准确的东西，比如，王引之《经传释词》常说某虚词“无义”，并于《经义述闻·语词误解以实义》云：“经典之文，字各有义，而字之为语词者则无义之可言，但以足句耳。”杨氏于是也因以“无义”二字来解释一些虚词；虽然有些“语词”（虚词）没有实际的词汇意义，但均有语法意义，“无义”太过简略，忽视了对虚词语法功能的解释。

二是以训诂见长。首先表现在其语法著作材料丰富，搜罗了大量的书证；其次是结合文法讲虚词，释义精当，“对虚词的解释，一般地说，是能取王氏父子之长而舍其之短”②，即克服了清代人讲虚词只知其然而不知其所以然的弊病。因此，李佐丰先生说《高等国文法》“是一部以训诂见长的语法书”、《词诠》“成功地将训诂学和语法学结合了起来”。③ 胡奇光先生干脆把《词诠》列为“现代训诂学名著”。④

三是于语法体系建树无多。杨氏留学日本时“喜读欧西文字，于其文法，颇究心焉”。（《词诠·序例》）他曾自述说：“而余之治中国文法也，资于欧

① 《中国文法学小史》，刘诚、王大年《语法学》，湖南人民出版社，1985年版。

② 王力：《中国语言学史》，山西人民出版社1981年版，第179页。

③ 李佐丰：《二十世纪的古汉语语法学》，《二十世纪的中国语言学》，北京大学出版社1998年版。

④ 胡奇光：《中国小学史》，上海人民出版社1987年版，第357页。

洲文法者多。”[1] 就语法体系而言，杨氏并没有超越马氏，也是拿英语语法来比附汉语。[2] 所以邢公畹先生说：“它的成就，如其说在文法方面，不如说是在训诂方面——一种受了西洋文法影响的新训诂学。”[3] 邢氏的评论是针对《高等国文法》而言，但用于总结杨氏的语法研究，也是很恰当的。

二、虚实交会——语法和训诂

语义是内容，语法是形式，语义的表达要借助语法形式；因此，要揭示语义以训诂，就要分析语法形式。传统语言文字学没有独立的语法学科（《马氏文通》以前），语法分析是包括在训诂学之中的。杨树达的语法著作，“从现代语法、文言语法和专著述评三方面丰富了由马氏开始的早期语法研究的成果，助成了语法学的繁荣局面”。[4] 不仅如此，杨氏在训诂中亦有明确自觉的语法意识，他在例举高邮王氏利用语法进行训诂后评价说：

> 观右诸条，知前人须增字为释，或释而结鞠难通者，王氏改释之，则怡然涣然。此何故？以王氏有文法观念故也。清以来解释古书者多矣，而不能尽当人意如王氏者，坐不通文法耳。（《高等国文法·总论》）

杨氏甚至认为王氏父子取得成绩的最重要原因是“注重文法”：

> 考王氏校释诸经子史所以卓绝者，原因甚多，而其注意文法，则其最重要者也。今分“明句例”、“审词气”二事述之。……盖王氏父子文法观念之深，确为古人所未有，故其说多犁然有当于人心也。（《中国文法学小史》，载刘诚、王大年《语法学》，湖南人民出版社，1985 年）

同时，杨氏认为治文法同样不能忽视训诂。据王玉堂分析，杨氏批评马建

---

① 杨树达：《论丛·张彦超马氏文通刊误补序》，中华书局 1983 年版，第 257 页。

② 杨氏在《论丛·张彦超马氏文通刊误补序》中说：“文法学者，科学也；科学者，欧洲之特产也。一也。且文法导源于希腊，而流行于今日之欧洲，其治之也久，故其业精。二也。夫语言缘种族而不同，固也。然其不同者，语音也，语词也，语次也，此节目之事也。若其组织分子之为名代动静介连助叹，大纲不能异也。吾之于欧洲文法也，借镜也，非因袭也。其同者同之，其异者不必强而同之也。”但王力评价说：“总的说来，杨氏在语法体系上没有什么可取之处。凡是他与马建忠违异的地方，往往也就是执着英语语法的地方。”（《中国语言学史》，第 179 页。）

③ 邢公畹：《中国文法研究之进展——〈马氏文通〉成书的五十年纪念》，《国学月刊》1947 年第 59 期。

④ 王玉堂：《遇夫先生对语法学之贡献》，《杨树达诞辰百周年纪念集》，第 168 ～ 178 页。

忠由于不明训诂而造成语法说解上的错误，约有五端：一是不明古词古义，误解语法意义；二是不知古代事实，误说语句结构；三是不审文情，莫辨同异；四是忽视行文惯例，误解习用词语；五是不循故训，凭虚曲说。①

可见，杨氏虚实交会，训诂、语法并重。他曾多次论述二者的关系：

治国学者必明训诂，通文法。近则益觉此二事相须之重要焉。盖明训诂而不通文法，其训诂之学必不精；通文法而不明训诂，则其文法之学亦必不至也。(《高等国文法·序例》)

凡读书者有二事焉：一曰明训诂，二曰通文法。训诂治其实，文法求其虚。清儒善说经者，首推高邮王氏。其所著书，如《广雅疏证》，征实之事也；《经传释词》，捣虚之事也。其《读书杂志》、《经义述闻》，则交会虚实而成者也。(《词诠·序例》)

余生平持论，谓读古书当通训诂，审词气，二者如车之两轮，不可或缺。通训诂者，昔人所谓小学也；审词气者，今人所谓文法之学也。汉儒精于训诂，而疏于审词气；宋儒颇费用心于词气矣，而忽于训诂，读者两慊焉。有清中叶，阮芸台、王怀祖、伯申诸公出，兼能二者，而王氏为卓绝。(《曾星笠〈尚书正读〉序》)

《诗·桧风·匪风》云："匪风發兮，匪车偈兮。"……王引之读"匪"为"彼"，其说确当不可易矣。……此《诗》文王氏读匪为彼，属于文法者也；余读發为𠗫，读偈为𨏒，属于训诂者也。二事明，则古书无不可读者矣。(《论丛·诗匪风發兮匪车偈兮解》)

三、杨树达运用文法训诂例举②

(一) 词法明义

1. 辨词性

名词：

---

① 王玉堂：《遇夫先生对语法学的贡献》，《杨树达诞辰百周年纪念集》，第175～177页。

② 关于杨树达利用语法训诂的研究论文，有周秉钧《〈汉书窥管〉文法为训释例》(载《杨树达诞辰百周年纪念集》)、孙良明《谈杨树达〈汉书窥管〉"句式类比"语法分析法——兼说我国古代语法学一传统分析法》(载《语言研究》，2005年第2期)。

《说文·四篇·死部》:“死，澌也，人所离也。从歺，从人。”自来说者皆以死为生死之死，认为动字，其实非也。今按死为名字，谓尸体也。(《论丛·释死》)

动词：

物自起为起，内动字也；举物使起亦为起，外动字也。兴之训起，以字形核之，当为外动举物使起之义。(《述林·释兴》)

《说文·三篇下·卜部》云：“卦，筮也，从卜，圭声。”按许君以筮训卦，于文法卦本动字也。(《述林·释卦》)

与父老约：法三章耳。(二十上) 树达按：约当训要约约束之约，是动字。何氏视约为苛之对文，说非是。如何说，此句无动字矣。(《汉书窥管·高帝纪第一上》)

形容词：

《小雅·吉日三章》云：“瞻彼中原，其祁孔有，儦儦俟俟，或群或友。”……郑笺云：“祁，当作麎。麎，麋牝也。中原之野甚有之。”按郑释孔有为甚有之，殊不可通。愚谓：其祁孔有，谓其祁甚多也。故下文云或群或友，正以其多故也。凡《诗》云孔者，其下必为静字。如《汝坟》云：“父母孔迩。”《东山》云：“其新孔嘉。”……皆其例也。(《述林·诗旨且有解》)

虚词：

上文云：“慈惠所爱，美若休德。”荡侯休德，犹言美若休德，侯若皆语词矣。(《论丛·诗亶侯多藏解》)

独恐未有云补。(六上) 树达按：《昭帝纪》云：“通保傅传《孝经》《论运》《尚书》，未云有明。”与此云字皆句中助词。(《汉书窥管》卷八)

兼类（名、动）：

许君训槈为薅器者，薅为拔去田草，即芸草也。古人名动往往同辞，许君以字从木，或从金，故主以器官，而《易》、《礼》、《孟子》注则指言其事也。必知辱为槈之初字也。

《说文·一篇下·艸部》云："荒，芜也。"芜谓之荒，垦治芜秽亦谓之荒，古名动同辞之通例也。(《述林·诗周颂天作篇释》)

《说文·水部》："测，深所至也。从水，则声。"按测有二义：一为动字，一为名字。许训深所至，亦兼二义言之。《淮南子·原道篇》注云："度深曰测。"此动字义也。动字义而说解云深所至者。……测又得名字义者，测从则声，则有准则法则之义。……今人于测第用动字而不知其为名，于深第用为静字而不知其为动，古人名动相因，动静亦相因，语本同源，初无二义，特其为异耳。(《论丛·说测》)

词性转化（文字孳乳）：

名字（施事）转化为动字：

能动孳乳者，主孳之字为名字，而所孳之字为助字，此动字所表之动作，示名字之习惯作用或动作也。(《述林·文字孳乳之一斑》)

名字（受事）转化为动字：

受动孳乳者，一名字，一动字，与能动孳乳同，其与彼异者，彼名字为动作之主体，此名字为动作之对象耳。(《述林·文字孳乳之一斑》)

状字转化为名字：

状名孳乳者，主孳之字为状字，通言形容词被孳乳之字为名字也。(《述林·文字孳乳之一斑》)

动字转化为名字：

动名孳乳者，主孳之字为动字，被孳之字为名字也。(《述林·文字孳乳之一斑》)

2. 明词类活用

名词作状语：

乃闭门城守。(八上）师古曰：城守者，守其城也。树达按：守城不得倒云城守。城守者，谓于城上为守者。此与"郊迎""家居""庭说"文例相同。下文射帛城上，其明证也。(《汉书窥管》卷一)

使动用法：

王至掩耳起走，曰：郎中令善媿人。师古曰：媿古愧字。愧，辱也。树达按：愧人谓使人媿，《颜注》非。(《汉书窥管》卷九)

名词用作动词：

(《诗》) 六章云："虎拜稽首，对扬王休，作召公考，天子万寿。"……《追毁》云："追虔夙夕恤厥死事，天子多锡追休。"夫休而云锡，且云多锡，若休为美义，如何可锡，又何多少之可言乎！惟休为赐与，古人名动相因，故赐与之物亦可谓之休也。(《述林·诗对扬王休解》)

(二) 句法明义

1. 被动

《韩非子·显学篇》曰："共工之战，铁铦短者及乎敌，铠甲不坚者伤乎体。"及乎敌谓为敌所及也。(《论丛·释鏣》)

季主家上书人又杀阙下。(五下) 师古曰：于阙下杀上书人。树达按：此谓上书人见杀于阙下。(《汉书窥管》卷十)

"人主莫不欲其臣之忠而忠未必信 (十四之卅四下)" 树达按："信"谓"见信"。下文"孝未必爱"，爱亦谓见爱。(《积微居读书记·读吕氏春秋札记》)

2. 省略

《汉书·高帝纪》云："陈平亡楚来降。"《韩信传》云："信亡楚归汉。""亡楚"者，亡自楚也。又云："塞亡欣翟亡翳亡汉降楚。""亡汉"，亡自汉也。此自字之见略者也。(《论丛·与黄季刚书》)

而重臣之亲或为列侯，皆令自置吏，得赋敛，女子，公主。(二十二上) 先谦曰：女子下公主上当有为，疑误倒在下文。树达按：为字承上文列侯之为字省去，王说非。(《汉书窥管》卷十)

3. 搭配

《汉书·何武传》记武行必显即学官诸生，《后汉书·鲁丕传》记赵

> 王商避疾，欲移住学官，《郑玄传》记玄常诣学官，《郭太传》记太劝庾乘遊学官，《黄昌传》记常居近学官，高诱注《吕氏春秋·孟春纪》之入学为学官。夫云即，云住，云诣，云遊，云居近，云入，明学官指地不指人也。（《论丛·释官》）

今按：即、住、遊、居近、入皆为动词，且只和处所名词搭配，故“学官指地不指人”。

4. 句式类比①

> 《诗·大雅·烝民》云：“衮职有阙，惟仲山甫补之。”……今谓：职者，适也，乍也。……《韩非子·内储说》曰：“王适有言，必亟听从。”又曰：“秦侏儒善于荆王左右，荆适有谋，侏儒常先闻之。”衮职有阙，与“王适有言”、“荆适有谋”，句例同也。（《述林·诗衮职有阙解》）
>
> （《诗》）六章云：“虎拜稽首，对扬王休，作召公考，天子万寿。”……《省卣》云：“甲寅，子商小子省贝五朋。省扬君商，用作父己宝彝。”《守宫尊》云：“王在周，周师光守宫事，儭周师丕否。锡守宫丝束，苴幕五，苴幎二，马匹，毳布三，△△三，琜朋。守宫对扬周师釐，用作祖己尊。”按商与赏同，釐与賚同，省扬君赏，守宫对扬周师釐，与对扬王休句例无异。赏釐皆赐与之义，知休亦赐与之义也。（《述林·诗对扬王休解》）
>
> 以（五）疑问代名词 假借为“台”，何也。……于以采蘩？于沼于沚。于以用之？公侯之事。于以采蘩？于涧之中。于以用之？公侯之宫。《诗·召南·采蘩》于以采蘋？南涧之滨。于以采藻？于彼行潦。于以盛之？维筐及筥。于以湘之？维锜及釜。于以奠之？宗室牖下。谁其尸之？有齐季女。又《采蘋》爰居爰处，爰丧其马，于以求之？于林之下。又《邶风·击鼓》。（《词诠·卷七·以》）

今按：张世禄云：《词诠》、《高等国文法》、《古书疑义举例续补》中释“于以采蘩”等句里的“于以”为于何，一方面根据“夏罪其如台”的台就是何的意义，一方面就“于何从禄”等句式的比照断定就是“于何”。②

---

① 孙良明先生《谈杨树达〈汉书窥管〉“句式类比”语法分析法——兼说我国古代语法学一传统分析法》一文列有杨氏《汉书窥管》“句式类比”训诂30例。

② 张世禄：《张世禄语言学论文集·训诂学和文法学》，学林出版社1984年版，第221～228页。

第二节　杨树达的修辞观及其训诂应用

一、杨树达的修辞研究

杨树达在汉语修辞方面的著作有《古书疑义举例续补》（两卷，家刻本，1924 年）、《中国修辞学》（世界书局，1933 年版，增订后更名为《汉文文言修辞学》，科学出版社，1954 年版）、《古书句读释例》（商务印书馆，1934 年版）。

《古书疑义举例续补》仿清俞樾《古书疑义举例》的体例和方法，意在修辞和校勘方面对俞书进行补正，是一部论证古人措辞构句通则的文言修辞学著作。章太炎先生称赞该书“用心亦审。所论《管子》唯毋字义，谓为下句省文，足规高邮之过”；于省吾先生则谓“精湛透辟，是俞书不及也”。[①]《中国修辞学》（《汉文言修辞学》）是系统研究汉语文言修辞学的专著。该书立足汉语实际，运用归纳法和比较法，把修辞和语言三要素（语音、词汇和语法）结合在一起，建立了具有民族特色的古汉语修辞学体系。郭绍虞先生认为《中国修辞学》“辟一新途径，树一新楷模”。[②]《古书句读释例》针对古书断句中存在的各种问题，分误读的类型、贻害、原因、特例等几个方面进行归纳、举例、评述，是一部颇具价值的修辞学著作。

杨氏的修辞学贡献，一是坚持民族特色和汉语实际，既继承了传统修辞研究的精华，又有自己的开创性见解，建立了古汉语修辞学体系。正如秦旭卿先生所说：“书中所列的章目，象合叙、连及（私名连及、工名连及、事名连及、物名连及）、错综（姓与名错举、姓与字错举、姓与国错举）、颠倒（趁韵颠倒）等，就知道这些纯粹是基于中国的典章文物制度和语言文字的特点建立的。”[③] 二是为建立修辞学学科奠基。杨氏写《续补》时就欲令修辞学“成专科之学”（《中国修辞学・自序》）；他在《中国修辞学・自序》中认为修辞和语法不同：“修辞之事，乃欲冀文辞之美，与治文法惟求达者殊科”；

---

① 章、于评论见《积微翁回忆录》，1925 年 6 月 1 日日记。

② 郭绍虞：《修辞剖析》，《修辞学研究》（第 1 期），华东师范大学出版社 1983 年版。

③ 秦旭卿：《简论杨树达先生的〈汉文文言修辞学〉》，《修辞学论文集》（第一集），福建人民出版社 1983 年版。

又反对抄袭外国："况在华夏，历古以尚文为治，而谓其修辞之术与欧洲为一源，不亦诬乎？昧者取彼族之所为一一袭之，彼之所有，则我必具，彼之所缺，则我不能独有，其贬己媚人，不已甚乎！"他的《古书疑义举例续补》是"传统的语文学过渡到科学修辞学的桥梁"，《中国修辞学》是"传统的语文学向现代科学语言学飞跃的标志"。[①] 因此，杨氏的创造性成果，使古汉语修辞研究摆脱了作为经学的附庸地位，并发展成一门独立的学科。

二、杨树达运用修辞训诂例举

语义的表达要考虑修辞的需要，因此训诂也需要借重修辞。杨氏不仅研究修辞，还重视修辞在训诂中的作用，如他的《中国修辞学》第二章专门论述"修辞之重要"，分"修辞之益"和"不修辞之害"正反两方面加以举例说明。杨氏用修辞的观念解决了很多训诂问题，今仅以对文、连文、互文、变文等四端举例明之。

（一）对文明义

"对文"是修辞形式，但语义相关，系传统训诂学术语之一。汉代郑玄等训诂大家已注意到对文现象，但明确提出"对文"这一术语，并以之进行训诂，当始于唐代训诂大师孔颖达之《五经正义》；嗣后李善、洪迈等亦常用对文以训诂；时至清代，乾嘉大师段玉裁、王氏父子、俞樾等从理论的高度利用对文（如王引之《经义述闻》云："经文数句平列，义多相类"），解决了大量的训诂、校勘问题，而其中成就卓绝者，首推高邮王氏。杨树达亦有大量利用对文进行训诂之例。

1. 明相同（近）义

《墨子·非攻·中篇》云："禹既至，克有三苗，焉磨为山川，别物上下。"磨、别为对文，磨亦别也。（《述林·释榧㯩》）

《礼记·曲礼上篇》曰："邻有丧，舂不相；里有殡，不巷歌。"按此文以相与歌为对文，知相与歌义近，故郑君云从杵省，是也。（《述林·释许》）

《诗·大雅·皇矣篇》云："帝作邦作对"，以对与邦并言，对义当与邦近。（《述林·释对》）

① 秦旭卿：《再论杨树达的〈中国修辞学〉》，《杨树达诞辰百周年纪念集》，第179～190页。

《书·君奭》云："殷既坠厥命，我有周既受，我不敢知曰：厥基永孚于休，若无棐忱；我亦不敢知曰：其终出于不祥。"……又《召诰》云："我不敢知曰：有夏服天命，惟有历年；我不敢知曰，不其延。惟不敬厥德，乃早坠厥命。我不敢知曰：有殷受天命，惟有历年；我不敢知曰，不其延。惟不敬厥德，乃早坠厥命。"……《君奭》以"永孚于休"与"终出不祥"为对文，《召诰》以"惟有历年"与"不延"为对文，文义正同。(《论丛·书盘庚罔知天之断命解》)

《庄子·秋水篇》："以道观之，何贵何贱，是谓反衍；无拘而志，与道大蹇。何少何多，是谓谢施；无一而行，与道参差。"《释文》引司马彪注云："谢，代也；施，用也。"案"反衍"旧注释为"漫衍"，为叠韵连语。"谢施"与"反衍"为对文，亦当为连语，不当分字释之如司马彪之说。(《论丛·庄子谢施说》)

《吴越春秋·勾践二十一年》："吾爱士，虽吾子不能过也；及其犯诛，自吾子亦不能脱也。"以"自"与"虽"为对文，自为虽义明矣。(《古书疑义举例续补·"自"作"虽"义用例》)

"如秦者立而至有车也适越者坐而至有舟也秦越远涂也竫立安坐而至者因其械也（十五之廿八下）"树达按："竫立"与"安坐"为对文。"竫"亦"安"也。《说文·立部》云："竫亭安也"，是也。(《积微居读书记·贵因篇》)

古文服子皆用为职事之义……又《荡》云："曾是在位，曾是在服。"在服即在职也。职位义近，故与在位为对文也。(《述林·释服》)

2. 明相反（对）义

(《说文》)引司马法曰："善者忻民之善，闭民之恶。"……寻司马法忻与闭对言，实开与闭对言也。① (《论丛·释听》)

《释文·韩诗》云："直车曰前，瞿曰芣苢。"瞿言其横生四布，故与直为对文。(《述林·释衢》)

《韩非子·观行篇》云："董安于之性缓，故佩弦以自急"，此弦有急义之切证也。(《述林·释弦》)

居声字有直义，往往与曲义之句对言。《礼记·乐记》云："倨中矩，

① 今按：杨氏利用对文说明斤声之忻有开义。

句中鉤。"《大戴礼记·曾子立事篇》云："与其倨也，宁句。"《考工记·冶氏》云："已倨则不入，已句则不决。"此皆以倨句对文。（《述林·释腒》）

愚谓窕之训閒，尚有宽閒一义。……《大戴礼·王言篇》云："布诸天下而不窕，内诸寻常之室而不塞。"《管子·宙合篇》云："其处大也不窕，其入小也不塞。"《墨子·尚贤篇》云："大用之天下则不窕，小用之则不困。"《荀子·赋篇》云："充盈大宇而不窕，入却穴而不逼。"……凡诸书言窕，与塞困逼诸语为对文，言滔窕与狭隘为对文，塞困逼狭隘，皆宽閒之反也，则窕谓宽閒明矣。（《论丛·尔雅窕閒说》）

古人又恒以经权为对文，其义可得闻乎？曰：经亦言直，权则言其曲也。（《论丛·释晚》）

"録民数创于恶吏"树达案：《说文》云："睩，目睐谨也。""逯，行谨逯也。"从录声之字多含谨善之义。故《广雅释诂》"禄"、"睩"二字并训"善"。此云"録民"，与"恶吏"对文，盖谓谨善之民也。（《盐铁论要释·未通第十五》）

此皆以家室对文，家指夫言，室指妻言者也……夫称家与妻称室对文，则嫁字所从之家正指夫言。（《论丛·释嫁》）

《淮南子·道应篇》："毛物牝牡不能知，又何马之能知！"……按文云物牝牡弗能知者，毛谓纯色，物谓杂色。盖牝牡对文，毛物亦对文也。……《淮南》亦物与毛为对文，犹《周礼》以尨与毛为对文也。（《述林·释物》）

按《吕氏春秋·君守篇》云："中欲不出谓之扃，外欲不入谓之闭。"按扃为外闭，居中者不能出，故《吕》云中欲不出谓之扃。《吕》以闭与扃为对文，而云外欲不入谓之闭，知闭为从门内闭之也。（《述林·释開闢閉》）

3. 明相类（关）义

《周礼·秋官士师》云："士师掌国之五禁之法：一曰宫禁，二曰官禁，三曰国禁，四曰野禁，五曰军禁。"以官与宫、国、野、军为对文。故郑注云："官，官府，"是也。此官指地非指人之证一也。《礼记·曲礼下篇云》云："在官言官，在库言库，在朝言朝。"以官与库、朝为对文。故郑注云："官谓版图文书之处，"是也。此官指地非指人之证二也。有《玉藻》云："凡君召，在官不俟屦，在外不俟车。"以官与外为对文。故

郑注云："官谓朝廷治事处"，事也。此官指地非指人之证三也。（《论丛·释官》）

《礼记·明堂位》曰："有虞氏之两敦，夏后氏之四连，殷之六瑚，周之八簋"亦以瑚簋为对文。（《述林·释簠》）

《吕氏春秋·春纪圆道篇》云："日，日夜一周，圆道也；月，缠二十八宿，轸与角属，圆道也；精，行四时，一上一下，各与遇，圆道也。"按此文以精与日月为对文，精谓星也。（《述林·释晶》）

盖舅之为久为旧，犹姑之为古为故也，舅姑为对文，犹《释名》之以久故为连文矣。《论语·微子篇》曰："故旧无大敌，则不弃也"，以故旧为连文，犹亲族名之以舅姑为对文矣。（《述林·释姑》）

（二）连文证义

同义词连用可以增强气势或协调音节，即"同义连文"，是古人常用的一种修辞方法。王念孙又称为"复语"、"连言"。"同义连文"在训诂中也有应用，王念孙《读书杂志·史记第四》云："古人训诂，不避重复。往往有平列二字，上下同义者，解者分为二义，反失其指。"[①]杨氏亦有很多利用连文训诂之例，举例如下：

《礼记·礼运篇》云："夏则居橧巢。"以橧与巢并言，皆在上之物。（《论丛·释赠》）（今按：《广雅》："橧，巢也。""橧""巢"同义连文，巢"上"义显见，橧"上"义亦得见。"橧""巢"连文者又见《淮南子·原道训》"木处榛巢"。王念孙《读书杂志》云："榛，当读为橧。"）

《左传·僖公二十六年》云："昔周公、太公股肱周室，夹辅成王。"夹、辅义同，故古人连言之。（《论丛·释颊》）（今按："夹"声具有"两旁、左右"义，夹、辅同义连文，从而说明甫声字酺、辅、髆等亦具"旁"义。）

经传恒以旅力连言……旅力二者皆骨骼之名。《说文》七篇吕部云："吕，脊骨也。象形。"或作膂。经传之旅乃膂之省。力则膂骨也。人体干骨为脊，由脊分张前曲为肋，二体相属，故古人以旅力连言。（《论

① 王念孙说的"平列二字"、"上下同义"还可指连绵词，即《读书杂志·汉书十六》云："凡连语之字，皆上下同义，不可分训。说者望文生义，往往穿凿而失其本指。"这里所谓"连文"，不含王氏所言连绵词。

丛·释力劦》)

耦与曹同义，故古书恒连言曹耦，或言曹偶。(《论丛·释遇》)

《韩非子·五蠹》云："虽臣虏之劳，不苦于此矣。"臣虏同义，故古人连用矣。(《论丛·字义同缘于语源同例证》)

锋、镝义近，故古人往往连言之。《史记·秦楚之际月表》云："销锋镝"是其例也。(《论丛·字义同缘于语源同例证》)

按邪施连文，施亦邪也。(《述林·释鼊》)

故簠字经典或作胡，或作瑚。《左传》之以胡簋为连文，犹《周礼·舍人》之以簋簠为连文也。(《述林·释簠》)

《后汉书·冯衍传》云："闻至言而晓领兮。"以晓、领为连文，今语犹称了解为领会也。(《述林·释梓》)

通语以聪明为连文，明字本训，从月，从囧，囧读若犷。贾侍中说："囧读与明同。"以盟或作盟、盟证之，则贾说良信。若是，则朙字实从囧声，囧为窗丽廔闓明，朙从囧声，此犹聪之受声义于囱矣。(《述林·释梓》)

古连文之字多同义。《诗·小雅·祁父》云："胡转予于恤，靡所底止。"底止连言，犹坻沚二文同义也。(《述林·释坻》)

《大戴礼记·五帝·德篇》云："历离日月星辰。"历、离连文，历亦离也。(《述林·释櫪㯕》)

古书恒以琬琰连文，《典瑞》云："琬圭以治德，以结好，"与琰圭之以易行除慝者事正相反。……琰所以与琬为相反之义者，本于其形，则琰所以受名之故从可知。(《述林·释琰》)

申、束义同，故古人恒以连文。《韩非子·外储说左上篇》云："书曰：绅之束之。宋人有治者，因重带自申束也。"(《述林·释绅》)

《释名·释姿容》云："牵，弦也，使弦急也"；弦有急义，故成国以弦急连文也。(《述林·释弦》)

《周礼·秋官·士师》曰："掌国之五禁之法，以左右刑罚。"左右义皆为助。此二字连文皆用本义者也。(《述林·释又𠂇》)

《孝经》曰："是以天下和平，灾害不生。"《礼记·大学》曰："小人之使为国家，菑害并生。"灾亦为害，故古人以之与害并言矣。(《述林·释烖》)

许君一再言丽廔，而廔从婁声，《说文》婁训空。若丽则《说文》训旅行，通言绮丽美丽，皆与廔不相会。惟丽为叕之假字，则叕为孔而廔为

空，丽廔同义，故以为连文。(《述林·释爻》)

啚者，鄙之初文也……《吕氏春秋·形论篇》云：“是以宋为野鄙也，”野鄙连言，鄙亦野也。(《述林·释啚》)

絺为细葛，故希字从巾。絺綌义近，古多连言，綌字或作帢，从巾，是其比也。(《述林·释希》)

余谓希盖即絺之初文……爻象𢍏窗交木之形。希为细葛，𢍏为𢍏窗，其字皆从爻。古人皆恒言稀疏，即希𤕟也。此征之连文之字可证者四也。《述林·释希》

余谓徵字当以徵兆为本义。……《晏子春秋·杂下篇》曰：“……子亦有徵兆之见乎？……”《素问·天元纪大论篇》曰：“阴阳之徵兆也。”徵兆连文，徵亦兆也。(《述林·释徵》)

扳实反之后起加旁字。知者，以义言之，何休训扳为引，《庄子》及《礼记郑注》并以扳援连文，扳引扳援与反字形体相合。(《述林·释反》)

兽字经传以音近多作畜，《左传·桓公六年》云：“名子不以畜牲”，此以畜牲连言也；《后汉书·刘宽传》记宽客骂苍头之言曰：“畜产！”(犍省作产。) 此以畜犍连言者也。(《述林·释獸》)

以愚考之，藏当以藏获为本义也。《楚辞·哀时命》云：“释管晏而任藏获兮。”《荀子·王霸篇》云：“大有天下，小有一国，必自为之然后可，如是，则虽藏获不肯与天子易势业。”太史公《报任少卿书》云：“且夫藏获婢妾犹能引决。”按藏为战败屈服之人，犹言战时所获，《荀子注》云：“擒得谓之获”，是也。二字义同，故古人连用也。(《述林·释藏》)

《说文·八篇上·人部》云：“似，象肖也，从人，以声。”按此据小徐本，大徐本止云象也，……似肖为通训，肖字当有，大徐夺去，非也。象肖二字同义连文，象当读如唐人诗“生儿不象贤”之象。(《述林·释似》)

《竹部》又云：“笔，篇也，从竹子，屯声。”按笔篇二文同义。《淮南子·精神篇》云：“守其笔篇，”此二文连用。(《述林·释篇》)

《足部》又云：“跙，步行猎跋也，从足，贝声。”……《诗·豳风·狼跋篇》云：“狼跋其胡。”《毛传》云：“跋，躐也。”毛公以躐释跋，犹许君以躐跋为连文也。(《述林·释步𣥠》)

郭注云：“相延易。”易与延同义，故郑以易与延解施，郭以延易为

连文也。(《述林·造字时有通借证》)

经以"草窃奸宄"连文,"奸""宄"义近,"草"与"窃"义亦当相近。又《盘庚上篇》云:"乃败祸奸宄以自灾与厥身。"彼文"败"与"祸"义近,则此文"草"与"窃"义亦当相近。(《论丛·书微子草窃奸宄解》)

按俊杰连文,不宜单释杰而舍俊不言,明此有脱文。《吕览注》云:"千人为俊,万人为杰。"则此注千人之下脱"为俊万人"四字明矣。(《论丛·读刘叔雅君淮南鸿烈集解》)

《大保毁》云:"王△大保,锡休余土。"休与锡同义,古二字为连文。(《述林·诗对扬王休解》)

《左传·昭公七年》云:"楚子享公于新台,好以大屈。"好以大屈者,赂以大屈也。《周礼·天官》:"凡王之好赐肉修,则饔人共之。"好赐连言,好以赐也。(《述林·诗对扬王休解》)

《陈忠传》云:"狂易杀人,得减重论。"按易与狂义近,故古人恒以狂易连文。《吴语》:"称疾辟易。"韦昭云:"辟易,狂疾。"《韩非子·内储说下》云:"公惑易也。"前书"王子侯表乐平侯䜣病狂易。"又《外戚传》云:"张由素有狂易病。"皆是。而李注乃云:"狂易谓狂而易性。"误释易为变易之易。(《论丛·读王葵园先生后汉书集解》)

(三)互文为训

互文是指在某些结构相同或基本相同的句子或词组里,处于对应位置的词,彼此可以相互解释。简单地说,就是上文里省了在下文出现的词,下文里省了在上文出现的词,参互成文,合而见义,即俞樾所谓"参互见义";杨树达谓之"参互言之以相备耳"。互文是一种修辞方法,如果利用互文根据已知的词去理解未知的词,就可以成为一种训诂方法,即"互文为训"。如:

《易·说卦》云:雷以动之,风以散之,雨以润之,日以烜之,艮以止之,兑以说之,乾以君之,坤以藏之。树达按:顾炎武《日知录》卷二云:上四举象,下四举卦,各以其切于用者言之也。树达按:此参互言之以相备耳,顾说非是。(《中国修辞学·参互》)(今按:《易·说卦》下八句以"互备"修辞,不能"各以其用者言之",顾说非,杨说是。孔颖达于以上八句下疏亦曰:"此一节总明八卦养物之功。上四举象,下四举卦者，王肃云：‘互相备也，明雷雨与震巽同用，乾坤与天地通用也。’”）

《左传·成公二年》云：“公曾晋师于上鄍，赐三帅先路三命之服，司马，司空，兴帅，候正，亚旅皆受一命之服。”树达按：孔颖达《正义》云。于卿言赐，于大夫言受，互相足也。（《中国修辞学·参互》）

《礼记玉藻》篇云：天子……皮弁以日视朝，遂以食，日中而馂，诸侯……朝服以食，特牲三俎祭肺，夕深衣祭牢肉。树达按：郑注云：天子言日中，亦有夕；天子言馂，诸侯虽祭牢肉，互相挟。树达按：天子诸侯皆日三食、天子虽止言日中，亦有夕食；诸侯虽第言夕，日中亦有食。天子言馂，知诸侯亦馂；诸侯言祭牢肉，知天子亦祭牢肉，故云互相挟也。（《中国修辞学·参互》）

《左传·隐公元年》云：“公入而赋：‘大隧之中，其乐也融融。’姜出而赋：‘大隧之外，其乐也洩洩。’”树达按：孔疏引服虔云：入言公，出言姜，明俱出入，互相见。（《中国修辞学·参互》）

杨氏还用“互文”揭示不同部分内容互相补充，如：

立秦三将，章邯为雍王，都废丘。（二十七上）树达按：《项籍传》详叙诸将见封之由及其所王之地，而不及所都；此则著其都之所在，而不及其他二事。此互文见义之例，古史家文约旨博之遗法也。（《汉书窥管·高帝纪第一上》）

（四）变文觅义

变文是指为了避免重复单调，在同一语言环境中有变化地使用同义词的修辞现象。“变文”也是训诂术语，由已知推未知，即“变文觅义”。杨氏也有揭示变文以进行训诂之例，如：

《效卣》云：“王锡公贝五十朋，公锡厥涉子效王休贝廿朋。”文云王休贝，即王赐公五十朋之贝也。……盖王以贝五十朋赐效之父，而效之父，即于此五十朋之中分二十朋赐予其世子效也。上言王锡公贝，下言王休贝，明休即锡也。变锡为休者，以句中已有公锡之文，特变易以避复耳。（《述林·诗对扬王休解》）

有有丰义也。富丰皆谓多，然则三章之旨且有，犹一章之言旨且多也。诗人因韵变文，自有意义复叠之语耳。(《述林·诗旨且有解》)

能（六）承接连词与“而”同。……或有忠能被害，或有孝而见残。(崔骃《大理箴》) 按诸例皆“能”与“而”互用。(《词诠》“能”字条)

《（淮南子）道应篇》云：善治国家者，不变其故，不易其常。树达按：变易同义。(《中国修辞学·变化》)

《左传·成公十六年》云：蹲甲而射之，辙七札焉。树达按：蹲，聚也。札亦甲也，变文耳。《广雅·释诂四》云：“札，甲也。”(《中国修辞学·变化》)

第七章　语源、训诂研究：杨树达与章太炎、沈兼士和黄侃

近代“章黄学派”和乾嘉“段王之学”一脉相承，后者代表了传统“小学”的鼎盛，前者则蕴育了“小学”的嬗变——现代语言文字之学。杨树达之学术根于“段王之学”，又受到同时代的“章黄学派”的沾溉和影响。章太炎生于1868年，比杨树达长19岁，而杨氏比黄侃长1岁，黄氏又比沈兼士长1岁，黄、沈都师从章氏。杨、章、沈、黄四氏作为近现代语言学转型时期的见证者和实践者，既承“段王之学”，又都曾游学日本，接触到了西方语言学，学术上都体现出了“中学为体，西学为用”的特点。因此，通过杨氏和章派三氏学术异同的比较，不仅能凸显杨树达训诂的时代特点，更能看出其训诂的独到之处。

章氏于语源，功在开创，沈氏承之，后出转精，如果将杨氏的语源研究和章、沈作比，无疑会很有意义；黄侃是近代理论训诂学的开创者，自诩“当代小学第一人”，杨氏则被陈寅恪恭为“今日赤县神州训诂学第一人”，两相比较，也容易看出杨氏训诂的特点。

第一节　语源研究：杨树达与章太炎

一、章氏的影响

章太炎（1868—1936），近代语言文字之学的开创者，有《新方言》、《文始》、《小学答问》、《国故论衡》卷上等专论语言文字类著作。其《文始》是第一部对汉语词源作全面研究的著作。

章太炎和杨树达同为江戴后学，都有“朴学”学统。章太炎是清末经学

大师俞樾的学生，而俞樾私淑高邮。和杨树达一样，章氏对高邮王氏推崇备至："高邮王氏，以其绝学释姬汉古书，冰解壤分，无所凝滞，信哉，千五百年未有其人也。"① 杨氏也很推崇章氏之师，曾续补俞氏《古书疑义举例》。章、杨不仅同受乾嘉学术"声近义通"的沾溉，而且都曾游学日本，受西方语言学的影响。章太炎1906至1911年流亡日本，期间举办国学讲习会，聚徒讲学，其语言文字之学也受到了西方语言学和语源学的影响；他在日期间所著的《新方言》（1906年）和《文始》（1909年始撰）就是从语源学角度研究语言文字问题：《新方言》以语根会通方言俗语，进而探寻古音古义；《文始》则借助古声韵，以"孳乳"、"变易"两大条例穷究文字语源。因此，有人便说："章氏通过他的《文始》和《新方言》等著作，将训诂学引入词源学和语义学的轨道。"② 如前所述，杨树达1905年至1911年游学日本，其研究也受"欧洲文字语源学 etymology 的影响"。

杨氏心仪章氏学识。杨树达游学日本期间，适逢章氏聚徒讲学，只是由于杨当时以"治欧洲语言及诸杂学"为"当务之急"，放弃了从学章氏的机会。杨氏曾回忆说："时余杭章君同寓东京，方聚徒讲业，予谓是非当务之急，不从游也。"（《论丛·自序》）回国后杨氏以《古书疑义举例续补》向章氏请教，章氏谓其"用心亦审"③；1932年章、黄至京，杨氏因与章氏弟子吴承仕、沈兼士为挚友的关系，与章、黄交往问学颇多；1936年6月，章太炎去世，杨树达引为知己，云："先生于余多所奖借，有知己之感"，并挽词云："许郑是经师，恨我沉吟稽奉手；精专承谬赞，惟将黾勉答深知。"④

"声近义通"的根柢，西方语源学的影响，相似的中、西学背景使章、杨的语源观也会略同，试比较：

> 章太炎：余以寡味，属兹衰乱，悼古义之沦丧，愍民言之未理，故作《文始》，以明语原。（《国故论衡·小学说略》）
>
> 杨树达：我治文字学的一个重要目的是在求得一些文字的语源。（《述林·自序》）

> 章太炎：世人学欧罗巴语，多寻其语根，溯之希腊、罗甸，今于国语

① 《章太炎全集》（三），上海人民出版社1984年版，第222页。
② 冯浩菲：《中国训诂学》，山东大学出版社1995年版，第70页。
③ 杨树达：《积微翁回忆录》，上海古籍出版社1986年版，第26页。
④ 同上书，第117页。

顾不欲推见本始，此尚不足齿于冠根之伦，何有于问学乎？（《新方言序》）又：顷斯宾塞为社会学，往往考查异言，寻其语根。造端至小而所证明者至大。……中国审寻语根，诚不能繁博如欧洲，然即以禹域一隅言之，所得固已多矣。（《与吴君遂书·九》）

杨树达：语言之根柢，欧洲人谓之 etymology，所谓语源学也。盖语根既明，则由根以及干，由干以及枝叶，纲举而万目张，领挈而全裘振，于是训诂之学可以得一统宗，清朝一代极盛之小学可以得一结束。（《论丛·形声字声中有义略证》）

章太炎：夫治小学者，在于比次声音，推迹故训，以得语言之本。（《国故论衡·小学说略》）

杨树达：夫义既生于声，则以声为统纪，岂惟《尔雅》《说文》《方言》《广韵》当为所贯穿哉！举凡《经籍纂诂》之所纂，《小学钩沈》之所钩，凡一切训诂之书，将无不网罗而包举之矣。（《论丛·形声字声中有义略证》）又：盖予循声类以探语源，因语源而得条贯，其径程如此。（《论丛·自序》）

《新方言》和《文始》为近代语源学的开山，杨树达的语源研究自然会受其直接影响。杨氏对《新方言》的评价是："近世余杭章君妙解语言，精通雅故，撰《新方言》一书。……章氏之书，以古训稽今语，义主于纵故也。然章君以雅诂通殊语，志在贯纵于横，与前人之糅合宇宙者殊科，此其所以为独绝也。"（《述林·论小学书流别》）杨氏又评价《文始》说："1930 年，文法三书成，乃专力于文字之学。初读章君《文始》，则大好之，既而以其说多不根古义，又谓形声字不含义，则又疑之。"（《论丛·自序》）在《述林·论小学书流别》中他又说："余杭章君创为《文始》，寻音求义，间有善言。然其皮傅失真，未能免也。"从杨氏既"好"又"疑"、既"间有善言"又"皮傅失真"的评价中不难看出所受的影响。还可从以下比较中看出：

章太炎：《说文·十一篇下·雲部》云："雲，山川气也，从雨，云象回转形。"古文作云作ᘓ。ᘓ者，最初古文，纯象回转。《诗传》曰："云，旋也。"孳乳为囩，回也。又孳乳为沄，转流也。沄又孳乳为澐，江水大波谓之澐。亦孳乳为芸，芸艸似目宿。淮南王说芸艸可以死复生，取回转义，盖与芸杈异物。亦孳乳为魂，阳气也。取回转义。其混为丰流，浑为混流声，会为大，亦与沄、澐相附也。（《文始》二）

杨树达：《说文·十一篇下·雲部》云：“雲，山川气也，从雨，云象回转形。或作云，古文省雨。又作𠃑，亦古文雲。”按𠃑为最初古文，纯象回转形。云，段君云：“从古文上，象自下回转而上，”是也。雲则加义旁之后起字矣。云受形义于回转，故《诗·小雅·正月》云：“昏姻孔云。”《毛传》云：“云，旋也。”云孳乳为囩：《六篇下·口部》云：“囩，回也。从口，云声。”又孳乳为沄：《一篇上·水部》云：“沄，转流也。从水，云声。”又孳乳为澐：《水部》云：“江水大波谓之澐。从水，雲声。”按《水部》沦下云：“小波为沦。”《诗·魏风·伐檀》云：“河水清且沦漪，”《毛传》云：“沦，小风水成文转如轮也。”小波之轮以转为义，知大波之澐亦以转为义也。章君《文始》谓澐孳乳于沄，非是。云又孳乳为芸：《一篇下·艸部》云：“芸，艸也，似目宿。从艸，云声。《淮南王》说：芸艸可以死复生。”章君云“芸取回转义”，是也。《说文》转训连，故云又孳乳为运，《二篇下·辵部》云：“运，迁徙也。从辵，军声。”《吕氏春秋·原道篇》、《释名·释天》并云：“云，运也”，是其义也。运又孳乳餫：《五篇下·食部》云：“餫，野饋曰餫。”杜预注《左传》谓“连食以为馈”，是也。此皆从云之回转义孳乳者也。《素问·阴阳应象大论》云：“地气上为雲。”虞翻注《易·小畜》密云不雨云：“坎升天为雲。”故云又孳乳为魂：《说文·九篇上·鬼部》：“魂，阳气也。从鬼，云声。”《礼记·郊特牲》曰：“魂气归于天，形魄归于地。”盖地气之上升者为云，人气之上升者为魂，其义一也。此从云之上升义孳乳者也。章君谓魂亦取回转义，非矣。(《论丛·说云》)

二、杨氏的精进

前修未密，后出转精。陆宗达、王宁二先生说：“从近代开始，汉语字源的研究有了很大的进展，刘师培、杨树达等先生的著作中，更深入地探讨了字源的理论，站在更高的角度来评论传统字源学的著作，而影响和推动他们研究的，仍然是章太炎的《文始》。”① 比之章氏，杨树达的语源研究“更深入”、“站在更高的角度”的原因在于其有以下特点。

---

① 陆宗达、王宁：《训诂与训诂学》，山西教育出版社 1994 年版，第 404 页。

（一）材料的使用

1．对待《说文》的态度不同

章氏是有名的宗许大师，其语源研究完全迷信《说文》；杨氏则“批判接受”，他在《答人论文字学书》中说：“树达近年研讨文字之学，于许书不肯过信，亦不欲轻诋，可信者信之，疑而不能决者阙之。其有订正许说者，必于故书雅记广求征证，确见其不然，然后言之。若单文孤证，则姑以为假定，不敢视为定论也。”后又补充说：“读者或将疑余不满于许君，则大非也。盖许书为今日根究古义唯一之宝书，吾人赖之甚则望之不免过奢，亦势之必然也。”（《形声字声中有义略证》）因此，杨氏对待《说文》的态度可概括为“一分为二”。

如《文始》认为“壹”为“一”孳乳而来，为专壹之义，本有壶中“气不得泄”之义，章君说“壹”之义到此为止。但杨树达《述林·释壹》首先对许说表示怀疑：

> 《说文·十篇下·壹部》云：“壹，专壹也。从壶，吉声。”按壹训专壹而字形从壶，形与义不相比附，颇为可疑。同篇《壶部》有壹字，云：“壹也。从凶，从壶，壶不得泄，凶也。”《易》曰：“天地壹壹。”（壹壹今《易》作絪缊。）徐锴曰：“壹从壶，取其不泄也。”按楚金取许君壹下壶不得泄之说以说壹字，似矣，然形义之不相附自若也。段玉裁于壹字下注云：“虞翻以否之闭塞释絪缊，赵岐亦以闭塞释志壹气壹，壹壹之转语为抑郁。”按段说当矣，而于壹下专壹之训绝不致疑，犹为未达也。近人徐灏撰《段注笺》，始云：“壹之本义为壹壹，声转为抑郁，闭塞之义也。《孟子·公孙丑》：志壹则动气，气壹则动志也。赵注云：志气闭而为壹。《左传·昭元年》：节宣其气，勿使有所壅塞湫底以露其体，今无乃壹之，则生疾矣。壹皆谓抑郁闭塞也。”

杨氏又进一步引用《说文》申证，可谓“以许证许”：

> 壹皆谓抑郁闭塞也。……余今更取从壹得声之噎饐曀墙四字证明壹之初义焉。《说文·二篇上·口部》云：“噎，饭窒也，从口，壹声。”此谓饮食塞喉，气不得通也。《五篇下·食部》云：“饐，饭伤湿也，从食，壹声。”……按饐之言阻遏也，与饐之言壹闭义同，义近故语源亦相近也。……《七篇上·日部》云：“曀，阴而风也，从日，壹声。《诗》曰：

终风且曀。”《十三篇下·土部》云：“墤，天阴沉也。《诗》曰：墤墤其阴。从土，壹声。”此谓大地之气郁塞晦霾，或发风，或扬尘也。据本字从壶之形，会以《易系》《左氏》《孟子》之义，征之壹声类之字，许之壹下误训，殆无疑矣。(《述林·释壹》)

今按：杨氏取从壹得声之噎、饐、曀、墤四字，又用《说文》证明其义都有“闭塞”义，即壹之初义，实为语源义。

同样的论证再如：

章太炎：《说文》：“反，覆也，从又，厂，反形。”此合体指事也。(《文始》一)

杨树达：《说文·三篇下·又部》云：“反，覆也，从又，厂，反形。”按许君此说，形义不相合。……反者，𠬞之或体字也。《说文·三篇上·𠬞部》云：“𠬞，引也。从反。”或作撲。今作攀。反字从又从厂者，厂为山石厓岩，谓人以手攀厓也。(《述林·释反》)

2. **对待古文字材料的态度不同**

章氏宗许的同时，其语言研究也排斥甲、金文的利用。他批评说：“世人多喜回遹，刮摩铜器，以更旧常。”(《文始·叙例》)又说：“而世人尊信彝器，以为重宝，皮傅形声，曲证经义，顾以《说文》为误，斯亦反矣。”(《国故论衡·理惑论》)对于其时刚刚发现的甲骨文，章氏则更加怀疑：“又近有掊得龟甲者，文如鸟虫，又于彝器小异，其人盖欺世豫贾之徒，国土可鬻，何有文字？而一二贤儒，信以为质，斯亦通人之蔽。”

杨氏则是“甲文金文大出，我尽量的利用他们”(《述林·自序》)。试比较：

章太炎：《说文》：“干，犯也，从反入，从一。”按干头与戈头同，云从反入，实未成字，此合体指事也。然入下云象从上俱下，反入者从下俱上。(《文始》一)

杨树达：《说文·三篇上·干部》云：“干，犯也，从反入，从一。”按许君说干字恐非朔义。寻金文《毛公鼎》干字作，象器分枝可以刺人及有柄之形。……余谓干当为古兵器之一，……许君训干为犯，乃干之引申义，非初义也。(《述林·释干》)

按：同释“干”字，章据许氏之形说义，杨则据金文形解释，指出许说之误。杨氏《论丛》、《述林》据甲文、金文探寻语源、语义之处非常多，再如：

《说文·四篇上·隹部》云："隻，鸟一枚也。从又持隹。从又持隹。持一隹曰隻，二隹曰雙。"树达按《殷墟书契前编》卷贰云："壬子，卜贞：王田于斿，往来亡巛？丝御。隻鹿十一。"《卜辞通纂》陆拾壹片云："丁亥，卜，贞：王田喜，往来亡巛？禽？隻鹿八，兔二，雉五。"金文《楚王酓鼎》云："楚王酓战隻兵铜。"此皆用隻为后世之獲字。《说文·十篇上·犬部》云："獲，猎所獲也。从犬，蒦声。"甲文记殷王田猎隻鹿兔雉，隻字正用猎所獲之义，而《说文》训隻为鸟一枚，全失其初义，《广韵》之石切之音亦失其音。向非甲文铭刻，则隻字之初义亦终不可知。而今之治文字学者，颛奉许氏一家之言，不敢畔越，何其固也。(《述林·文字初义不属初形属后起字考》)

不利用甲金文等古文字材料自然会影响章氏的语源研究，杨氏就指出：

太炎不治甲文，不知匕为妣之初字，以阴器之匕出于牝牡之牝，余据其意推论之耳。(《论丛·积微居小学述林后记》)

有人在和章、黄比较时评价说杨树达"在用现代科学研究许学的道路上走得更远"。而杨氏"走得更远"的原因就在于古文字材料的运用："资取《说文》以外的文字材料来研究《说文》。……他充分利用甲、金和其他文字资料，在许学研究和甲骨文、金文的研究方面取得了很高的成就。"①

3. 选用材料的范围不同

杨氏博证，章氏则局限许说。《文始》孳乳、变易之字均局限在《说文》范围内，遗漏了《说文》以外的同源字；杨氏曾批评前人的研究在"文字本身中兜圈子"，一部《文始》，也可以说是在《说文》里面兜圈子。杨氏则利用《说文》但不囿于《说文》，所及同源之字也不局限于《说文》。他说："今日欲明声训，许君书固为要籍，然若单据彼文，不求博证，则势有不能，吾之真意第在此耳。"(《论丛·形声字声中有义略证》)曾运乾也说："迹其功力所至，大率䌷绎许书，广综经典，稽诸金石以究其源，推之声韵以尽其变，于许氏一家之学，不敢率为异说，亦不敢苟为雷同。每树一义，按之字例

① 常耀华：《许学研究综述》，载《辞书研究》1993年第4期，第41～50页。

而合，验之声韵而准，证之经典旧文而无乎不洽，六通四辟，周币旁皇，直令读者有涣然冰释，怡然理顺之乐。”①

如不囿《说文》，广稽金甲：

《说文·五篇上·兮部》云：“乎，语之余也。从兮，象声上越杨之形也。”按许君以语之余释乎，说者通以为语末之词。然愚窃有疑者：《三篇上·只部》云：“只，语已词也。从口，象气下引之形。”《诗·鄘风·柏舟》云：“母也天只！不谅人只！”此只字为语已词之例也。然只字象气下引，其为语已之词固宜也。若乎字形象声上越扬，而亦为语末之词，则与义不相比附。乎与只义同而形相反，非其理也。《说文·三篇上·言部》云：“呼，召也，从言，乎声。”考之《尚书》及古金文，乎字绝少作语末词用者，而甲文金文乎字皆用作呼召之呼。甲文云：“庚午，卜，韦贞：乎师般㞢王于口。”（《凡将斋》藏片）“戊辰，卜，宾贞：乎师般癸大口。”（《后编》上一零页）“贞乎师般。”（王襄《征人》六十四页）“乎师般取。”《前编》之四十八页）“庚寅，卜，贞：乎雀伐猷。”（林泰辅书二之一十五页。）金文《师户𣪘》云：“王乎内史吴曰：册命虎！”《颂鼎》云：“王乎史虢生册命颂。”《牧𣪘》云：“王乎内史吴册命牧。”《豆闭𣪘》云：“王乎内史册命豆闭。”其他类此之例至多，绝未见有作評者，以此知乎本評之初文，因后人久借用为语末之词，乃有后起加言旁之字。古但有乎而无評，说金文者往往谓乎为評之假，非也。呼招必高声用力，故字形象声上越扬，犹曰字表人发言，字形象气上出也。许君以后起语余之义为训，故与字形龃龉不合矣。（《述林·释乎》）

又以方言证语源，如：

长沙呼轩槛或窗牖中之短木为罔子，横者曰横罔子，直者曰直罔子，音如长沙言向外望之望。余初不知其当作何字，今始悟其为牖中网之网字也。（《述林·释䍜㲀》）

今长沙谓左右两足分张为癶开，读癶为平音，与字形字义皆相合。……按人两足分张而行为刺癶，犬曳足而行为刺犮，皆言其行之不正也。……今长沙尚解足行不正者为刺犮矣。（《述林·释步癶》）

《十三篇下·力部》云：“勢，健也，从力，敖声，读若豪。”今长沙

① 杨树达：《积微居小学述林曾序》，中华书局1983年版，第1～2页。

人谓之健者曰赘老，此古之遗语也。(《述林·释骏嫩》)

奞训瞋大，瞋训张目，目张则眦大，故奞从大此，实谓大眦也。门下泰兴高松兆云：“今泰兴语谓人张目怒视为奞，音如偕，与火戒切之音正合。”《说文》云：“獶，犬恶毛也，从犬，农声。”奴力切。余昔寓居北京，甘肃权国庆告余：獶字今兰州语正如此。(《述林·造字时有通借证》)

又如以语法修辞明语源，如：

《说文·水部》：“测，深所至也。从水，则声。”按测有二义：一为动字，一为名字。许训深所至，亦兼二义言之。《淮南子·原道篇》注云：“度深曰测。”此动字义也。动字义而说解云深所至者。……测又得名字义者，测从则声，则有准则法则之义。……今人于测第用动字而不知其为名，于深第用为静字而不知其为动，古人名动相因，动静亦相因，语本同源，初无二义，特其为异耳。(《论丛·说测》)

且以文例言之，谨信皆出言之事，犹之爱众亲仁皆接仁之事也。谨为寡言，言寡之中有信不信焉，寡而不信，犹之失德也，故曰谨而信。(《论丛·释谨》)

又如以社会政俗明语源，如：

今商人言翻出翻进，虽通俗恒言，正可取证贩字得声之故矣。又今人恒斥商贾人谓盘剥，或单言盘。贩古音如盘，盘即贩也。(《论丛·释贩》)

《周礼·考工记》云：“四旁，两夹窻。”……盖世有五室，室每方一户，每户之旁，以两牖夹之，故云四旁两夹窻。牖在户之两旁，故字从户甫。义为旁而字从甫，犹面旁之为酺，水频之为浦矣。(《论丛·释牖》)(按：以古人宫室之制发明文字构造之由。)

《北史记》高欢谓尔朱荣曰：“闻公有马十二谷”，用谷量牛马，六朝时尚然也。(《述林·释裕》)

(二) 故训的运用

按照现代语言学的观点，所谓同源字就是：“凡音义皆近，音近义同，或义近音同的字，叫做同源字。这些字都是同一来源。或者是同时产生的，……同源字，常常是以某一概念为中心，而以语音的细微差别（或同音），表示相近或相关的几个概念。”（《同源字论》）一般认为，判定同源字（词）需三个条件：一是语音相同或相近，二是语义相近或相关，三是有文献资料证明。因此，仅仅“声近义通”还不能可靠证明同源关系，王力先生就说：“判断同源字，主要是根据古代的训诂。”（《同源字论》）陆宗达先生也指出：“如果我们从文献语言的实际出发来解决同源字问题，舛误就会减少或避免。”①

杨树达多次批评章氏判定同源“多不根古义”，他曾私谓何泽翰说：“《文始》一书，有如七宝楼台，微惜基础未固，其病在不根古义。”② 又在日记中说：“七日。阅章先生《文始》，以柯为戈之孳乳字，殊牵强无理。戈、斧同为器名，斧柄之柯何由受义于戈乎？此类乍看似可通，细勘之则殊不合也。”③王力先生批评章氏“意义相差很远，勉强加以牵合”④，当是其“不根古义”的结果。章氏也有据古义说同源孳乳者，较为可信，如：

> 《说文》：“大，天大，地大，人亦大焉。象人形。”对转寒孳乳为诞，词诞也。《释诂》：“诞，大也。”亦与多属之哆近转。《诗传》曰：“哆，大貌。”诞对转歌孳乳为訑，沇州谓欺曰訑，《诗》曰：“訑訑硕言。”（《文始》之一）

但《文始》有如此类者很少，王力就说：“文始所论，自然也有可采之处，（如以“隧、术”为同源），但是，其中错误的东西比正确的东西多的多。”（《同源字论》）

《文始》所及同源字大多没有文献语言的证据，如：

> 《说文》：“多，重也。从重夕。”孳乳为夥，有大度也；为哆，张口也；为烙，盛火也；为庨，广也。多与广大盛厚义皆相应，故孳乳得此。对转寒孳乳为亶，多谷也；为𩏂，富𩏂𩏂貌。自此旁转真又孳乳为腆，设膳腆多也。然多有重义，故又孳乳为貤，重次第物也。貤旁转支为弟，韦束之次弟也。弟又孳乳为䵗，爵之次第也。则由支旁转为程，程品也。则

① 陆宗达：《训诂简论》，北京出版社1980年版，第148页。

② 何泽翰：《积微先生与语源学》，《杨树达诞辰百周年纪念集》，湖南教育出版社1985年版，第136～142页。

③ 杨树达：《积微翁回忆录》，1932年9月7日日记，第65页。

④ 王力：《同源字典·同源字论》，商务印书馆1982年版，第40页。

由支对转清矣。(《文始》之一)

杨树达就批评道：

《韩非子·解老篇》曰："多费谓之侈"，此以多释侈也。《贾子新书·道术篇》曰："广校自敛谓之俭，反俭为侈"，此以敛释俭也。此皆古传记所记声训，精审可信，与梓子同例者也。余意欲明文字之源，必先取前人成说之可信者汇集之，其有不足，则精思以补其缺，庶为得之，不当强相牵附，如章君《文始》之所为也。(《述林·释梓》)

杨氏每释一语源，一般都用大量文献证明语义，如《论丛·释慈》：

《说文·十篇上·心部》云："慈，爱子也，从心，兹声。"按以声义求之，许君之训乃泛言之。若切言之，当云爱子也。何以言之？《礼记·礼运篇》云："父慈，子孝，兄良，弟弟，夫义，妇德，长惠，幼顺，君仁，臣忠，十者谓之人义。"又《大学篇》曰："为人父，止于慈；为人子，止于孝。"《隐公三年·左传》载石碏之言曰："君义，臣行，父慈，子孝，兄爱，弟敬，所谓六顺也。"又《昭公二十六年传》载晏子之言曰："君令，臣共，父慈，子孝，兄爱，弟敬，夫和，妻柔，姑慈，妇听，礼也。"《墨子·兼爱下篇》曰："为人父必慈，为人子必孝。"《淮南子·本经篇》曰："父慈，子孝，兄良，孝顺。"其他经籍中以慈孝对言如诸书所称者不可胜举。孝为子对于父母之道，姑以子承老为文，而训为善事父母，然则慈为父母对于子之道明矣。故《管子·形势解》曰："慈者，父母之高行也。"《贾子·道术篇》曰："亲爱利子谓之慈。"是其义也。然兹训草木多益，与爱子之义绝不相关，而慈徒训兹声者，以兹与子古音相同故也。《淮南子·天文篇》曰："子者，慈也。"《史记·三代世表》曰："子者慈。"《易·明夷》箕子，刘向读为荄兹。此以兹训子者也。《大戴礼·本命篇》曰："子者，孳也。"《史记·律书》曰："子者，滋也。"《说文·十四篇下·子部》曰："子，十一月阳气动，万物滋，人以为称。"此以兹声之孳乳字训子者也。

章氏也致信杨树达说："慈训爱子，推其声义于子，说甚碻。"①

① 胡南师大学报编辑部：《杨树达诞辰百周年纪念集》，湖南教育出版社1985年版，第1页。

（三）“右文”的运用

《文始·叙例》：“《文始》所说亦有专取本声者，无过十之一二。”章氏解释说：“昔王子韶刱作右文，以为字从某声，便得某义，……夫同音之字，非止一二，取义于彼，见形于此者，往往而有，若农声之字多训厚大，然农无厚大义。支声之字多训倾斜，然支无倾斜义。盖同韵同纽者别有所受，非可望形为验，况复旁转对转，音理多涂；双声驰骤，其流无限，而欲于形内牵之，斯子韶所以为荆舒之徒，张有沾沾，犹能破其疑滞。今者小学大明，岂可随流波荡？”今按：章氏举例不当：农隐含有浓厚的词义特点[①]；支有分歧义，分歧与倾斜语义相因。[②] 章氏又举例说：“形声之字，有与字义无关者，如江之工，河之可，不过取工可二声与江河相近，与字义毫无关系者也。”（《小学略说》）但（美）张洪明研究认为，江、河分别得义于工、可所含的大义。[③]

关于“声符含义”，即“声符示源”，现代有的学者认为“大多数形声字声符都具有示源功能”[④]；“形声字的声旁不但能表义，而且是表义的主体。”[⑤]但目前的同源关系研究又很难将“大多数”具体量化（50%和100%之间），王宁先生就说：“传统训诂学家对‘右文’涉及形声字的数量估计很高，认为在《说文解字》中有示源作用的声符可以占到90%以上，这个估计是否符合事实？在同源字系联尚未达到一定数量时，还不能得到进一步证明。”[⑥] 但我们至少可以说，这个“大多数”要远大于章氏的“十之一二”[⑦]，这是因为，造字时谐声偏旁相同的形声字声音联想的理据相同，此其一；形声字是文字孳乳的结果，而词语派生和文字孳乳具有相当程度的一致性，此其二。章氏在

---

① 参见李国英《小篆形声系统研究》，北京师范大学出版社1996年版，第34页；刘又辛《“右文说”说》（《文字训诂论集》）谓农之厚义为假借义，略嫌迂回，不如李说直接。

② 参见孟蓬生《上古汉语同源词语音关系研究》，北京师范大学出版社2005年版，第70页。

③ 《汉语“河”词源考》、《汉语“江”词源考》，颜洽茂、邓风平译，分载于《浙江大学学报》（社科版）2004年第1期、2005年第2期。

④ 黄金贵：《古汉语同义词辨释论》；曾昭聪：《形声字声符示源功能述论》；殷寄明：《汉语语源义初探》。

⑤ 黄巽斋：《形声字声旁表义的几个问题》，载《说文学研究》（第一辑），崇文书局2004年版，第187～203页。

⑥ 王宁：《关于汉语词源研究的几个问题》，《纪念王力先生百周年诞辰学术论文集》，商务印书馆2002年版，第174～178页。

⑦ 黄金贵：“我们主张的声符含义（一般是早期形声字），决不是‘有的’、‘有时’、‘少数’，而是普遍、大量的。虽然我们尚没有确切的量化资料，但至今超过二千的形声字可知其示源功能，已是不争的事实。”见《古汉语同义词辨释论》，上海古籍出版社2002年版，第391页。

《文始》里大搞所谓“语根”的孳乳，但忽视“右文含义”，实乃不可思议。其弟子沈兼士也批评说：“今《文始》全书取本声者，才及十一，将谓二十三部之通转，胜于声母与形声字自然分化之为可信耶?”又：“舍八千余形声字自然之途径，从廿三部成均图假定之学说，其方法复改弦更张矣。”黄永武案语曰：“《文始》所说，取本声者才及十一，其意欲上证字源，一蹴而就，当古之典籍未尽归纳，文字资料未尽董理，周秦音系未尽考定，字义引申之先后时代未尽究明，遽舍形声字自然分化之途径，而依据韵图籀绎，其说难以尽信者，诚非妄疑也。”① 因此，要研究语源，形声字是一重要途径，“右文”之说，当取其合理者。何九盈在评价《同源字典》时也说：“讲同源字而完全排斥右文说，实不可取。”②

如前述，杨氏的语源研究是从怀疑章氏“谓形声字不含义”开始，又批评章氏说：

> 柬声及简声字皆含去恶存善之义，如瀾、湅、炼、练、鍊、谏皆怡然理顺。而《文始》不立柬为纲者，有意避免义从声类者也。(《积微翁回忆录》，1947 年 9 月 15 日日记)

杨氏从形声字入手，以“形声字声符往往含义”和“声符有假借”为理论依据。因此可以说，杨氏是在形声字的基础上做语源研究的。

（四）音转和同源的语音标准问题

章氏声韵学造诣远高于杨氏，但其“滥转”也更为有名，似乎认为音义的联系是必然的。如：

> 《说文·二篇上·止部》云：“止，下基也。象草木有阯，故以止为足。”案夔、夒皆以止象手足，则止本足也。故《礼》古文有阯，即止之变。引伸乃为基，孳乳为阯，基也。止者不行，故孳乳为峙，峙躇不前也。旁转幽变易为箃，箃箸也。旁转宵变易为赵，久也。次对转东孳乳为艐，船箸不行也。读若莘，仍入之部。《释诂》：“止，待也。”故孳乳为待，竢也。待又变易为竢，待也。……畤旁转宵变易为垗，畔也。……其通言止者，对转蒸则孳乳为懲，忩也。……水止则清，故对转蒸孳乳为

① 黄永武：《形声多兼会意考》，（台湾）文史哲出版社 1994 年版，第 44 页。

② 何九盈：《二十世纪的汉语训诂学》，《二十世纪的中国语言学》，北京大学出版社 1998 年版。

> 澂，清也。其在本部孳乳为浔，水暂益止未减也。则专取止义。(《文始》之八)

相比之下，杨氏则收敛了很多：

> 止，下基也。象草木有阯，故以止为足。树达按止甲文作[illegible]，象人足有指之形，之当以足为初义，许训下基，谓象艸木出有阯，以止足为假借义，非也。止孳乳为企，举锺也，从人，止声。或作㑒，云：古文企从足。按举锺有云举足，企或作㑒，知企即足也。止为被举之物，乃对象之名，故为受动孳乳也。(《文字孳乳之一斑》)

《文字孳乳之一斑》里有92组孳乳字，其说孳乳比《文始》可靠的原因在于，杨氏“根古义”，主孳字和被孳字间的意义或相同，或相近，或相因，其根据是故训（主要是《说文》）；更为重要的是，杨氏所说的每一组孳乳字中，主孳字和被孳字都是声符字和形声字的关系（见附录二），声音上比《文始》可靠多了。因此，何九盈说：“杨氏从六个方面分析了原始字和孳乳字的同源关系，形音义密合无间，结论可信。”①

同源的“声同、声近”标准当如王力所言：“值得反复强调的是，同源字必须是同音或音近的字。这就是说，必须韵部、声母都相同或相近。”(《同源字论》）但章氏“声音并不相近，勉强认为同源”。(《同源字论》）章氏分古声21纽，古韵23部，一幅《成均图》，就是其韵转的“公式”。其转法如下：

- 音转
  - 正声
    - 旁转
      - 近旁转，即同列相比
      - 次旁转，即同列相远
    - 对转
      - 正对转，即阴阳对转
      - 次对转，即自旁转而成对转
  - 变声
    - 交纽转，即阴阳非相转而以比邻相出入
    - 隔越转，即隔轴、声不得转，间有以轴声隔五相转

试看其音转一例：

《文始》二：

① 何九盈：《中国现代语言学史》，广东教育出版社2005年版，第517页。

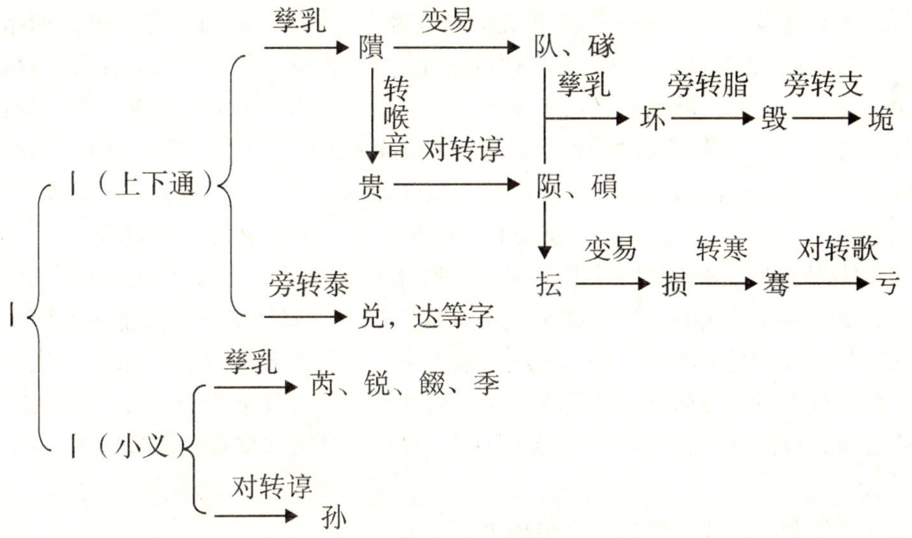

章氏的音转，令人眼花缭乱。正如其再传弟子齐佩瑢所说：“对转旁转已不可深信，何况次对转次旁转，甚而至于交纽隔越乎？若然则无可不转了。”①再看杨树达的《论丛·说丨》：

表22 杨树达《说丨》

孳乳字	囟	奥	遷	僊	眞	顛	槙	徦	隊	磙	隤	庢	脽	屍	顿	陨	縋	崖	睢	蜼
意义	脑盖	升高	登车	升天	登天	顶	木顶	却	坠落	落下	下坠	下倾	下体	下体	下首	下落	上下	高	仰视	长尾
初文	丨（上行义）							丨（下行义）									丨（下上通）			
受名之故	丨以上行义孳乳之字皆有上义；丨以下行义孳乳之字皆有下义。																			

杨氏自己和章氏比较说：“缘章君说丨之孳乳，广及抎、损、骞、坏、毁、垝诸文，其失既在滥，又不及庢、屍、縋、睢、蜼诸文，复嫌于漏。”（《论丛·说丨》）

杨氏说音转，仅限于对转，作有《古音对转疏证》、《古音咍德部与痕部对转证》，相当谨慎。他认为章氏说对转简略，不足为证，说：“古音对转之

① 齐佩瑢：《训诂学概论》，中华书局1984年版，第129～130页。

说，发自孔君巽轩。……今日章太炎先生著《文始》，稍加疏证，仍嫌简略，承学之士或用此致疑。”（《古音对转疏证》）杨氏分“六宗”疏证古音对转，第一微没痕，第二歌曷寒，第三支锡青，第四模铎唐，第五侯屋锺，第六咍德登。加上《古音咍德部与痕部对转证》中的咍德痕，凡“七宗”。杨氏一般从六个方面进行疏证，如证微痕对转，其法如下：一、见于韵文通谐者，如《诗》类、君、比为韵，类比在微部，君在痕部，从而说明二部对转；二、见于文字声类者，分微部字从痕部声类、痕部字从微部声类两个方面进行疏证；三、见于文字重文者，分微部字或从痕部声类字、痕部字或从微部声类两端；四、见于经传异文者，分微部字或作痕部字、痕部字或作微部字两端；五、见于传注读若者，分微部字读若痕部字、痕部字读若微部字两端；六、见于语言变迁者，以故训材料的语言变异来证明。杨氏疏证方式多端，例证丰富，令人叹服。

杨氏利用古音说解语源，也很可信，如：

> 扳实为反之后起加旁字。……以声韵言之，𠬜（即扳）反同在古韵寒部。《诗·齐风》云：“四失反系”，反《韩诗》作变。《小雅·宾之初筵篇》云：“威仪反反”，反反《韩诗》作扳扳。《庄子·秋水篇》云：“是谓反衍。”《释文》云：“反本作畔。”《说文·水部》汳水即汴水，是二字古声韵同之证也。今人通读反字上声，然古自作平音。《汉书·隽不疑传》曰：“每行县録囚徒远，其母辄问不疑：有所平反，活几何人?”如淳曰：“反音幡，幡，奏使从轻也。”按今云翻案。又《张安世传》曰：“何以知其不反水浆邪?”师古云：“反读曰翻。”《广韵》平声《十三元》附袁切下有反字，云“断狱平反”，皆其证也。（《述林·释反》）

（五）考证同源的方法

章氏说文字孳乳变易，一般是主观演绎。何九盈说：“在方法论上，《文始》用的是演绎法。”① 但这种演绎缺乏坚实的证据，往往是“变易又变易，孳乳又孳乳，任意驰骋，流连忘返”②。何氏又说：“就方法论而言，《文始》

① 何九盈：《中国现代语言学史》，广东教育出版社2005年版，第514页。

② 同上。

对演绎法的运用显然是过头了。归纳汇证不够，同源系联失误颇多。”①

杨氏继承了高邮王氏归纳与演绎相结合的训诂方法，其“创通大例”时多用归纳之法，排比证据，如《形声字声中有义略证》说“某声多含某义”即是如此；解释具体文字语源时则以归纳和演绎相结合。如：

齤为齿曲，失声
觠为角曲，失声
卷为膝曲，失声
拳为手曲，失声
眷为颈曲，失声
圈为木曲，失声
⿺走雚为行曲，雚声
趯为脊曲，雚声
⿰弓雚为弓曲，雚声
權为枉曲，雚声
⿱龹革为革中辟曲，雚声
藿为初生草曲，雚声
（归纳）→ 失声、雚声字多含曲义。

归纳与演绎相结合，如《释晚》：

頫或作俛，低头，免声
冕后高前低，免声
浼地低积水，免声
鞔训履空，为在下之物
（归纳）→ 免声字多含低下义（演绎）→ 晚从免声，谓日低下，故训莫。

三、共有的局限

（一）用文字的方法研究语源

章氏从《说文》中找出独体象形、独体指事字，称为初文，也即所谓“仓颉之文”；省体、变体及合体象形、指事或同体重复者，称为准初文。初

① 何九盈：《二十世纪的汉语训诂学》，《二十世纪的中国语言学》，北京大学出版社 1998 年版，第 53～90 页。

文、准初文凡510个字，分417条。章氏就是以这些初文、准初文为语根，以孳乳、变易为条例，系联同源词。但是，章氏的初文是字根，用字根来说语根，等于是用研究文字的方法来研究语言问题。文字和语言毕竟不是一回事，独体在前，与之对应的词不一定出现得更早；合体在后，与之对应的词不一定出现得更晚。因此，字源不一定是语源。更何况初文很难判断，正如王力所说："语言在文字之先。可以想象，在原始社会千万年的漫长岁月中，有语言而无文字，何来'初文'？文字是人们群众创造的，并且是不同时期的积累，决不是有个什么仓颉独力创造出一整套文字来。许慎距离中国开始创造文字的时代至少有二三千年，他怎么知道哪些字是'初文'？"① 即独体未必是初文，初文也未必是独体。

杨氏的语源研究是从形声字的"右文"入手的。尽管杨氏突破了"右文"声音的局限，提出声符有假借，但是他系联的主要还是形声字，忽略了一些形声字以外的同源字；而且他言声符假借，总是在本字上孜孜以求，因此，"右文说"的拘牵形体之病在杨氏并没有全部解决。同时，杨氏把语源扩大到"字义同缘于组织构造同"，"组织构造"是文字问题，不能和语源混为一谈。这样杨氏又从语言问题回到文字问题上去了。何九盈先生评价杨氏的语源研究说："他基本上还是从文字的角度研究语源，而不完全是从语言的角度来研究语源。"②

（二）源流认识的误区

语源研究，如果能正本清源，固然很好。但是，要做到真正"推源"，传统训诂学材料先天不足。传统训诂学研究语源，主要依据古声韵的研究成果和文献故训材料，但这些材料只能说明"声近义通"，一般不能据以找到根词或源词。因此，传统训诂学的语源研究只能做到归纳和系联同源词，而不能辨明源流关系。王力就说："我们所谓同源字，实际就是同源词。……同源字的研究，其实就是语源的研究。这部书之所以不叫做《语源字典》，而叫做《同源字典》，只是因为有时候两个字，哪个是源，哪个是流，很难断定。"（《同源字论》）传统训诂学的语源研究，无论乾嘉段王讲"声近义通"、王力《同源字典》，还是张希峰《丛考》、《再考》乃至《三考》，也都止于同源系联这一

① 王力：《同源字典》，商务印书馆1982年版，第40页。

② 何九盈：《二十世纪的汉语训诂学》，《二十世纪的中国语言学》，北京大学出版社1998年版，第53～90页。

步。要判定源流，就需要和亲属语言、汉语方言等材料进行对比，不过，那是历史比较语言学的任务："如果将历史语源学的研究方法加以延伸和扩展，通过对亲属语言、方言等现有语言事实的比较研究而推求无文献时期的远古语言状况，以已知推未知，就进入历史比较语言学的领域了。"①

章氏从字形出发，从《说文》中找到510个"语根"，其实是"字根"。（姑且称字根，其实是否为字根也很难说清楚。）章氏的研究其实是一种"形源"研究，这种形源的研究可能符合汉语语源的部分事实，那是因为文字和语言有着一定程度的一致性，但这种一致性传统训诂学的音义关系材料也无法证明。

杨氏也受章氏影响，云"某孳乳为某"。《文字孳乳之一斑》虽名为"文字孳乳"，其实讲的是同源词。如果讲同源，杨氏说"声近义通"很可靠，几乎没任何问题；但说"某孳乳为某"，就回到"形源"的方法上去了。正如王宁评价声训时所说："如果从历史推源的的角度看，这类声训是不合理的，而用平面的系源的观点来看，这类声训显然是可以成立的。"搞传统训诂的人但凡说"某语源为某"，要么用的是文字的方法，要么就是主观演绎。如杨氏《释醇》说醇、惊同得京声之杂义，当然没有问题；后又云："惊则又由醇孳乳耳。"何以知之？即使从字形上也看不出来。又如《释伯》认为伯来源于霸："今谓伯之为言霸也，伯从白声，犹从霸也。……盖月之始生者谓之霸，子之始生者谓之伯，造文者引天象于人事也。"但王力《同源字论》的看法则相反："'五伯'写成'五霸'以后，就很少人知道'霸'来源于'伯'。"杨氏主观演绎，王氏则是从文字上找语源。其实从音义上看，只能说明伯、霸同源，哪个是语源，很难说清楚。

（三）沿袭许误

章氏过分迷信《说文》，有些说解《说文》搞错了，章氏也沿袭其误；杨

---

① 任继昉：《汉语语源学》，重庆出版社2004年版，第10页。陈寅恪也认为寻语根要与亲属语言比较，1934年3月6日，陈寅恪致信沈兼士说："'右文'之学即西洋语根之学，但中国因有文字特异之点，较西洋尤复杂，西洋在苍雅之学不能通，故其将来研究亦不能有完全满意之结果可期；此事终不能不由中国人自办，则无疑也。然语根之学实一比较语言之学。读大著所列诸方法外，必须再详考中国语同系诸语言，如西藏、缅甸语之类，则其推测之途径及证据，更为完备。此事今日殊不易办，但如德人西门，据高本汉字典，以考西藏语，便略有发明。西门中国学至浅，而所以能有多少成绩者，其人素治印欧比较语言学，故于推测语根分化之问题，较有经验故耳。总之，公之宗旨、方法，实足树立将来治中国语言文字学之新基础，若能再取同系之语言以为证之资料，则庶几可臻于完备之境域也。"（《沈兼士学术论文集》，中华书局，第183页。）

氏在个别字的说解上也犯章氏同样的错误，如说“为”字：

章太炎：《说文》：“为，母猴也。其为禽，好爪，爪，母猴也，下腹为母猴形。”古文作，象母猴相对。此纯象形也。对转寒变易为“蝯”，善援禺属（禺，母猴属也）。母猴好爪，动作无猒，故孳乳为“伪”，诈也。诈伪犹作为，对转寒孳乳为“谖”，诈也，禺“幻”相系。为之有法，孳乳为“仪”，度也。转寒为“楥”，履法也。（《文始》一）

杨树达：《说文·八篇上·人部》云：“伪，诈也。从人，为声。”按《三篇下·爪部》云：“为，母猴也。其为禽好爪。”好爪者，言其喜动作屑屑，故为引申为作为之为，又引申为诈伪之伪，又引申为伪言之伪，皆受义于母猴之为。……母猴谓之为，又谓之蝯，又谓之狙。引申之，动作谓之为，又谓之诈。更引申之，诈伪谓之伪，又谓之诈，又谓之蝯，伪言谓之伪。（《论丛·释伪》）

按：《说文》释“为”字之误见本书第九章第二节之《个案商榷》。

再如“也”字：

章太炎：《说文》：“也，女阴也。从乀，象形，乀亦声。”此合体象形也。秦刻石作，孳乳为地，重浊阴为地，古文地当只作也，犹天本训颠字，引申为苍苍之天。人体莫高于顶，莫下于阴，故以题号乾坤。其后孳乳为地。（《文始》一）

杨树达：《说文·三篇下·攴部》云：“敀，敷也，从攴，也声。读与施同。”树达按《说文》攴字训小击，故凡从攴之字皆含用力动作之意。……从也者，也《说文》训女阴，象形。据形求义，敀当为人于女阴有所动作，盖男子御女之义，许君训敷，非初义也。……也训女阴，宋元以来学者疑之，盖以其猥亵，此腐儒拘墟不达之见也。（《述林·释敀》）

按：《说文》释“也”字之误见本书第九章第二节之《个案商榷》。

不过，章氏沿袭许误“一以贯之”，杨氏则“偶一为之”。① 杨氏虽对传统训诂“批判接受”，以甲金文证字源名家，但他处于中国语言学的转型时期，所受传统训诂影响太深，要完全摆脱《说文》的窠臼，实难苛求。

① 何九盈先生仅据杨氏释“伪”之误，便云“他的失误与章炳麟相同”，失之于以偏概全。见《中国现代语言学史》，广东教育出版社2005年版，第517页。

第二节　语源研究：杨树达与沈兼士

沈兼士（1887—1947），主要从事文字训诂研究，以“语根字族”之学创获最高。留日期间受业于章太炎，有关词源学和训诂学的论文，以《右文说在训诂学上之沿革及其推阐》（下简为《推阐》）、《声训论》、《研究文字学“形”和“义”的几个方法》三篇影响最大。

20世纪30年代初，沈氏任教于北大，杨氏任教于清华。杨与沈为挚友，沈被杨引为“同时同地同好”，云：“兄治右文，弟研声训，同时同地同好。”（《论丛·沈序》）杨、沈二氏在文字语源研究上切磋相益，杨在给沈的信中说：“语源之事，重要万分，环顾海内，谈及此事者，尚未有闻。弟与兄趣向相同，又幸同居一地，切磋必可相益。”①

沈、杨的语源研究均为章氏的后出，因而二者转精之处颇多略同，但也有体现他们治学特点的不同之处。

一、略同的转精之处

（一）右文观

1. 从右文入手研究语源

如前述，杨氏从形声字入手研究文字语源，说：“语源存乎声音，《说文解字》载了九千多字，形声字占七千多，占许慎全书中一个绝大部分；所以研究中国文字的语源应该拿形声字做对象，那是必然的。”（《述林·自序》）

沈氏利用形声字研究语源主要在以下几个方面：

一是利用谐声系统进行“字族”研究。沈氏总结自己的语言文字研究有两个倾向，一是“意符之研究”，一是“音符之研究”，其目的是要为“建设汉语字族学张本”（《声训论》）。沈氏《广韵声系》即是“张本”之作，《广韵声系》按《广韵》字之谐声系统编纂而成，云：“今草此编，就《广韵》每韵中取其声母为纲，凡从之为声者依次件系于下。其流衍之势，出入之数，务使别白详晰，一览无遗。庶几纵可以洄溯千余年声母递次转变之轨迹，横可

① 沈兼士：《沈兼士学术论文集》，中华书局1986年版，第182页。

以钩稽二百六韵分合相互关系。”（《广韵声系叙及凡例》）又说：“欲作字族之研究，又非先整理形声字之谐声系统不可。”（《编辑旨趣》）此书的语源学价值颇大，陈垣先生曾序评说：“今观此书，于古今文字蕃衍变易之迹，均已彰示无遗，即形声音义相关之理，亦可缘类而求，其有功于小学者匪浅。”

二是利用“右文”[①] 探寻“语根”。杨氏云“循声类而得语源，因语源而得条贯”，沈氏则说“训诂家利用右文以求语言之分化，训诂之系统，固为必要”。(《推阐·诸家学说之批评与右文之一般公式》）沈氏认为“右文”是求语根之一重要途径，说：“中国文字虽已由意符变为音符，然所谓音符者，别无拼音字母，只以固有之意符字借来比拟声音。音托于是，义亦寄于是。故求中国之语根，不能不在此等音符中求之。”（《推阐》之八）

三是利用“右文”矫正声训之流弊。沈氏把古代声训分为两类，即泛声训和同声母字相训释。就所涉范围而言，沈氏认为泛声训 > 同声母字相训 > 右文，而右文谨严的原因在于“右文须综合一组同声母字，而抽绎其具有最大公约数之意义”。因此，“古代声训，条件太简，故其流弊，易涉傅会。矫正之方，端在右文”。(《推阐·引论》)

林语堂先生曾致信沈氏说：“右文诚然为研究语根之终南捷径。”[②] 杨、沈的语源研究均从右文入手，不约而同地利用了这一“终南捷径”。杨氏《论丛》、《述林》利用形声字系联了大量的同源词，一字一义，旁征博引，注重实证；而沈氏则注重系统归纳和总结，在理论推阐上更胜一筹。

2. 右文含义

如前述，杨氏的语源研究以“形声字声符往往含义”和“声符有假借”两端为理论依据。

沈氏在《推阐》中提出治右文的两条原则：（一）于音符字须先审明其音素，不应拘泥于字形；（二）于音素须先分析其含义，不当牵合于一说。并以此为理论基础提出“右文含义”的七种“表式”，兹和杨氏比较如下表：

① 沈氏沿用“右文”之名，其实有别于传统“右文”：“形声字不仅声母在右，谓之为右文，本不甚洽，今姑仍之，取其为熟语易晓耳。”见《推阐·引论》，中华书局 1986 年版。

② 沈兼士：《沈兼士学术论文集》，中华书局 1986 年版，第 180 页。

表 23　沈兼士与杨树达“右文”理论比较

沈兼士		杨树达
右文之一般公式	单式、复式——音符：音符即本义；音符仅借音（有本字者、无本字者）	形声字声符往往含义； 声符有假借
本义分化式	一个音符的本义分化为不同的词。如斯分化为澌凘等	曾有益义，故从曾声之字多含加益之义。（《释赠》）
引申义分化式	一个音符的辗转引申。如皮声引申为加被义和分析义，分析又引申为倾斜义	弦张于弓则急，故弦引申有急义。《说文》：“𧼒，急走也，从走，弦声。”（《释弦》）
借音分化式	音符为借音，其分化词从借音之义。如浓脓有浓厚义，而农本无此义	形声字声符有假借
本义、借音混合分化	一音符既有本义引申，又有借音引申。如非声分五个系列中，只有分违义为本义，其余均为借音	
复式音符分化式	两个以上的同义音符分化发展的情况。如今声、音声、咸声、合声等 12 音符多有禁持蕴含义，其中今声、音声为借音，余为本义	赤声、者声、朱声、叚声字多含赤义
相反义分化式	一个音符的分化词，分为两个相对的反义系列。如亢声有高上义，又有相反的洼下义	同根反训：其以相近或相反之义转变者：子之于孙……（按：此例为相近）贫之于富。（《论丛·古音哈德部对转证》）

沈氏于右文含义，高度概括，不愧为右文之说的集大成者，其一般公式和六种分化之式，赅全了右文和滋生词间的音义源流关系。① 沈氏所列右文含义之六现象，杨氏多有涉及，只是杨氏注重微观考求，温故知新，于实证用力较多；沈氏不拘泥本字本义，综合归纳，纵横旁达，多宏通大旨。如沈氏认为音

① 孙雍长《训诂原理》，语文出版社 1997 年版：“在沈氏之前或之后，虽不时有学者就‘右文’现象的表义问题提出看法，大抵不出沈氏七种‘表式’的范围。”

符借音可以有本字，也可无本字，如“吾”分化为“明义”的一组“悟、晤、寤”就属借音无本字分化，只是由于他们具有“最大公约数之意义”，沈氏便把他们系联为一族；杨氏每释一字，或从其声符字觅义，或另求声符假借之本字，唯此才算觅得语源，其实证之风也可见一斑。

（二）《说文》观

如前述，杨氏利用《说文》而不囿《说文》。其用金甲文字参验《说文》以求古文之真，用古书音义参验《说文》以探语源。①

沈氏的语源研究也不泥于《说文》，他说：“《说文》本为一家之言，其说字形字义，未必尽与古契（汉魏六朝《苍雅》字学为派不一）。自宋以来，小学渐定一尊于《说文》。及清而还，训诂家更尊其说解以为皆是本义，殊为偏见。今研右文，固不能不本诸《说文》，然亦宜旁参古训，钩通音理，以求其纵横旁达之势。诸家多囿于《说文》，其所得似未为圆满。”（《推阐》）《声训论》将审辨声训义类之法别为七类，首条便是“用卜辞金文校正篆体以明其形义相依之理”。

杨、沈的语源研究依据《说文》而不泥于《说文》，广稽甲金文字及古训，参验《说文》，严格考辨，以进行文字探源，比章氏进步科学。

（三）声训、探源方法

杨氏认为“语源存乎声音”（《述林·自序》），沈氏则说“语有义类，实为声训成立之主要原因”。（《声训论》）杨氏作《释名新略例》，该声训之大例；沈氏作《声训论》，明声训义类分例：

《释名新略例》：《释名》音训大例有三：一曰同音，二曰双声，三曰叠韵。其凡则有九：一曰以本字为训，二曰以同音字为训，三曰以同音符之字为训，四曰以音符之字为训，五曰以本字所孳乳字为训，此属于同音者也。六曰以双声字为训，七曰以近纽双声字为训，八曰以旁纽双声字为训，此属于变声者也。九曰以叠韵字为训，此属于叠韵者也。

《声训论》：声训义类分例：一曰相同，二曰相等，三曰相通，四曰相近，五曰相连，六曰相借，一、二两类，略当于章先生《文始》之变易，三、四、五三类相当于《文始》之孳乳，第六类则音近通借之比，

① 参见李建国《汉语训诂学史》，上海辞书出版社2002年版，第321页。

貌似声训而实非者也。上述六类，所有声训，大氐不能逾其范围。

杨氏以声类为纲，正如沈氏所评："虽未能尽舍字形，要以声音为主。"又说杨氏"可谓知声训之本矣"。(《声训论》）沈氏以义类为纲，所分义例是对其师"音义相雠，谓之变易；义自音衍，谓之孳乳"语源思想的具体阐释；把"音近通借"（通假）排除在声训之外无疑是很正确的；沈氏又在后文中补述声训之"颇有不易知者"：一为读音似不相近而实为声训者；二为貌似声训而义类未必相近者。可见，沈氏的声训义类分例音义结合，比杨氏以"声音为主"更能符合声训的实质。(当然，杨氏仅限于为《释名》声训作"略例"。)

杨氏在《述林·自序》以"六纲"、"五事"概括其治文字语源的方法，并云以六纲为经、五事为纬，"交错推衍，以之说字，往往左右逢源，无往不利"；沈氏《声训论》则以"体验所得"，用"七法"总结审辨声训义类之法。兹引杨、沈自述其方法，试加比较，耐人寻味：

表24　沈兼士与杨树达语源研究方法比较

沈兼士	杨树达
余近年来研究语言文字学有二倾向：一为意符之研究，一为音符之研究。……二者要皆为建设汉语字族学张本。(《声训论》) 审辨声训义类之法： 一、用卜辞金文矫正篆体以明其形义相依之理。 二、本初意符字形音义不固定之原则以溯义类之源。 三、用右文法归纳通谐声字之义类。 四、籍声母互换之法以索义类之隐。 五、据经典异文以证其义类之通。 六、由音读之声类韵部以断定义类表示之倾向。 七、籍连绵词辅助推测词义之引申。(《声训论》) （声训）条件为何？须以同声母字为声训对象之范围（当然包括声母与形声字相训	我研究文字学的方法，是受了欧洲语源学的 etymology 的影响的。……我后来治文字学，尽量地寻找语源。 "六纲"： 第一，受了外来的影响，因比较对照有所吸取。第二，思路开阔了，前人所受的桎梏，我努力挣扎摆脱他，务求不受他的束缚。第三，前人只作证明《说文》的工作，如段玉裁、桂馥皆是，我却三十年来一直作批判接受的工作。第四，段氏于《说文》以外，博涉经传，所以成绩最高，其余的人大都在文字本身兜圈子。我于传注之外，凡现代语言及其它一切皆取之做我的材料，故所涉较广。第五，古韵部分大明，甲金文大出，我尽量地利用他们。第六，继承《苍颉篇》及《说文》以来形义密合的方法，死死抓紧字形不放。

（续表）

沈兼士	杨树达
释在内）。（《推阐》） 大抵义类相通之语，于义为引申，故其指示事务之范围辄相表里（亦有相反为义者），于形为孳乳，故其构成形体之偏旁多相类似也。（《声训论》） 盖中国文字演进之程序，有二阶段：先为意符字—象形，指事，会意，后为音符字—形声，转注，假借。（《推阐》） 语词分化，自亦有其特别之法，……其类别约可分为四：A. 语根之外增加形旁而音不变者；B. 语根之外增加形旁而音有双声叠韵转遆者；C. 由一语根分化他义而以另一双声或叠韵之字表之者；D. 由单音语根表为复音语词者。（《推阐》）	“五事”： 一曰形声字中声旁往往有义。二曰文字构造之初已有彼此相通借的现象。三曰意义相通的字，他的构造往往相同或相类。四曰象形指事会意形声四书的字往往有后起的加旁字。五曰象形指事会意三书的字往往有后起的形声字。（《述林·自序》）

当然，单从以上杨、沈自述还不能尽明他们方法的略同之处。但利用形义相依之理；不囿《说文》、以卜辞金文参验《说文》；从右文入手，系联谐声偏旁；用声母互换求形声字之语源义；音义结合，利用古声韵、因声求义，借文字孳乳以明语言分化之迹，这些都是他们的语源研究共同应用的方法，也是他们高于章氏的地方。

二、学术旨趣的不同

（一）杨氏：“温故知新”

杨氏的语源研究，其特点可概之为“温故知新”。杨氏曾作《温故知新说》，谈的是治学方法，认为有两端均不足取：一为温故而不能知新，其病也庸；一为不温故而欲知新，其病也狂。杨氏认为自己得“温故知新”之旨，举例说：“余往年读《释诂》，见弘宏皆训大，因悟雄字得义于大，又因雄而知雌受义于小，遂得《释雌雄》篇。”的确，杨氏本乾嘉“声近义通”，承其朴学实证之风，又得西方语源学理论，在微观的一字一义的考求中能根据古音古义，排比归纳故训，发明颇多，又在“声符假借”上求得本字，创获亦多。

（二）沈氏：理论推阐

沈氏的语源研究则以理论推阐见长。其代表作《推阐》，洋洋六万余言，分析右文源流，批评各家得失，区别右文声训，总结右文公式和右文于训诂之应用，一改传统“右文说”理论薄弱和陈腐相因之风气。他批评说：“诸家所论，或偏重理论，或仅述现象，或执偏以该全，或舍本而逐末，若夫具历史的眼光，用科学的方法，以为综合归纳之研究，殊不多观。”（《推阐》之六）《声训论》评判声训源流，解释声训原理，以“六类”概括声训义类，以“七法”审辨声训，抽绎归纳，多宏观大旨。

正基于此，沈氏对于语源有着很深刻的认识，如他论述语根和形声字的关系：

> 语根之分化语词，虽与形声有关，而不能即是一事，形声为演绎的，而推语根为归纳的。此外：
>
> A. 音符不尽为语根，即主谐字不皆为语根，被谐字不皆为语词。
>
> B. 同一主谐之音符，有在此形声字为语根而在彼形声字非语根者。
>
> C. 本音符非语根，别有一与此音符同音之字为此语词之语根者。
>
> D. 同一语根，有时用多数音符表之者。
>
> E. 语根之与语词，有不取音符与形声字之关系，而别以一字音近字为之者。（《推阐》之八）

沈氏对文字和语言、字根和语根的关系有着比章氏、杨氏更为明晰的认识：

> 语根者，最初表示概念之音，为语言形式之基础。换言之，语根系构成语词之要素，语词系语根渐次分化而成者，此一般语言之现象也。（《推阐》之八）
>
> 近世学者推寻中国文字之原，约得三说：一于《说文》中取若干独体之文，定为初文，由是孳乳而成诸合体字，此章氏《文始》之说也。一于古文字中（包括卜辞金文）分析若干简单之形，如・一丨x……等体，抽绎其各个体所表示之意象，而含有此等象形体之字，其义往往相近，是此等象形体即可目之为原始文字，余曩曾主张此说……一即余近所主张之“文字画”。然三者所论皆是字原而非语根。且前二说近于演绎法，其弊易流于傅会。（《推阐》之八）

语根之分化语，与本义之与引申义不同。后者以形不变为原则（包括“四声别义”法在内），前者则以形变为原则。语根之分化语，与转注字不同。后者因音变而后变其形，义固相同也。前者则以意义之转变为前提。（《推阐》之八）

有人批评说：“沈、杨二氏的右文包含着一个不大为人察觉的矛盾：对古音的了解使他们跳出右文说拘牵形体的圈子，而右文之名的沿袭却使他们最终陷入拘牵形体的泥坑。”① 但这在当时，也许是更为稳妥的权宜之计：传统声训，傅会失真，章氏滥转，已多有诟病；以当时的语源认识和研究水平，局限一个或几个声符，取其“最大公约数之意义”，也许更令人信服。沈氏对此也有解释：

余以为审形以考谊，似不若右文就各形声字之义归纳之义推测古代之字形（表）与语义（里）为较合理，此余所以推阐右文之故也。（《推阐》之八）

中国文字虽已由意符变为音符，然所谓音符者，别无拼音字母，只以固有之意符字借来比拟声音。音托于是，义亦寄于是。故求中国之语根，不能不在此等音符中求之。（《推阐》之八）

除此之外，沈氏更有亡羊之虑，说明他对这种关系认识更为明晰：“惟拙著所述为训诂的研究，而非言语的研究，故不能抛开文字，专论声音。”

关于杨、沈的治学特点，可用李建国先生之语概括：“沈氏受西学影响很深，偏重于理论的推阐，规划程式，制定大法，语多宏观大旨；而杨氏则本温故知新之义，致力于根柢，注重实证，一字一义，考据精详，规律谨严，文如雕栏玉砌。他们二人异曲同工，相得益彰，同为现代语言学上的训诂大家。”②

第三节　训诂、语源研究：杨树达与黄侃

黄侃（1886—1935），著名国学大师，文字、音韵、训诂学家。早年留学

① 孟蓬生：《上古汉语同源词语音关系研究》，北京师范大学出版社2001年版，第72页。

② 李建国：《汉语训诂学史》，安徽教育出版社1986年版，第324页。

日本，参加同盟会，自1907年（留日期间）始师事章太炎受小学和经学，其学颇得师传，又有独创，与其师一起，同为“章黄学派”的代表人物。黄侃一生务教尚述，著作不多，受业弟子整理其授课笔记和手批文献典籍，广传其学。已出版的有《文字声韵训诂笔记》（黄焯整理）、《黄侃论学杂著》、《说文笺识四种》、《尔雅音训》、《文选平点》等。①

杨氏认为黄侃学在文字、音韵，他说：“在我同时代的文字学者中，如黄侃，如钱玄同，都是治文字学的。不过，他们搞音韵的功夫多，义训方面的功夫少。只有沈兼士一人是专治训诂的。”（《述林·自序》）其实，黄侃在训诂理论、语源研究上都取得了很高的成就：其语源之学承其师业而后出，其《训诂学讲词》则直接为现代训诂学的理论体系奠基。黄侃之学远绍汉唐、近承乾嘉，重师承而不为所囿，博约而多独创。学术背景的略同自然带来杨、黄学术的颇多可比较之处，许嘉璐先生就曾提示说：“如果现在有谁能对杨（树达）、黄（侃）的学术（如《说文》学）作一比较的研究，探讨他们的同与异的原因，也一定会给大家以许多启发的。”②

一、训诂理论与实践

（一）训诂学体系：《训诂学讲词》和《训诂学讲义》

黄侃第一次建立了初具规模的训诂学理论体系。他先后任教于北京大学、中央大学、金陵大学等校，讲授文字、音韵、训诂等课程。黄侃讲授训诂学有专门的讲义，黄焯手抄的《训诂学讲词》（1928）就是其讲义提纲。《训诂学讲词》包括“训诂述略”和“十种小学根柢书”两部分，其内容已经形成了初具规模的训诂学教学体系，也正是这一教学体系，奠定了现代训诂学的理论基础。

如前述，杨氏曾在多间高校任教，讲授文字语源、专书训诂等，将教学和学术结合是其治学特点。杨氏20世纪40年代初在湖南大学讲授训诂学，就有《训诂学讲义》保留下来。兹可将《训诂学讲词》和《训诂学讲义》作一比较。

---

① 黄侃哲嗣黄延祖全面整理黄侃著述，主持编辑《黄侃文集》，2006年已由中华书局出版，包括《国学讲义录》、《文选平点》、《尔雅音训》、《说文笺识》等十余种。

② 许嘉璐：《苍史功臣，叔重诤友——〈说文〉杨氏学述略》，《杨树达诞辰百周年纪念集》，第65～80页。

表25

黄侃	杨树达
《训诂学讲词》提要 训诂述略： 训诂之意义 训诂之方法 本有之训诂与后起之训诂 独立之训诂与隶属之训诂 义训与声训 说字之训诂与解文之训诂不同 说文之训诂必与形相贴切 以声韵求训诂之根源 求训诂之次序 声训 声训分类 十种小学之根柢书： 一、尔雅　二、小尔雅　三、方言　四、说文　五、释名　六、广雅　七、玉篇　八、广韵　九、集韵　十、类篇 诂者，故也，即本来之谓。训者，顺也，即引申之谓。训诂者，以语言解释语言之谓。……论其方式有三：一曰互训，二曰义界，三曰推因。（《国学讲义录·训诂学笔记》）	《训诂学讲义》提要 一、训诂学之意义 甲、训诂 乙、训诂学 取古人训诂之法式，抽其统绪，释其条理，说明其情状则所谓训诂学也。 二、训诂学之内容 天、本义和引申义 地、训释语五类 一、探源为训　凡语必有根源，根源为何，即语言受声之故也。假定造字时由甲而生乙，则乙字受声与甲，今欲明乙字之义，但举甲字为训而其义已明，此所谓探源为训也。 二、举形为训　造字者因义而附形，故说字者可因形以求义，此举形为训之所由来也。 三、剖实为训　字有须详说其事而义始明者，所谓剖实为训也。 四、同义为训　甲与乙相等，欲明甲字之义，即以乙字训之，此训诂中最简明之法也。 五、说类为训　训释者于名物之字不详说其事实形状，唯称举类以明之。 三、训诂学之形成 四、训诂学之演变 （一）杨雄《方言》　（二）许慎《说文》　（三）刘熙《释名》　（四）宋朱子　（五）清王念孙引之父子 1. 了彻音义相通之故　2. 能钩古义之沉　3. 审句例　4. 审词气 五、训诂学之贡献

由以上可见，黄、杨的训诂学体系既有略同之处，又各有特点。

1. 区别了训诂和训诂学，明确了训诂学的研究对象

黄氏认为“真正之训诂”就是“以语言解释语言”，包括“以此地之语释彼地之语”和“以今时之语释昔时之语”。(《训诂学笔记》）黄氏还认为训诂学作为“学”，应“有系统条理”，就是要“论其法式，明其义例，以求语言文字之系统和根源”。(《训诂学笔记》）杨氏在其讲义中明确列出“训诂”和“训诂学”，并云：“取古人训诂之法式，抽其统绪，释其条理，说明其情状则所谓训诂学也。”

2．训诂的类别

黄侃将训诂分为“本有之训诂”和“后起之训诂”，“本有之训诂”指的是释本义，“后起之训诂”指的是释引申义，这和杨氏“训诂学之内容”中的“本义和引申义”相当。

黄氏又有“独立之训诂与隶属之训诂”、“说字之训诂与解文之训诂”之分，“独立之训诂”、“说字之训诂”即脱离语境、通释语义的训诂；“隶属之训诂”、“解文之训诂”即随文释义的训诂。① 至今很多训诂学理论著作仍然沿用这种分类。杨氏“训诂学之演变”中的“审句例”和“审词气”也接触到了这种分类。

3．训诂的方式、方法

关于训诂的方式，黄侃“论其方式有三”：“一曰互训，二曰义界，三曰推因。”“互训”实际就是直训，“义界”就是下定义，“推因”就是以声音推求语源，即“凡字不但求其义训，且推其字义得声之由来，谓之推因”。(《训诂学笔记》）互训、义界属于义训，推因属声训，而“说文之训诂必与形相贴切”则指形训。杨氏讲义中的“训释语五类”也有和黄氏类似的表述：形训，即其所谓“举形为训”；声训，即所谓“探源为训”；义训包括“剖实为训”、“同义为训”和“说类为训”。

4．黄、杨的训诂体系各有特点

黄氏《训诂学讲词》分“训诂述略”、“十种小学之根柢书”两部分，前者讲训诂学理论，后者是训诂专书，首次将训诂学和训诂文献分离，体现了黄氏的学科自觉。“训诂学科与其文献的分离，是训诂学作为一门学科出现的一个重要标志。”② 杨氏《讲义》“训诂学之演变”列有汉代三部书、宋朱子和高邮王氏五端，是很有学术史的眼光的：汉代三部书包含训诂内容或方式的变化，宋朱子是训诂之风的根本改变，高邮王氏则是传统训诂发展的颠峰；尤其

① 黄氏又说：“小学之训诂贵圆，经学之训诂贵专。”(《训诂学笔记》）“圆”、“专”之说就包含这种分类。小学为解经服务，小学之圆，在于可以通释各经；经学之专，在于具体解释经义。

② 杨光荣：《黄侃与现代训诂学》，载《语文研究》2000年第2期，第45～47页。

是以“了彻音义相通之故”、“能钩古义之沉 ”、“审句例”、“审词气”四端概括高邮训诂，可谓得其精要。

黄氏于“训诂学”之学科理论，筚路蓝缕；杨氏继之，也提出自己的理论体系。他们强烈的训诂学理论观念，体现了他们的学科自觉，也说明建立独立、完整的训诂学学科已成为杨、黄时代的要求；而他们粗略的学科理论也为后来更为成熟的训诂学著作的问世准备了条件。

（二）汉字形义理论：笔意、笔势说和形义密合说

黄氏在其师太炎“笔意”说的基础上提出了“笔意、笔势说”。“太炎先生根据《说文叙》‘厥意可得而说’的论断，设立了‘笔意’这一术语。”[①]造字之初，据义绘形，字义和词义一致，此时字形显示造字意图，即所谓“笔意”。“所谓‘笔意’，就是保存了原始造字意图的字形。只有在‘笔意’的情况下，汉字的形义才是统一的。与‘笔意’相对的是‘笔势’。‘笔势’指文字书写作势、经过演变后脱离了原始造字意图而笔划化了的字形。‘笔势’不可用来说义。”[②] 黄氏的“笔意、笔势说”包括三点。

1. 产生笔势的三个原因

一是“所用工具不同，故其字体亦多变化”；二是“用笔有异，故字体亦异”；三是“人心好异，务在于奇，此亦笔势变易之一因”。（《文字学笔记》）

2. 笔势产生的后果

“笔势不过一点一横一直一斜四者，故异字同形者多，而其势不得不有所避就。或小变其笔势，又或求字体之茂美，则增加其笔画。亦有无可变易，而其势不得不同者。”（《文字学笔记》）

3. 笔势笔意的训诂应用

一是明笔势见笔意。云：“不知笔意者，不可以言笔势。颜之推云，学者不观《说文》，则往往不知一点一画为何义（最初造字时，一点一画皆有意义）。”举例说：“如囗即古围字，亦即古圜字、圆字、员字。囗本作○，作○难作囗易，○之为囗，笔势避就为之也。又如匚即古方字，其所以缺一角者，以避囗字……普通之所谓圆，乃抽象之名。而日作○，中加一横者，避囗字也。或以为日中有三足乌者，非也。然有时日亦作○……月之作月，月固有阙

① 陆宗达、王宁：《论章太炎、黄季刚的〈说文〉学》，《训诂与训诂学》，山西教育出版社 1996 年版，第 337 ～ 351 页。

② 同上。

时，非常如此。其阙一角，避日字也。”二是利用古文字字形还原笔意。《说文》主篆，导致很多字形丧失了笔意，黄氏多能用甲金说之，陆宗达、王宁就指出：“现在所看到的黄侃手批《说文解字》，以金甲证《说文》之处颇多，以金甲正《说文》之误者亦不在少。”[①] 即便是甲金文，黄氏认为也要查“笔势之变”、不得“忘言”：“治钟鼎、甲骨者，不宜专据点画以为说也。”（《文字学笔记》）三是求本字。黄先生说：“凡求文字之义训，与其初造字时之形体、声音相符，即求本字之谓也。”（《文字声韵训诂笔记》）即破假借，寻笔意，以使形音义相应，“凡言假借者，必有其本，故假借不得无根，盖必有其本音本形本义在其间也”。又：“夫形声义必相应，则判无有音而无字者，故必推求其本字而后已也。”（《文字声韵训诂笔记》）并指出求本字途径：“推之之法，则在审音。盖假借之关乎音，犹鱼之于水也；鱼离乎水则困，假借离乎音则绝。故已知一字之音古属何类，进而求之，则可触类贯通者矣。”（《文字声韵训诂笔记》）

如前述，杨氏汉字形义理论的基本观点就是“形义密合说”。杨云：“文字之作，始则因义而赋形，继则即形而表义。故本始之字，形其于义也，必相密合。”（《中国文字学概要》）“必相密合”和黄氏所谓“笔意”相当。在《述林·释对》中又说：“夫字之受形，必有其故，不得其故，则义与形不相比附。”“不相比附”和黄氏所谓“笔势”相当。杨氏认为若形义不密合，形和义必有一误：“余谓凡形义不能密合之字，形义二事必有一误。”（《述林·释兄》）“说者失其形，则义具而不知其源；失其义，则形孤而无所丽。”（《述林·释同》）

杨氏利用形义密合说进行训诂也和黄侃相似。一是“紧抓字形不放”，和黄侃“不知笔意者，不可以言笔势”何其相似！如：

> 《说文·十二篇上·门部》云：“開，张也，从门，从幵。”古文作闓，按古文从一从収。一者，象门关之形。关下云：“以木横持门户，”是也。从収者，以两手取去门关，故为开也。小篆古文之形，许君遂误以为从幵尔。（《述林·释開闢閉》）

二是“甲金文大出，我尽量的利用他们”。杨氏广稽金甲，以求形义密合，如：

① 陆宗达、王宁：《训诂与训诂学》，山西教育出版社1996年版，第337～351页。

> 聿筆谓一字，筆加形旁竹耳。许君分为二字，非也。聿甲文作，金文作，《说文》分聿肀为二字，云聿从肀，一声，亦非也。必知聿筆为一字，律从聿声之故乃可说。(《述林·释律》)
>
> 《说文·九篇下·豕部》云："豕，豕绊足，行豕豕也。从豕系二足。"余按甲文此字作，从豕下加点，不作系足之形。许君据形立义，形既不合，则义为无根，其不足据信明矣。(《述林·释豕》)

三是"因字求义"、"因义定字"。杨氏说："初因字以求义，继复因义而定字。义有不合，则活用其字形，借助于文法，乞灵于声韵，以假读通之。"(《积微居金文说·自序》）又说："考释文字，舍义以就形者，必多窒碍不通，而屈形以就义者，往往犂然有当。"（《卜辞琐记》）杨氏"因字求义"、"因义定字"，或是"乞灵于声韵"、"屈形以就义"，都是求得形音义三者相应，其方法和黄侃求本字完全相同。

黄氏"笔意、笔势说"和杨氏"形义密合说"名称不同，表述也各异，实乃异曲同工：为探求本字本义提供了依据，也是传统训诂学的一条重要经验。

（三）形音义关系：主音说和主义说

1．形音义相依之理

黄氏重视学科之系统性，云："有统系条理始得谓之小学。"表现在文字形音义关系的认识上，也是如此：小学分"形、音、义三部"，但"三者虽分，其实同依一体：视而可察者，形也；闻而可知者，声也；思而可得者，义也。有其一必有其二，比如束芦，相依而住矣"。(《黄侃论学杂著》）"小学必形、声、义三者同时相依，不可分离，举其一必有其二。"(《文字学笔记》)

杨氏亦云："文字以三事为要素，曰形，曰音，曰义。而其次第，则先有义而后有音，有音而后有形。文字之作，始则因义而赋形，继则即形而表义。"(《中国文字学概要》）又云"字义既缘声而生"。(《形声字声中有义略证》)

2．以声统义，以声音通训诂

黄氏说："文字根于语言，言语发乎声音，则声音者，文字之钤键，文字之贯串。故求文字之系统，既不离乎声韵，而求训诂之根源，又岂能离乎声韵哉？"又："文字之训诂必以声音为纲领，然则声训乃训诂之真源也。"又云："昔戴君举'以字说经，以经证字'二语以示后学。余今欲以音说义，以书证音。"(《训诂学笔记》)

杨氏总结自己的文字训诂说：“循声类以探语源，因语源而得条贯。”又说：“夫义既生于声，则以声为统纪，岂惟《尔雅》《说文》《方言》《广韵》当为贯穿哉。”（《形声字声中有义略证》）

3．“主音说”与“主义说”

形音义三者，黄氏主音，说：“三者之中，又以声为最先，义次之，形为最后。”（《黄侃论学杂著》）杨氏则主义，云：“夫文字之生也，有义而后有音，有音而后有形，三事递衍，而义为之主。”（《述林·论小学书流别》）并批评黄氏说：

> 往者流寓北京，闻黄季刚以文字之学名天下，及观其所流布之文字，私心乃不谓然。何则？文字之学，析为形音义三端，而义实为其主。许叔重《说文》每字之下首说义训，次乃举形及声，次第先后，轻重昭然，可覆按也。夫说义者不能尽舍形音，举其全也；治形音者可不说义，其事偏也。季刚文字乃专说声音，无一言半语及义训者，知其所擅长者乃音韵之学，非文字之学也。（《述林·与友人论文字学书》）

这里黄侃犯了一个大错误。从发生学上讲，先有义，后有音，再有形。义处于底层，是内容，处于核心地位；形、音处于表层，是义的视听表达形式，即词的外部形式。黄氏以声为先，就等于承认音义联系的必然性；而这种认识必然导致“名”“实”关系必然性的错误认识，如黄氏说：“名者所以召实，凡所命名，岂漫然以呼之者乎？其呼之必有其故。”又说：“制名皆必有故，语言缘起，岂漫然无所由来，无由来即无此物也。”（《文字学笔记》）普通语言学认为，音与义的结合是任意的，声音和概念没有必然的联系，任何声音都可以表示任何概念。但是，经过社会长时间的约定俗成，某一声音固定地表示了某个概念，于是它们在这一语言系统里发生了联系。若从训诂的层面看，隐形的语义要通过其表现形式来认识；而且，语言的约定俗成性和类推作用，使得某一语言内部音、义的联系呈现出一定的规律性。因此，声音在训诂中又处于核心地位，黄侃云“声音即训诂”又是颇有道理的。（《文字声韵训诂笔记》）

（四）声韵研究：古有无上声之争

1．古音研究

黄氏秉承师说，兼采众长，拟定古本音19纽、古本韵28部，建立了自己的古音学体系。文字、训诂、音韵三端，黄氏以古音研究成就为最大，被人称为三百年间古音学研究的殿军。杨氏也曾说黄侃“治音韵的功夫多”。黄侃古音学论述主要集中在《声韵略说》、《音略》、《与人论治小学书》、《谈添贴盍分四部说》等中。

与黄侃相比，杨氏没有建立自己的古音学体系。杨氏为教学之需，编有《说文声母表》，曾向学生声明“表是黄侃的”，但据王显考证，只是“韵部之分，取黄君季刚之说”。[①]杨氏的古音学论著有《说文读若探源》、《诗音有上声说》、《之部古韵证》、《古音对转疏证》、《古音咍德部与痕部对转证》等。《说文读若探源》以“本之经籍异文者”、“本之通假字者”、“本之文字重文者”、“本之前人成说者”四端说明了《说文》169例“读若”的性质。《之部古韵证》取之部“今之误读五十余文，为明其正读，或求之于经传异文，或稽之于许书声类”。《古音对转疏证》、《古音咍德部与痕部对转证》从韵文通谐、文字声类、文字重文、经传异文、传注读若、语言变迁六个方面，疏证了微没痕、歌曷寒、支锡青、模铎唐、侯屋锺、咍德登、咍德痕7组21个韵部的通转关系。

2.《诗》有无上声之争

黄侃作《诗音上作平证》，主张古音只有平入，无上去，但不少人反驳，杨氏便是其中之一。杨氏作《诗音有上声说》，开篇便云：“近见黄君季刚《诗音上作平证》一文，举《诗经》平上通韵百三十事为例证，愚意恐其未然。”又在日记中说：“悟及《大雅·公刘篇》‘京师之野，于时处处，于时庐旅，于时言言，于时语语。’处处、言言、语语皆一字重言，庐旅独变文者，以庐为平音，于野处语不叶故也。以此知古实有上音。黄季刚谓无上音者非也。”[②]

3. 声训分类

杨氏以《释名》为例，分声训为三类九例：

> 《释名》音训大例有三：一曰同音，二曰双声，三曰叠韵。其凡则有九：一曰以本字为训，二曰以同音字为训，三曰以同音符之字为训，四曰以音符之字为训，五曰以本字所孳乳字为训，此属于同音者也。六曰以双声字为训，七曰以近纽双声字为训，八曰以旁纽双声字为训，此属于变声者也。九曰以叠韵字为训，此属于叠韵者也。(《释名新略例》)

---

① 王显：《〈说文声母表〉笺注序例》，《杨树达诞辰百周年纪念集》，湖南教育出版社1985年版，第33～38页。

② 1932年9月18日日记，杨树达《积微翁回忆录》，上海古籍出版社1986年版，第65页。

黄侃以《尔雅》为例，分声训为二类四例：

一、与所释之字生同声同类之关系者：甲、同声：公君见 戏谑晓 粤于爰曰为 乙、同类：皇后侯君 迴遐远 台予余我 二、与所释之字虽无声之关系，然常有同声同类之字与之同义者：甲、同声：妃匹合 纂绩继 鹜务强 乙、同类：帝烝君 彗事勤 宁柔安（《训诂述略》）

杨、黄分类以声为主，沈兼士评论说："杨、黄之说，可谓知声训矣。"①

（五）方言研究：《蕲春语》和《长沙方言考》

章太炎认为方言俗语多是古语的遗留，作《新方言》、《岭外三州语》和《吴语》。黄氏继承其师的思想方法，作《蕲春语》、《读集韵证俗语》。黄氏的方言研究广稽《说文》、《广韵》、《方言》等传统训诂材料，以音、义为线索，或为"吾乡语"考本字，或推本音，或为分化字考本字，或系联同源词，多有精当的结论。

杨氏1925年开始陆续发表考证长沙方言的文章，后成《长沙方言考》、《长沙方言续考》。杨氏由今推古，用古以证今，用音同、音近、音转以求方言本字，共考证长沙方言词244条，考证的本字多数被后人采纳称说，影响较大。

西方语言学影响下的传统语言文字研究并不仅仅限于语源研究，还有系流工作——方言研究，这一时期的语源、方言研究已经属于历史语言学的研究范畴：源流并重。无独有偶，同期以字族语根研究见长的沈兼士在方言研究上同样表现出一以贯之的理论意识："其实，方言仍有它应该被研究的独立的价值在。……我们今后研究方言的新趋势，与旧日不同者，综有三点：（1）向来的研究是目治的注重文字，现在的研究是耳治的注重言语；（2）向来只是片断的考证，现在需要有系统的方法实行历史的研究和比较的研究，以求得古今方言演变之派别，分布之状况；（3）向来只是孤立的研究，现在需利用与之有直接或间接关系的发音学、言语学、文字学、心理学、人类学、历史学、民俗学等，以为建立新研究的基础。"②

王力曾批评清人的方言研究："即使是研究现代方言，也涂上复古主义的色彩，以证明方言中保存有着很多古代词语为目的。这样，就使中国语言学停

---

① 沈兼士：《沈兼士学术论文集·声训论》，中华书局1986年版，第256～282页。

② 沈兼士：《沈兼士学术论文集·今后研究方言之新趋势》，中华书局1986年版，第42～49页。

滞在‘考古’的阶段。”[①] 章、黄、杨等早期研究方言的学者一般是利用传统的音韵学、训诂学和文字学的知识来寻求方言俗语的本字，注重从《说文》、《尔雅》等传统训诂材料中为方言俗语寻找证据。这种研究，虽以证今为目的，但带有浓厚的“考古”色彩，即“以见古今语言，虽递相嬗代；未有不归其宗。故今语犹古语也”（章太炎《自述学术次第》），从而表现出过渡时期“证今”和“明古”并重的方言研究特点。这种考本字的工作，开辟了一条方言词汇学的途径，但其科学、可靠性的增加尚需汲取现代语言学、语音词汇学等的更新研究成果。黄侃就曾经说，考求方言本字须有明证，并为其师《新方言》“比附穿凿者实多”自愧。[②] 即便是近年来考方言本字的研究，也同样存在可靠性的问题；同时，语言的来源是多元的，要想为所有的方言俗语从几部古书中找到渊源，也是不现实的。若一意孤行，可能指鹿为马、张冠李戴，其谬误不为开创者的流弊，而是效颦者的妄为。

（六）学术的根柢——《说文》之学

黄侃尤致力于《说文解字》的研究，一生精力，尽萃于斯，其手批大徐本《说文解字》，达数十万言。他说：“以轻重次序之：一、《说文》、二、《尔雅》、三、《方言》、四、《释名》。《尔雅》一书，本为诸经之翼，离经则无所用；即离《说文》，而其用亦不彰。此如根本之于枝叶也。《方言》、《释名》解释不备，亦次于《说文》。《释名》以声为训，而音韵变迁，训诂歧异，皆必征之《说文》。故《释名》亦以《说文》为依归。《说文》一书，于小学实主中之主也。”（《文字声韵训诂笔记》）又强调说：“《说文》为一切字书之根柢，亦即一切字书之权度。”（《论学杂著·说文略说》）可见，《说文》为黄侃学术的根柢所在，也是其语言文字学的核心：“章黄《说文》学实含文字形义学、理论训诂学、词根字源学、方言词汇学与实证音韵学等等。”[③]

许嘉璐先生说：“近代治《说文》之学的，首推余杭章氏。其后则北有蕲春黄季刚（侃）先生，南则当属长沙杨遇夫先生。”[④] 杨氏之学也以《说文》为根基，云：“吾国文字，莫精于许氏《说文解字》。”（《形声字声中有义略证》）又：“盖许书实为今日根究古义唯一之宝书，吾人赖之甚则望之不免过

① 王力：《中国语言学史》，山西人民出版社1981年版，第172页。

② 黄侃：《文字声韵训诂笔记》，上海古籍出版社1983年版，第263～264页。

③ 陆宗达、王宁：《论章太炎、黄季刚的〈说文〉学》，载《汉字文化》1990年第4期。

④ 许嘉璐：《苍史功臣，叔重诤友——〈说文〉杨氏学述略》，《杨树达诞辰百周年纪念集》，湖南教育出版社1985年版，第65～80页。

奢，亦势之必然也。”杨氏研究文字语源，拿《说文》中的形声字为对象；以金甲文研究名家，作《新识字之由来》，阐述研究青铜器铭文的理论与方法，首条便是据《说文》释字；研究方言音韵，所依材料多为《说文》。

章氏尊许，黄氏笃守师说，注定了黄氏在《说文》的研究上不可能离其师太远，尽管晚年手批《说文》时也用到一些金、甲字形。和黄氏相比，杨氏则鲜明地“批判接受”，“可信者信之，可疑者疑之”。杨氏广稽金甲文字校正《说文》，博引古书古义参验《说文》，被曾运乾引为“苍史功臣、叔重净友”。（《述林·曾序》）孙雍长曾以“阐幽发微，申明许说”、“实事求是，补正许说”两端阐述杨氏研究《说文》的态度，兹不再赘论。①

二、语源研究

（一）思想来源

有人认为黄侃“对中国语言学最重要的贡献有二，一是以《广韵》贯穿古今、等韵；一是以《说文》贯通字源、语源”②。即便是音韵的研究，字源、语源的探求也贯穿其中，目的是“以声音通训诂”，求得“语根”。总观黄侃的语言研究，语源之学是其治学的核心。第一部全面系统研究语源的著作——《文始》是在黄侃的启发建议下写成的③；手批《说文》、《尔雅》等达数十万言，其主要内容就是系联同源词和寻找语源。他认为训诂即“以求语言文字之系统与根源是也”。（《文字声韵训诂笔记》）又说“求训诂之次序有三：一为求证据，二为求本字，三为求语根”。（《文字声韵训诂笔记》）他把“求语根”作为训诂的最高层次。

如前述，杨氏训诂思想的核心也是“求得语源”。兹引杨、黄自述，以窥见他们的语源思想：

> 黄侃：语言虽随时变迁，然凡言变者，必有不变者以为之根。又：凡有语义，必有语根。言不空生，论不虚作，所谓名自正也。又：求字之系统，既不离乎声韵，而求文字之根源又岂能离乎声韵哉？（《文字学笔记》）

---

① 孙雍长：《遇夫先生研究说文的态度》，《管窥蠡测集》，岳麓书社 1994 年版，第 232～243 页。

② 李开：《论黄侃先生的字源学说和方法》，载《南京大学学报》1986 年第 1 期，第 10～15 页。

③ 《黄侃论学杂著·声韵说略》，上海古籍出版社 1980 年版，第 94 页：“声义同条之理，清儒多能明之，而未有应用以完全解说造字之理者。侃以愚陋，盖尝陈说于我本师；本师采焉以造《文始》，于是转注、假借之义大明。”

杨树达：治文字学，尽量地寻求语源。……这是我研究的思想来源。(《积微居小学金石论丛·自序》)

黄侃：(《文始》)令诸夏之文，少则九千，多或数万，皆可绳穿条贯，得其统纪。(《声韵略说》)又：执文字之根以穷其枝叶，则文字灿然明矣。盖文字之形体无穷，而声音则为有限也。(《文字声韵训诂笔记》)

杨树达：盖语根既明，则由根以及干，由干以及枝叶，纲举而万目张，领挈而全裘振，于是训诂之学可以得一统宗，清朝一代极盛之小学可以得一结束。(《形声字声中有义略证》)

黄侃：语根之学，非重在远求皇古之前，乃为当前争取字书之用。(《文字声韵训诂笔记》)

杨树达：吾意必语根研究明白，而后始有真正之新式完备字典之可言。(《形声字声中有义略证》)

这种“求语根”思想，是“声近义通”这一训诂理论在西学影响下的自然发展，不唯杨、黄所独有，而是那个时代的声音。

(二)“孳乳变易说”和《文字孳乳之一斑》

章氏以“孳乳”和“变易”作为语言和文字演变的两大规律，以此探求语源。黄侃继承发展师说，进一步完善了“孳乳”、“变易”理论。他说：“古今文字之变，不外二例：一曰变易，一曰孳乳。变易者，声、义全同而别作一字。孳乳者，譬之生子，血脉相连，而子不可谓之父。中国字由孳乳而生者，皆可存之字；由变易而生之字，则多可废，虽《说文》中字亦然。”(《国学讲义录·文字学笔记》)“变易者，形异而声、义俱通；孳乳者，声通而形、义小变。试为取譬，变易，譬之一字重文；孳乳，譬之一声数字。今字或一字两体，则变易之例所行也；或一字数音数义，则孳乳之例所行也。”(《黄侃论学杂著》)结合黄侃“分化语”和“转语”的论述：“语言之变化有二。一、由语根生出之分化语；二、因时间或空间之变动而发生之转语”(《文字学笔记》)，可以认为，黄侃所说的文字孳乳记录的是因词义分化而导致的分化造词。从现代语言学的角度看，分化造词是同源词产生的主要途径。至于变易，和黄氏所言“转语”大致相当，指由于时空变化而引起的语音和记录词的字形的变化；从黄氏所举的例子看，变易既包括声义全同的异体字，又包括声近义通的同源字。

杨氏也谈到文字孳乳，作《文字孳乳之一斑》，云："文字之孳乳，其术移颐，不可方物，然循迹以求，固有事象显白无疑可以论定者，今约分六类述之。"杨氏的六类大致是：

一、能动孳乳　主孳之字为名字，而所孳之字为动字，以动字所表之动作，示名字之习惯作用或动作也，其被人用为工具而动作亦附焉。

二、受动孳乳　一名字，一动字，与能动孳乳同，其与彼异者，彼名字为动作之主体，此名字为动作之对象耳。

三、类似孳乳　被孳乳之字与主孳之字相类似也。

四、因果孳乳　主孳之字为因，被孽之字为果也。

五、状名孳乳　主孳之字为状字（通言形容词），被孽之字为名字也。

六、动名孳乳　主孳之字为动字，被孳之字为名字也。

杨氏的分类是语法分类，实际上所依据的标准仍然是语义，即依据词义的转化进行分类，故杨氏的文字孳乳记录的也是因词义引申而产生的分化造词。杨氏举例相当谨慎，92 组孳乳字全部依"右文"，即同一谐声字。（例见附表。）

黄氏《说文略说》也有对孳乳的分类：

一曰，所孳之字，声与本字同，或形由本字得，一见而可识者也；

二曰，所孳之字，虽声形皆变，然由训诂展转寻求，尚可得其径路者也；

三曰，后出诸文，必为孳乳，然其词言之柢，难于寻求者也。

黄氏实分声同和声转两类，以声音为标准。从其所举的例字看，和杨氏不同，黄氏已不仅限于谐声字，如认为"安之由燕来"等。

黄氏说："孳乳者，语相因而义稍变也。""义稍变"才是文字孳乳的内在动因。黄氏也有根据"义有小变"而对文字孳乳进行的分类，所分为八类：

文字孳乳，大氐义有小变，为制一文。有由别而之通者，从个而有角，是也；有由通而之别者，从鸟而有隹，是也；有所施异，因造一名者，从叉而有杈，是也；有义稍狭，因造一名者，因句而有钩，是也；蝉、蜕一语，而蝉言其体，蜕是其貌；卪皀一根，而卪为总名，皀为别物；在上曰颈，在下曰胫，形同也，而因处异，造二文；冕服有市，玄端有

韡，物同也，而因制异，造二文。(《黄侃论学杂著·说文略说》)

由以上分类可见，杨氏讲文字孳乳，主“事象显白无疑可以论定”之意，立足字形之谐声者；黄氏不唯右文，还纬以声音，较杨氏宏通一些。

(三) 语源原理

杨、黄在探求“语根”的过程中都发现了一些语源的基本原理，其中不乏相同的观点，比如“形声字的利用”、“形声字声中有义”、“声旁有假借”、“反义同根”等问题，列表如下：

表26　杨树达和黄侃语源观点比较

	杨树达	黄侃
重视利用形声字	“语源存乎声音，《说文解字》载了九千多字，形声字占七千多，占许慎全书中一个绝大部分；所以研究中国文字的语源应该拿形声字做对象，那是必然的。”(《述林·自序》)	“《说文》列字九千，而形声居其八九。夫独体为文，合体为字。独体多为象形、指事，而合体会意之外概为形声。盖古今有声之字十倍于无声者也。故文字者，言语之转变；而形声者文字之渊海。形声不明，则文字之学不明。”(《文字学笔记》)
形声字声符含义	“形声字中声旁往往有义。”(《述林·自序》 “中土文书，以形声字为多，谓形声字声不寓义，是直谓中土语言不含义也。”(《论丛·自序》)	“凡形声字以声兼义者为正例，以声不兼义者为变例。”(《文字学笔记》)“《说文》字从何声，即从其义者，实居多数。” (《论学杂著》)“形声之字虽以取声为主，然所取之声必兼形、义方为正派。盖同音之字甚多，若不就义择取之，择何所适从也。右文之说，固有至理存焉。”(《文字学笔记》)
形声字声符假借	“文字构造之初已有彼此相通借。”(《述林·自序》 “盖古人于形声字之声类，但求音合，不泥字形也。”(《述林·释韤》)	“古代造字时已有假借，故六书皆为造字之本源。此说不为人知久矣。”(徐复《黄季刚先生讲授〈说文笔记〉》) “而或以字体不便，古字不足，造字者遂以假借之法施之形声矣。假借与形声之关系，盖所以济形声取声之不足者也。是故不通假借，不足以言形声。”(《文字学笔记》)“凡形声字所从之声，未有不兼义者。其有义无可说者，或为借声。”(《说文笺识》)

（续表）

	杨树达	黄侃
反义同根	“然一字兼含相反之二义，必有混淆之虞。于是或取某字而变其韵以表其相对或相反之义，则此意义相对或相反之二字为双声；……但取某字之韵而变其声以表其相对或相反之义，则此意义相反或相对之二字为叠韵。”（《高等国文法·总论》） “以相近或相反之义转变者：子之于孙……（按：此例为相近）贫之于富。”（《论丛·古音咍德部对转证》）	“古语相反而同根者多，如多少、长短、治乱之类。” “中国文字凡相类者多同音，其相反相对之字亦往往同一音根。”（《文字学笔记》）

（四）语源实践

杨、黄都进行了大量的探索语源的实践，在具体字、词语源的说解上也有很多略同的地方，如：

黄侃：容之字训盛，而古与欲通用，《庄子·天下篇》：“语心之容”，即语心之欲也；欲从谷声，而得谷义，是以知容之语义由谷来也。《黄侃论学杂著·论变易孳乳二大例》

杨树达：《说文·八篇上·衣部》云：“裕，衣物饶也，从衣，谷声。”按字从谷而训为饶者，谷之为物，空广能容，容字从谷，即其义也。《述林·释裕》

黄侃：天之训为颠，则古者直以天为首，在大宇中则天为最高，在人身中则首为最高，此所以一言天而可表二物也。然与天同语者，有囟，声稍变矣，有囟与天而有颠。此之造字，纯乎变易也。（《黄侃论学杂著·论变易孳乳二大例上》）

杨树达：类似孳乳者，被孳之字与主孳之字相类似也。……天，颠也，至高无上，从一大。……变易为颠，顶也，从页，真声。此天之后起

形声字。(《述林·文字孳乳之一斑》)

这些实践上一致的地方也反映了他们相近的语源思想、原理和方法。

黄、杨也有共同的失误之处：

黄侃：若为会意字，从右。右当作又，则择字有根。右为假借字，取其形体茂美而已。(徐复《黄季刚先生讲授〈说文笔记〉》)

杨树达：《一篇下·艸部》云："若，择菜也，从艸右。右，手也。"按右为手口相助，不得训手，而许云右手者，字借右为又也。……又与右音同，故借右为又耳。(《述林·造字时有通借证》)

今按："若"甲文为象形字（说详第九章第二节之《个案商榷》）。黄、杨谓字"借右为又"，皆误。

章氏于语源，开风气之先；杨树达精于甲金文研究，并以之矫正《说文》，因而在利用《说文》研究语源上走得更远；沈兼士不拘泥一字一义，宏观审视，在右文的理论推阐上更胜一筹；黄氏承其师业，精于语源、训诂，尤在理论训诂学的创建上，高屋建瓴，具有奠基意义。他们于语源、训诂学上的探索，是"新训诂学"的方向。

他们是现代的。四者都提到了要探索"语根"，但是，语根在哪里？文字在语言之后，用文字的线索是找不到语根的。他们探求语根的教训直接为现代语源学提供经验："语根"再也无人提及；王力《同源字典》及刘氏二补、张希峰三考汉语词族，走的都是同源系联的路子。

他们又是传统的，他们的学术根基都在《说文》，说明《说文》的训诂学价值无可替代。其得在《说文》，失也在《说文》，《说文》是形义之书，以之探求语源，拘牵形体在所难免。当然，这是那个时代的局限，是传统走向现代的必经之路。章、杨、黄、沈同为语言文字之学走向现代的见证者和实践者，他们有关语源、训诂的理论和实践，为现代语言学提供了宝贵的经验和教训。

第八章　杨树达之训诂在诸多方面的应用

解释语义是训诂工作的核心，阅读古代书面语言、继承古代文化遗产就必须以疏通语义，即训诂为前提；而且，训诂学作为“一门综合性的为解决古书语言问题服务的学问”，① 在古籍整理与阅读、文言教学、辞书编纂、文史研究等方面都有着广泛的应用。杨氏训诂创获良多，在诸多方面体现了很高的学术价值，今以“古籍整理及阅读”、“辞书编纂”和“文史研究”等三端，举例说明杨氏训诂的应用。

第一节　古籍整理及阅读

如前述，杨氏的训诂著作有发明类《积微居小学述林》、《积微居小学金石论丛》等，注释类《汉书窥管》、《盐铁论校注》、《淮南子证闻》等，纂辑类《老子古义》、《论语疏证》、《春秋大义述》等。发明类《述林》、《论丛》探源为训、胜义迭出，能帮助正确理解古籍、匡正前人之失；其余二类，对整理校勘相关古籍价值颇大，比如，朱谦之《老子校释》（中华书局，1984）、陈鼓应《老子注释及评价》（中华书局，1984）和《老子今注今译》（商务印书馆，2003）、卢育三《老子释义》（天津古籍出版社，1987）、刘康德《老子

---

① 张永言：《训诂学简论》，华中工学院出版社 1985 年版，第 21 页；又白兆麟《新著训诂学引论》：“训诂学是以古代书面语言的训诂为研究对象，以语义为主要研究内容的一门独立的科学。他的任务是：分析古代书面语言的矛盾障碍，总结前人的注疏经验，阐明训诂的体制和义例、方式和方法、原则和运用，以便更好地知道训诂以及与此相关的古文教学、古籍整理、词典编纂等工作。显然，综合性和实用性是这门学科的两大特征。从这个角度来说，训诂学是汉语言科学中的应用学科。”见上海辞书出版社 2005 年版，第 9 页。

直解》（复旦大学出版社，1997）、孙雍长注译《老子》（花城出版社，1998）、黄瑞云《老子本原》（人民文学出版社，1998），均列杨氏《老子古义》为“引用参考书目”或“考订书目”；张双棣《淮南子校释》（北京大学出版社，1997）、刘康德《淮南子直解》（复旦大学出版社，2001）“参考”、“引用”杨氏《淮南子证闻》；来可泓《论语直解》（复旦大学出版社，1996）“参考”杨氏《论语疏证》；王利器《盐铁论校注》（中华书局，1992）“纂注”引杨树达《读盐铁论札记》（国文学会丛刊一卷二辑），等等。

一、版本

徐梵澄著《老子臆解》（中华书局，1998）之版本，多依杨氏《老子古义》，《老子臆解·版本》云：“通行本即通俗坊间诸本。然多据近人杨树达《增补老子古义》本，民国十七年五月，上海中华书局四版。”高明撰《帛书老子校注》（中华书局，1996），杨氏《老子古义》被列为“所据校本”之一。

二、校勘

欲明校勘，必先通训诂。所谓“理校”之法，即为建立在训诂基础之上的校勘方法。杨氏之古籍注解，以训诂明校勘处尤精；其校勘成果被学者采纳亦多，下举数例。

《盐铁论·本议》：“纵然被坚执锐。”

杨树达《要释》注：俞樾云：“纵然”四句疑有脱误。王先谦云：“疑”字当衍。树达按：俞、王说并非也。“然”字古音如“難”，此假“然”为“难”耳，《说文·火部》“然”字或作“蘸”，他书或作“爇”，是其证也。

今按：王贞珉注译，王利器审定之《盐铁论译注》注云：“难，原作‘然’，今据杨树达说改。”李景文、王学春校译本《盐铁论》亦据杨氏注改作“纵难被坚执锐”。

《盐铁论·利议》：“诸生无能出奇计远图匈奴安边境之策。”

树达《要释》按：“远图”下，元本有“伐”字，是也。

今按：《盐铁论译注》注云：“‘伐’字本无，杨树达引元本有，是，今据补正。”

另按：《盐铁论译注》根据杨氏《要释》校勘计9例，详见下表：

表 27

篇目	原文	《盐铁论译注》校语
本议第一	纵然被坚执锐	难，原作“然”，今据杨树达说改
未通第十五	二十三始傅	“傅”原作“赋”，今据杨树达说校改
利议第二十七	远图匈奴安边境之策	“伐”字本无，杨树达引元本有，是，今据补正
国疾第二十八	口口者贼也	“贼”原作“贱”，今据杨树达、郭沫若校改
国疾第二十八	止则锄耘	则原作“作”，今据杨树达说校改
国疾第二十八	建元之始	“始”上原无“之”字，今补……说略本杨树达
散不足二十九	刻画玩好无用之器	“玩好”二字原在下句“玄黄”之上，今据杨树达说校移
散不足二十九	申者南君当路	“南居”，杨树达疑为“南君”
取下四十一	代乡清风者之危害也	清，当依杨树达校作“凊”，寒冷的意思

《汉书》（中华书局，1962）点校本的校勘亦有多处依据杨氏《汉书窥管》，从其《校勘记》就可看出，如：

> 一零页　二行　萧、曹（等）皆文吏，景佑本无“等”字。杨树达说无“等”字是。(《汉书》卷一校勘记)
>
> 八九七页　五格　景佑、殿本“建”作“走”。杨树达说据钱大昭校闽本亦作“走”，“建”字以形近而误。下六格同。(《汉书》卷二十校勘记)
>
> 四零三二页一五行　（知）［如］而兄弟，今族灭也！景佑本作“如”。杨树达说作“如”是。四零三三页一三行　协于新（室）故交代之际，何焯、李慈铭、杨树达都说“室”字衍。四零三三页一四行　当为历代（为）母，杨树达说“为母”“为”字疑因上文“为”字而衍。按读为“当历代为母”亦通。(《汉书》卷九十八校勘记)

施丁《汉书新注》（三秦出版社，1994）引杨树达《汉书窥管》145处，卷一14处，卷二20处，卷三41处，卷四70处。而其中引《汉书窥管》作校勘者就达71例。兹举二例：

> 《汉书新注》卷四，文帝纪第四：“王舅驷钧为靖郭侯。”注：靖郭：

据杨树达云，当是“清郭”之讹。

《汉书新注》卷九十七上，外戚传第六十七上：“窦姬为皇后，女为馆陶长公主。”注：长公主：当作“公主”。馆陶公主，文帝女。文帝时称公主，景帝时称长公主，武帝时称大长公主。此处但当称公主，而称“长公主”实是以后称前，乃史家驳文（杨树达说）。

朱谦之《老子校释》（中华书局，1996）之二十九章“果而勿骄，果而勿矜，果而勿伐”注：

严可均曰：御注“骄”作“憍”。各本“果而勿骄”句在“果而勿伐”下。谦之案：遂州、敦煌、景福三本“果而勿骄”亦在“果而勿矜”之前。又“骄”，范本、楼正本亦作“憍”。杨树达曰：“憍”字从心，乃“骄傲”之“骄”本字，但说文未收耳。“骄”则“憍”之假字。

谢孝苹注译《史记·匈奴列传第五十》：

“于是汉悉兵，多步兵”，“悉”，尽。“悉兵”，尽发所有兵。“多步兵”三字，杨树达说是注文。

今按：颜师古注《汉书》亦持此说。“杨树达说”当指《汉书窥管》匈奴传第六十四上杨氏注：“多步兵三字乃自注文。”又《古书疑义举例续补·文中自注例》云：“古人行文，中有自注，不善读书者，疑其文气不贯，而实非也。”

三、注释

古籍整理必要注释，而注释必须通训诂。杨氏训诂著作颇丰，注释精当，不仅可指导相关古籍的阅读，而且对后来注家也颇具参考价值。下仅举数例明之。

（一）释义

如：

关于唐叔之封，《吕氏春秋》、《史记》均言以梧叶或桐叶而封。有人怀疑司马迁录《吕氏春秋》而误改，梧与桐实为一物。陈奇猷《吕氏春秋校释》（学林出版社，1984）注引杨氏：“杨树达曰：《说文》云：

‘梧，梧桐木’。梧、桐一物。高以桐释梧者，以桐习称耳。类书作‘桐’，盖亦习称之，故改之。《吕氏》原文无妨自作‘梧叶’，不必据以疑正文也。”奇猷曰：“杨说是。《尔雅·释木》‘梧’与‘桐木’，郭注皆云即梧桐，明古以梧与桐为一物。”

今按：“杨树达曰”本自《积微居读书记·读吕氏春秋札记》、《吕氏春秋拾遗》(《清华学报》，1936年11卷2期。)

徐志钧《老子帛书校注》(学林出版社，2002)“十而取”，徐注：下而取，为上文“小国以下大国，则取大国”之义，即受大国保护。杨树达《古书疑义举例续补》卷一：“取小国与或下以取之‘取’，主事之辞也；取大国与或下而取之‘取’，受事之辞也。取大国者，见取于大国也；或下而取者，或下而见取也。《老子》下文云：‘大国不国欲兼畜人，小国不国欲入事人，夫两者各得其所欲，大者宜为下。’文意甚明，非谓小国下于大国，则能取得大国也。俞氏不知则取大国与或下而取二‘取’字，为见取之义，遂疑两句文义无别，而谓有误脱。果如俞氏之说，则或下以取或下而取二语为复沓，且与下文矛盾矣。”

洪成玉《词义发展研究的一些问题——兼及〈现代汉语规范词典〉义项的处理》(《汉字文化》，1999年第3期)：

“表”不仅可以用于如《字典》所说的“标志用木柱”义，还广泛用于表识(帜)义，即彰明醒目的徽帜或标志。……《左传·昭公元年》：“引其封疆而树之官，举之表旗而著之政令。”《春秋左传注》注引“杨树达先生读《左传》云：‘表旗即后世界碑之类。’”

(二) 释音

如：朱谦之《老子校释》(中华书局，1996)之十三章“故贵身于天下，若可托天下；爱以身为天下者，若可寄天下”注：

[音韵] 此章江氏韵读无韵。高本汉以身、患为韵，实际非韵。陈柱：五“惊”字韵，三“身”字韵，四“下”字韵。杨树达曰：“上文身、惊系两节，不必强以为韵。”

杨伯峻《孟子译注》（中华书局，1996）卷十《万章章句下》“于卒也，摽使者出诸大门之外，北面稽首再拜而不受，曰：‘今而后知君之犬马畜伋。’盖自是臺无馈也”注：

臺，杨树达《积微居小学金石论丛·孟子臺无馈解》云：“臺当读为始，‘盖自是臺无馈’，谓鲁缪公自是始不馈子思也。说文云：‘始，女之初也。从女，台声。’台与臺古音同。”

施丁《汉书新注》卷八十七上，《扬雄传》第五十七上“资娵娃之珍髢兮，鬻九戎而索赖”注：“资当读为“赍”（杨树达说）。”

（三）释形

如：施丁《汉书新注》卷八十七上，《扬雄传》第五十七上“棍申椒与菌桂兮，赴江湖而沤之”注：“棍：今作‘捆’（杨树达说）。”

（四）其他

如：施丁《汉书新注》卷八十八，《儒林传》第五十八“通汉以太子舍人论石渠”注：“杨树达曰：戴圣及通汉《石渠议》散见《通典》五十一以下各卷中，详洪颐煊《经典集林》。”

杨伯峻《孟子译注》（中华书局，1996）卷八“禹、稷当平世，三过其门而不入，孔子贤之。禹稷当平世，三过其门而不入”注：“杨树达《汉语文言修辞学·私名连及例》云：‘三过不入，本禹事而亦称稷。’”

四、标点

《史记》（第十册）中华书局（1959）点校后记：

如张释之冯唐列传：

虎圈啬夫从旁代尉对上所问禽兽簿甚悉欲以观其能口对响应无穷者，

一向多以“欲以观其能”为句，“口对响应无穷者”为句。近人杨树达以为这儿的“观”字跟国语“先王耀德不观兵”的“观”字相同，含有显示或夸耀的意思。我们就点作：

虎圈啬夫从旁代尉对上所问禽兽簿甚悉，欲以观其能口对响应无穷者。

《汉书》（中华书局，1962）卷一校勘记：

一零页　四行　祭蚩尤于沛廷，而衅鼓旗。〔一四〕帜皆赤，注〔一四〕原在「鼓」字下，明颜读「衅鼓」句绝。吴仁杰据封禅书「祠蚩尤，衅鼓旗」之文，以为「旗」字当属上句。王先谦、杨树达都说吴读是。

《汉书》（中华书局，1962）卷七校勘记：

二二三页　一行　通保傅，传孝经、论语、尚书，未云有明。旧注“保傅传”连读，以为是贾谊所作书名。李慈铭说，帝自谓虽通接保傅，传授孝经、论语、尚书，皆未能有明，当以傅字绝句。王先谦、杨树达都从李读。

朱谦之《老子校释》（中华书局，1996）：

《老子·道经》一卷（之二）七章　三十辐共一毂，当其无有，车之用。注：毕沅曰：本皆以“当其无”断句。案考工记“利转者，以无有为用也”，是应以“有”字断句。下并同。杨树达曰：“无有”为句，“车之用”句不完全，毕说可酌。（四十五）杨树达：《老子古义》（中华书局仿宋聚珍印本）。

五、校订《说文》

孙雍长先生就利用《论丛·臣牵解》校正《说文》之“千”字释义：

《说文·十部》：“千，十百也。从十从人。”孙雍长《〈说文解字〉订补》认为：“许氏训“千”为“十百”，则以“千”之本义为表数之词。然从“十”从“人”实难体现“十百”之义。……以“人”为声符而从“一”，则“千”之为数，其构形旨趣仍难体现。古人造字，形与义未有不密合者。今案，“千”之本义非表数之词，乃牵绊之义也，故甲文“千”字从“人”，从“一”者，非一、二、三之“一”，乃羁绊人足之象征符号耳。由“臣”之训“牵”，则可知“千”字所从之“人”形，为受牵绊之囚俘也。”

孙说可信，其依据是杨树达对《说文》臣之声训的阐释：（下为孙氏注引）

> 《增订积微居小学金石论丛》卷二《臣牵解》："许君以'牵'训'臣'，乃以声为训，明其语源"，"'臣'之所以受义于'牵'者，盖'臣'本俘虏之称，《礼记·少仪》云：'臣则左之。'注云：'臣谓囚俘'，是也。盖囚俘人数不一，引之者必以绳索牵之，名其事则曰'牵'，名其所牵之人则曰'臣'矣。"（《湖北大学学报》（哲社版）1994年第6期，孙雍长《〈说文解字〉订补》）

汤可敬先生《说文解字今释》每字下分设"参证"细目，名曰"参证"，实为"校正"，《说文解字今释·前言》："［参证］利用举世公认的文字学成果特别是古文字学成果，证明、丰富、发展许学，纠正许氏的错误，弥补许学的不足。"如前述，杨氏利用甲金文形对许氏或申发、或补正，比时人"走得更远"。汤氏"参证"即引用很多杨氏校正《说文》之成果，下表即列有13例：

表28　汤可敬《说文解字今释》"参证"杨氏举例

页码	引文出处	《今释》"参证"所引内容	校正《说文》内容
5页	《论丛·释旁》	旁者，今言四方之本字也	释"旁"形误
384页	《述林·释辱》	寻辰字龟甲金文皆作蜃蛤之形，实蜃字之初字	释"晨"形误
415页	《述林·释反》	反字从又从厂者，厂为山石厓岩，谓人以手攀厓也；扳实反之后起加旁字	释"反"义误
425页	《述林·释藏》	藏本从臣从戈会意，后乃加爿声	释"藏"形误
548页	《述林·释𤔔》	糸古文作𢆯，𤔔字所从之幺，乃古文糸之省作；H位幺字之中，盖象用器收丝之形；𤔔从爪从又者，人以一手持丝，又一手持互（收丝之器）以收之，丝易乱，以互收之，则有条不紊，故字训治训理也	释"乱"义误
647页	《述林·释工》	工象曲尺之形，盖工即曲尺也	释"工"形义皆误

（续表）

页码	引文出处	《今释》“参证”所引内容	校正《说文》内容
715 页	《述林·释门》	门乃扃之初文；左右二画象门左右柱，横画象门扃之形	释“工”形义皆误
844 页	《述林·释图》	图谋画计，图之引申义也	释“图”义误
904 页	《论丛·释晋》	晋者，箭之古文也；上象二矢，下为插矢之器	释“晋”形义皆误
1124 页	《述林·释卧》	古文臣与目同形，卧当从人目。觉时目张，卧时则目合也	释“卧”形误
1169 页	《述林·释兄》	余疑兄当为祝之初文；以口交于神明，故兄字从儿从口	释“兄”形误
1172 页	《述林·释先》	古之与止为一文，龟甲文先字多从止。止为人足	释“先”形误
2141 页	《述林·释辱》	辱字从辰从寸，寸谓手，盖上古之世，尚无金铁，故手持摩锐之蜃以芸除秽草，所谓耨也	释“辱”义误

第二节 辞书编纂

一、《词诠》的编纂

《词诠》是一部虚词词典，是杨氏把《高等国文法》中讲到的虚词辑录出来再补充材料而写成的，集传统文言虚词研究之大成。

《词诠》以“训诂见长”，“将训诂和文法相结合”，充分说明训诂在辞书编纂中的重要作用。《词诠》引历代多家大量的故训为释，并引大量古代典籍作为书证，这些都必须以谙熟故书故训为前提；《词诠》释义精当，训释方式方法多样，有形训、声训和义训，又有异文证义、互文定义、句例推义，这些都基于杨氏精深的训诂学造诣。

《词诠》的辞书学价值，概以三端[①]：

一是为后世辞书编纂开创了可资借鉴的体例。《词诠》开创了“以字为头，以词为纲，以义为目”的新体例，对每一个词，“首别其词类，次说明其义训，终举例以明之”。(《词诠·序例》) 后来吕叔湘写专讲常用虚词的《文言虚字》(1944)，就沿用《词诠》的体例；再后来杨伯峻《古汉语虚词》(1981)、徐仁甫《广释词》(1981) 等的体例，亦借鉴杨氏；如今的各种辞书的体例，从总体上看，也不出《词诠》的框架。

二是为后世词目确立、义项分合创造了条件。杨氏掌握的训诂材料多，每字分类繁复，有的甚至达几十条之多。今天看来，这些义项的分类和解释就可作为辞书词目确立、义项分合的参考材料。

三是大量的书证为今天的辞书编纂和语言研究提供了材料。吕叔湘《文言虚字·序》云：“杨树达先生的《词诠》就很好，搜罗的例句很丰富。”据汤可敬先生统计，《词诠》共采撷例句6788条。[②]

二、“新式字典”的设想

杨氏受西学影响，文字训诂以探源为目标。他心仪西式字典，云：“少年时代留学日本，学外国文字，知道他们有所谓语源学，偶然翻检他们的大字典，每一个字，渊源都说得明明白白，心窃羡之。”(《述林·自序》) 而他认为汉语语源研究的重要目的之一就是编纂出区别于旧式字典的“新式字典”，即像西方那样“附载语源”的字典：

> 近世一般人颇感于旧式字典之不完，而欲重为编纂。然余观西方之字典，即极寻常之种类，亦必附语源，备人寻检。今之欲编新式字典者，附载语源乎？抑不载乎？若不载耶？何以异于旧者也。若附载耶？将从何措手也？故吾意必语根研究明白，而后有真正新式完备字典之可言。(《论丛·形声字声中有义略证》)

无独有偶，王力《理想的字典》提出“理想的字典”要“明字义孳乳”、“明时代先后”，并于《中国语言学史》书末提出要编“一部历史性的汉语大词

① 以下三端于汤可敬先生《〈词诠〉述评·四》有参考，《杨树达诞辰百周年纪念集》，第191～204页。

② 汤可敬：《〈词诠〉述评》，《杨树达诞辰百周年纪念集》，191～204页。

典”；蒋礼鸿提出《汉语大词典》的编写要“推溯语源，说明词族”。① 王、蒋都强调词典编纂要“明词义源流”的语源思想，这些和杨氏的设想也是一致的。

三、杨氏训诂材料用于辞书编纂例举

（一）书证

即作为词目存在某一义项的例句。如《汉语大词典》：

“发”条下：【发皇】5. 发达兴盛。杨树达《积微居小学述林·拟整理古籍计划草案》：“吾辈幸生于二十世纪之今日，各种专门之学，日见发皇，时时有专门学者讨论涉及古经。”

“经”条下：【经界】2. 界限。章炳麟《文学总略》：“然《雕龙》所论列者，艺文之部，一切并包，是则科分文笔，以存时论，故非以此为经界也。”杨树达《积微居小学述林·〈说文引经考〉序》：“又或繁称博引，漫无经界，违失许旨。”

（二）释义

1. 义项确立的依据

就是仅引杨氏一家的训诂材料，作为词目具有某一义项的释义依据。如《汉语大字典》：

“亢”字条下：②“刺”。后作“抗”。《墨子·经说上》：“剑亢甲，死生也。”杨树达《墨经校诠》：“《说文》：‘抗，深击也。’《广雅·释诂》：‘抗，刺也。’字亦作抌。……剑亢甲即剑抗甲，谓以剑刺甲也。”

如《汉语大词典》：

“橧[1]”下：用柴薪堆造的住处。杨树达《积微居小学金石论丛·释曾》：“聚薪柴人居其上谓之橧。”

“介[2]”下：【介[2]老】犹言一老。杨树达《积微居小学述林·诅楚文跋》：“介有独特之义，介老犹言一老也。《诗·小雅·十月之交》、《左传

① 转自徐超《中国传统语言文字学》，山东大学出版社 1998 年版，第 330 页。

·哀公十六年》并云‘不慭遗一老’，可证。”

“工[1]”下：1. 工具。一种曲尺。《说文·工部》：“工，巧饰也，象人有规榘也。”杨树达《积微居小学述林·释工》：“许君谓工象人有规榘，说颇难通，以巧饰训工，殆非朔义。以愚观之，工盖器物之名也。知者：《工部》巨下云：‘规巨也，从工，象手持之。’按工为器物，故人能以手持之，若工第为巧饰，安能手持乎……以字形考之，‘工’象曲尺之形，盖即曲尺也。”

“久[2]”下：9. “灸”的古字。灸疗，灸灼。睡虎地秦墓竹简《封诊式·贼死》：“男子丁壮，析色，长七尺一寸，发长二尺，其腹有久故瘢二所。”杨树达《积微居小学述林·释久》：“古人治病，燃艾灼体谓之灸，久即灸之初字也。”

如《汉语方言大词典》：

【采头】（名）吉凶先兆。湘语。湖南长沙。杨树达《积微居小学金石论丛·长沙方言考》：“按谓吉凶之先兆也，今长沙云～，有看～，抽～之语。”

【幕子】（名）钱币的背面。湘语。湖南长沙。杨树达《积微居小学金石论丛·长沙方言考》：“《汉书·西域传》云：‘以金银为钱，文为骑马，～为人面。’如谆曰：‘～，音漫。’今长沙谓钱背面曰～，音正如漫。”

今按：《长沙方言考》、《长沙方言续考》共考证长沙方言词244条，其中多数被《汉语方言大词典》引用以释湖南长沙方言。

2. 义项解释的依据

即引杨氏训诂材料和其他材料，共同作为词目具有某一义项的释义依据。如《汉语大字典》：

“臣”下：①战俘。《说文·臣部》“臣，牵也。”杨树达《臣牵解》：“臣之所以受义于牵者，盖臣本俘虏之称……囚俘人数不一，引之者必以绳索牵之，名其事则曰牵，名其所牵之人则曰臣矣。”《礼记·少仪》：“臣则左之。”郑玄注：“臣，谓囚俘。”孔颖达疏：“臣，谓征伐所获民虏者也。”

如《汉语大词典》：

“放”下：【放唐】指唐尧。《文选·班固〈典引〉》：“答三灵之蕃祉，展放唐之明文。”李周翰注：“放唐，谓尧也。”杨树达《积微居读书记·读〈后汉书〉札记·班固传》：“‘放’，疑谓‘放勋’，‘放唐’犹云‘唐尧’也。”

“韦”下：【韦沓】即革鞜。皮鞋。汉桓宽《盐铁论·散不足》：“婢妾韦沓丝履。”杨树达《要释》：“《汉书·扬雄传》《长杨赋》云：‘革鞜不穿。’注云：‘鞜，革履。’案：‘沓’与‘鞜’同。‘韦’‘革’义同。韦沓，即革鞜也。”王利器←校注引←王佩诤曰：“案《广雅》：‘蹋，履也。’蹋俗作踏，再简之则为沓矣，则韦沓犹言皮鞻（鞋）…… 居延汉简有韦沓，是汉时边防军事中多用之。”

“韦[1]”下：5. 背离。“违”的古字。《说文·韦部》：“韦，相背也。”朱骏声通训：“经传多以违为之。”《汉书·礼乐志》：“五音六律，依韦飨昭。”颜师古注：“依韦，谐和不相乖离也。”杨树达《积微居小学述林·释正韦》：“按形求义，韦即违之初文也。”

“官”下：【官实】指官员。《吕氏春秋·行论》：“使者行至齐。齐王方大饮，左右官实，御者甚众，因令使者进报。使者报言燕王之甚恐惧而请罪也，毕，又复之，以矜左右官实。”高诱注：“官实，官长也。”杨树达《积微居读书记·读〈吕氏春秋〉札记·行论篇》：“余谓‘官实’谓有司也。所以称‘官实’者，官字从宀，本谓官寺，即今言官署也，指地言，不指人言（说详余《释官》篇）。有司所以实官寺，故云‘官实’尔。”

如《汉语方言大词典》：

【瘩子】（名）行为不好的子弟。（一）湘语。湖南长沙。杨树达《长沙方言考》：“长沙今指人之不肖者曰～。”

【扯唐】（动）乱扯胡说。（二）湘语。湖南长沙。杨树达《长沙方言考》：“今长沙谓言语不实者曰～。”

【匡当】（名）物体的边缘，外周。（二）湘语。湖南长沙。杨树达《长沙方言考》：“今长沙谓百物体之轮廓曰～。”

（三）解形

如《汉语大字典》：

"甬"下：《说文》："艸木華甬甬然也。从马用声。"杨树达《积微居小学述林》："甬象钟形，乃钟字之初文也。知者，甬字形上象钟悬挂，下象钟体，中横画象钟带。"

"冂"下：杨树达《积微居小学述林》以为冂"乃扃之初文……左右二画象门左右柱，横画象门扃之形。"

"辱"下：杨树达《积微居小学述林》："字形中绝不见失时之义也……辱字从辰从寸，寸谓手，盖上古之世，尚无金铁，故手持摩锐之蜃以芸除秽草，所谓耨也。"

陈初生《金文常用字典》：

"工"字条：［析形］工字甲骨文作工，杨树达谓"工象曲尺之形。"

"兄"字条下：［析形］兄字甲骨文作[illegible]、[illegible]、[illegible]、[illegible]，象人跪跽祝告之形，与祝之初文同构，其用为兄者，杨树达谓或与兄任祝职有关。

第三节　文史研究及其他

训诂学科的实用性还体现在其应用于文史等研究领域。杨氏训诂在文史研究领域乃至其他方面亦有着广泛的应用，其例甚多，兹仅取数例。

一、语言研究

杨氏训诂可以作为材料说明语言学理论，如徐通锵就利用杨氏"因声求义"的训诂材料，揭示其研究途径，从而说明"汉语上下位概念关系的编码机制"：

——"形"义只表示某一类具体的现象，处于一种辅助的地位，而"声"义表示的是一种抽象、宽泛而带纲领性的意义，抓住了它，就等于抓住了语义结构的纲，纲举目张，人们可以据此把握一批字的意义。现据杨树达（1934a）《释赠》一文的研究，考察"曾"声诸字的语义关系，进而说明相关的编码原理。现将该文的相关部分引述如下（下引杨氏略）……杨树达为此列举了9个例子（下引杨氏略）……这就是以"曾"

为声而形成的一组字。“曾”声表示“加益”之义，宽泛而笼统，可以泛指任何现象的“加益”，而辅之以“形”以后而形成的字义就比较具体，只强调某一种现象的“加益”，是从“声”的意义中衍生出来的，因而声、义之间存在一种理据性联系。这一组字可以称之为以“曾”为“声”的字族。字族中“声”义表示的是一种上位概念，而“声”与“形”相结合而构成的字义表示的则是一种下位概念；“声”义是纲，在字义结构中的地位相当于义场，“形”义是目，提示义场所隐含的语义特征。

——抓住“声”进行字义关系的研究是一种声训的途径，这既是富有中国特色的历史语言学，也是富有汉语特点的语汇学和语义学。杨树达以“声”为纲，撰写了一系列《说×》的文章，论述字族中字义之间的关系。《形声字声中有义略证》一文具有理论讨论的性质，论述了“实声、雚声字多含曲义”、“燕声晏声字多含白义”、“曾声字多含重义加义高义”、“赤声者声朱声叚声字多含赤义”、“取声奏声悤声字多含会聚之义”等9组以“声”为纲的字义关系，并由此得出结论，“吾国语言义逐声生”，“字义既缘声而生，则凡同义或义近之字，析其声类，往往得相同或相近之义”，此“皆语言之根柢，欧洲人谓之 etymology”，“盖语根既明，则由根以及干，由干以及枝叶，纲举而万目张，领挈而全裘振，于是训诂之学可以得一统宗，清朝一代极盛之小学可以得一结束”。……我们从字族结构原则的平行性中得到的一个重要启示，就是可以悟察到上下位概念关系在汉语编码体系中占有非常重要的地位，是汉语的一种基础性的编码机制。

——杨树达的声训论是清乾嘉以来“因声求义”这一研究途径的延续和发展……除了上述杨树达的研究以外，还有沈兼士的“右文说”和王国维的声训论。今天看来，这些研究仍有很重要的价值，值得总结和继承，而且对改进义场理论的研究也不无意义。

——杨树达（1936）《释雌雄》一文列举了一系列含有“大”、“小”意义的字族，我们不妨以此为基础，结合王念孙的《广雅疏证》、梁启超的《饮冰室文集》所列举的几个例子，进行一些比较，然后考察这种编码原则与语言表达的关系。（徐通锵《编码机制的调整和汉语语汇系统的发展》，《语言研究》2001 年第 1 期。）

徐氏又用以说明汉语语义的重新分析问题：

重新分析在汉语史上是一件经常发生的事情，而且大多是利用汉字所提供的线索对相同的语言事实作出不同的规律性解释。这种重新分析与印欧语有比较明显的差异……这里不妨以杨树达（1935）的《释听》为例讨论相关的问题。（以下引杨氏原文略）……这是利用字形和文献提供的种种线索，对举印证，对“听”字的含义进行的重新分析。这里没有结构单位间的线性组合，也不是因语言的发展而产生的新现象，而完全是对字义的认识的深化，说明语义型语言的重新分析有它自己独特的表现形式。（徐通锵《字的重新分析和汉语语义语法的研究》，《语文研究》2005年第3期。）

二、文学研究

用以解释文类意义，如：

美国华裔学者陈士骧的论文《诗经在中国文学史上和中国诗学里的文类意义》（1969），援引中国学者杨树达、闻一多、商承祚、郭沫若关于“诗”“兴”二字字源的考证，揭示以《诗经》为代表的中国上古抒情诗的诗体特质，作为其基本特点的“兴”的原始意义，蕴含着诗歌的社会功能和诗歌内在的特质。（夏传才：《略述国外〈诗经〉研究的发展》，《河北师院学报》社科版1997年第2期。）

又：屈原“受命诏以昭诗”的“诗”到底是什么呢？杨树达先生考察先秦典籍中诗的含义，作有一篇《释诗》，为论者广泛引用，杨氏认为，“诗”古文作“䛊”，从言，㞢声。言䛊即言志也。（注：《积微居小学金石论丛》增订本，中华书局1983年版，第25～26页。）志从心，从㞢。本义为记忆、记载。《国语·晋语九》：“志有之曰：‘高山峻原，不生草木。松柏之地，其土不肥。’”注曰：“志，记也。”“在心为志，发言为诗”，那么，“诗”便是负载记忆的口诵形式。“诗”以韵语的形式记载、承载民族的历史文化。（韩高年：《〈九歌〉楚颂说》，《中州学刊》2003年第1期。）

用于说明文体（书札体）演变：

杨树达《汉书窥管》引张尔岐《蒿庵闲话》卷一云：“古人往来书疏，例皆就题其末以答，唯遇佳书心所爱玩，乃特藏之，别作柬以为报。

晋谢安轻献之书，献之尝作佳书与之，谓必存录，安辄题后答之，甚以为恨。汉人藏遵尺牍，亦爱其笔画也。”（跃进：《〈独断〉与秦汉文体研究》，《文学遗产》2002年第5期。）

三、史学研究

用以辨名物，如：

南方的风和神，经袁珂先生考订，《大荒南经》当作：“有神名曰因乎，南方曰因，来风曰民。”所校极是，便于我们把《山海经》与《尧典》、甲骨卜辞的有关记载结合起来相互印证。南方的神，卜辞曰劦，胡厚宣释为“夹”，杨树达进一步释为：“夹之义同‘荚’，谓南为夏方，夏为草木荚之时。”（杨树达《积微居甲文说》）故南方之神，应为夏神。

北方的神，《山海经》曰“䲹”，甲骨文曰“宛”。胡厚宣谓“䲹读为宛”。认为：“宛”为“冬季万物潜伏，草木有覆蔽之象。”杨树达据《说文》“屈草自覆”，解“宛”为“草木蕴郁”（杨树达《积微居甲文说》），即草木枯衰之形，以“宛”为商代冬季之名。故北方之神，当为冬神。（敖依昌：《风神话溯源》，《重庆师院学报》哲社版1996年第6期。）

用于明史实，如：

孔子亦不赞成厚葬颜渊。“颜渊死，门人欲厚葬之。子曰：‘不可！’门人厚葬之。子曰：‘回也视予犹父也，予不得视犹子也。非我也，夫二三子也。’”（《论语·先进》）杨树达先生按：“孔子丧颜渊若丧子。而门人不从孔子之言，厚葬颜渊，孔子之志不行。故云予不得视犹子，所以责门人也。”（《论语疏证·先进》）显然，在孔子看来厚葬颜渊不光是奢俭问题，更为重要的是这样做违反了“礼”的等级名分规定。以颜渊的身份本不应享有厚葬的待遇。（傅允生：《孔子、老子消费观比较》，《财经论丛》2001年第3期。）

用于明礼制，如：

关于“从麈”的意思，历代学者颇多争论。……历代学者对此也有不同意见。如东汉王充和近代 章太炎曾加以非难。杨遇夫（树达）先生所著《说廌》（杨树达：《积微居小学金石论丛》，中华书局1983年新1版，第82～83页）一文则多方加以维护。杨先生论述神判规范在我国可谓源远流长，虽史书所不载却是不容置疑的事实。其文诚可谓“真知灼见”，论证了古代神判的社会基础。兹将《说廌》摘抄于后。（以下引杨氏略）（胡大展：《“灋”意考辨——兼论“判决”是法的一种起源形式》，《比较法研究》2003年第6期。）

用于明政区，如：

对“保灾令”中的“西方一州二部”一句，杨树达先生认为有误，原文应作“西方二州一部”。（杨树达先生说：“一州二部，景祐本同，疑当作二州一部。”（《汉书窥管》，《杨树达文集》之十，上海古籍出版社1984年，第825页。）我相信杨先生的意见是可取的。若取杨先生之说，则王莽的东南西北四方合计应为9州、4部。（阎步克：《诗国：王莽庸部、曹部探源》，《中国社会科学》2004年第6期。）

四、中外文化交流

20世纪30年代东京文理科大学的诸桥辙次在教授《老子》时，即以杨树达的《老子古义》为教本。东京法政大学教授长泽规矩也曾将杨氏的《老子古义》、《高等国文法》、《汉书补注补证》三书，列入所编的《支那学入门书解题》中。

杨树达的著作在美国也受到了高度重视。美国汉学家大布士在翻译《汉书》、《帝纪》及《王莽传》时，即以《汉书补证》作参考。

杨树达还与瑞典汉学家高本汉建立了文字之交，多次互赠论著。高本汉对杨氏的《老子古义》甚为赞许，认为其所引极详，并将其字数一一计算。高本汉在其所著的《诗经研究》中论及老子时，肯定《老子古义》为佳作。高本汉在写作《老子韵考》时原文引证了《老子古义》。

杨树达与苏联汉学家阿理克也有密切关系。阿理克对杨氏的著作极为佩仰，1935年他致信杨树达，言及他对杨氏的研究方法，敬慕不已，读《古书之句读》尤为受益，并寄赠所考唐司空图《二十四诗品》。①

---

① 以上参考、节选自李长林《杨树达先生与中外文化交流》，载《古籍整理研究学刊》1990年第1期，第13～14页。

第九章　杨树达的训诂成就和局限

第一节　成就及影响

杨氏训诂，根于传统，贵在纳新，“温故知新”一语，可以概括其训诂特色。训诂之学，绵延千年，治之者大都徘徊于乾嘉高峰之前，仅因两端：或无新材料，或缺新方法。段王以声为义，得益于归纳之法；虚实交会，则因其善考文例（比较之法）。学问之事，无以承传，不得创新：段王之学，杨氏承之。正当传统训诂囿于材料似乎山穷水尽之时，卜辞大出，甲金之学勃兴；西学东渐，西方语言学理论、方法介入。缘乎此，千年训诂再现生机。杨氏因应时势，广稽甲骨金石于训诂，以探求文字语源为依归，从而取得了超乎段王的训诂成就。① “赤县神州训诂学第一人”②，杨氏之谓也。

语义是训诂的核心，而形音义相依之理是训诂的本质和基础理论；因此，形义观、音义观、语义观是把握一个训诂学家的关键所在；此外，杨氏训诂虚实兼治，专书训诂成果丰硕。因此，以下从形义之学、音义之学、语义之学、虚实兼治、专书训诂等五端概述杨氏的训诂成就和影响。

---

① 罗常培：“遇夫先生的研究方法，主要是得之于高邮王氏父子和金坛段氏，同时还吸收了一些近代学者和外国学者的新方法，所以他的成就有些地方又超乎王念孙、王引之父子和段玉裁之上。”（《悼杨树达（遇夫先生）》，《杨树达诞辰百周年纪念集》，第254～257页。）刘又辛：“（杨氏）在字本义的研究和文字的演变等方面，都比王氏有更多的成就。”（《文字训诂论集》，第219页。）杨伯峻：“他对文字学的研究，虽说继承清代学者段玉裁、王念孙而来，而其所得成果实已大大超越段玉裁、王念孙。这一点已为专家们所公认。”（《追悼杨树达先生》，《杨树达诞辰百周年纪念集》，第260～264页。）

② 陈寅恪：《论丛续稿序》，《杨树达诞辰百周年纪念集》，第10页；陈寅恪1942年8月2日又在致杨氏的信中说：“当今文字训诂之学，公为第一人，此学术界之公论，非弟阿私之言。”见《杨树达诞辰百周年纪念集》，第4页。

一、形义之学

如前述，“形义密合说”是杨氏形义之学的核心，即“继承《苍颉篇》及《说文》以来形义密合的方法，死死抓紧字形不放”。（《述林·自序》）兹再举一例：

> 《说文·十四篇下·金部》云：“镝，矢鏠也，从金，啻声。”古书明此字之语源者：《释名·释兵》云：“镝，敌也，言可以御敌也。”按凡兵器皆可以御敌，岂惟镝乎！成国之说之皮傅，不足据信明矣。近人徐灏《说文段注笺》云：“镝之言适也，去此适彼也。”按徐氏以镝同声类之适为训，然去此适彼，矢之全体皆然，何独限于矢锋！亦非其义也。余谓镝从啻声，啻从帝声，而帝从朿得声，镝则受义于朿也。《说文·七篇下·朿部》云：“朿，木芒也，象形。矢锋锐利，足以伤害人，与木芒同，故取以为义。”朿啻今音虽殊，古音不异，镝之从啻，犹之从朿矣。（《述林·释镝》）

杨氏“形义密合”说的根据则是《说文》：每立一义，几乎都要征引《说文》；但他不囿《说文》，于《说文》不“率为异说”，不“苟为雷同”，仅《论丛》、《述林》中明指许君释形、释义之失者就达107处（《论丛》23处，《述林》84处）。能如此者，在于杨氏善用各种字形：有古籀篆文、甲金文字，又利用异体字、古今字、通假字、形讹字，并参证异文；以此为基础，杨氏或“屈形以就义”，或“因义而定字”，利用“形义密合”说解决了大量的文字训诂问题。

杨氏以甲金之学名家，胡厚宣：“关于甲金之学，惟（杨）先生著作最富，发明最多，其贡献之大，盖突破以往所有之学者。”[①] 而尤为论者称道的是，杨氏广稽金甲文字于训诂，匡正了《说文》以来多家所释文字之误；不仅在《说文》的研究上比章黄“走得更远”，于训诂更有着实践意义：引入了新材料，开创了训诂的新境界；并和其“形义密合说”、“象形指事会意形声四书的字往往有后起的加旁字”、“象形指事会意三书的字往往有后起的形声字”等诸说一起，丰富了传统训诂“形训”的内涵。

---

① 湖南师范大学学报编辑部：《杨树达诞辰百周年纪念集》，湖南教育出版社1985年版，第9页。

二、音义之学

“音义之学”是杨氏训诂之最成功处，即以声统义，探求语源。这是所谓“新训诂学”的方向，胡奇光云：“王力提倡‘新训诂学’，主要是指词源学。”① 王力谓杨氏之学为“小学”，殷寄明要为杨氏正名，也是因为杨氏之学已有了区别于传统“小学”的新质：语源之学。② 杨氏的语源研究成绩突出，何九盈评论说：“章刘之后，语源研究成绩最为突出的是沈兼士、杨树达。”③ 宋永培亦概括了杨氏语源研究的贡献，云：“他提出的研究语源的方法与总结的规律对于在汉语语源研究中体现与坚持民族持点，使汉语语源研究向着理论化的方向发展，是有重要的推动作用的。”④ 下以两端明之。

（一）形声字声符含义规律的揭示

杨氏研究语源从形声字入手，即以“右文”为基础，揭示了大量声符含义的规律，赵振铎先生就说：“由于在观点、方法和材料上都有了新的内容，杨树达在词源探索方面有所突破。他吸收了‘右文说’的合理因素，推求谐声偏旁所表示的意义，获得空前丰硕的成果。”⑤表现在两个方面。

1．“某声多具某义”规律的大力阐发

杨氏在《形声字声中有义略证》、《字义同缘于语源同例证》、《字义同缘于语源同续证》及一系列《释×》、《说×》的文章中归纳“某声多具某义”共74条，“字从某声，遂具某义”63条。（前已具列。）

2．形声字声符有假借

杨氏揭示声符假借之例共92条。（前已具列。）如前述，这一现象刘师培、沈兼士、黄侃等均有关注，但作为一个条例大力阐发，始自杨树达，“作为形声字的一个条例提出来，并以大量实例来论证，是杨树达首创的”。⑥

---

① 胡奇光：《中国小学史》，上海人民出版社1987年版，第356页。

② 殷氏谓：“杨树达所处的时代已非‘通经致用’之世，语言文字已非附庸之学。更重要的是杨树达是以语源学方法贯通其文字、语词研究实践的。”又：“杨树达虽尚称语言文字学为‘小学’，而实际上走的是语源学的路子。”见殷寄明《语源学概论》，上海教育出版社2000年版，第86～88页。

③ 何九盈：《二十世纪的汉语训诂学》，《二十世纪的中国语言学》，北京大学出版社1998年版，第53～70页。

④ 宋永培：《古汉语词义系统研究》，内蒙古教育出版社2000年版，第514页。

⑤ 赵振铎：《训诂学史略》，中州古籍出版社1988年版，第329页。

⑥ 殷寄明：《语源学概论》，上海教育出版社2000年版，第88页。

声符含义，显示的是形声字所代表词的语源义，杨氏也称为“受名之故”，张永言称之为“词的内部形式”。“所谓词的内部形式，又叫词的词源结构或词的理据，指的是以某一语音表达某一意义的理由或根据。”张永言说，关于事物“得名之由”的研究，“从段玉裁、王念孙、王引之，到刘师培、杨树达，在这一领域里用力最多，取得的成果也很丰硕。”并论述了其研究意义，“关于这方面的研究，过去的训诂学家作过不少的努力，也取得了很大的成绩。他们根据‘音义相关’、‘声近义通’等原理，运用汇集同族词加以分析综合等方法，揭示出了许多词的业已模糊的内部形式。如上述，词的内部形式的消失会使互相关联的词失去联系，那么词的内部形式的再现自然就意味着这些词之间的联系重新被我们认识。显然，这对于我们理解语言词汇的系统性和词汇、语义的发展演变是很有裨益的。”① 杨氏的研究意义也在于此。

杨氏的“声符含义”说对后来的语源研究也有较大影响，何九盈就批评王力《同源字典》没有吸收杨氏声符含义研究的成果，云：“（《同源字典》）缺点之二是对汉字声符兼义的材料全然置之不顾，以致杨树达等人的优秀成果未能吸收，这是很遗憾的。……讲同源字而完全排斥右文说，实不可取。”②而“武汉大学黄焯教授写过一篇《形声字借声说》，也是杨氏‘借声说’的具体运用”。③

（二）系联了大量同源词

杨氏的文字训诂系联、考释了大量同源词。在《论丛》、《述林》中，杨氏利用97个声符的线索，系联了999个单字，并通过义与音的辨析，归纳了101组同源词（均可见附表）。所以，殷寄明先生说：“杨树达的语源学贡献，要为以下两端。第一，考释了大量的同源词。”④ 蒋礼鸿也指出：“杨遇夫先生的《积微居小学金石论丛》里有不少释词的篇章，提供了探索语源的宝贵资料。”（《汉语语源学·序》）

三、语义之学

杨氏探源为训，认为：“凡事不得其源，则说必乖谬，大抵如此。”（《论

① 张永言：《关于词的内部形式》，《语言研究》，1981年创刊号。

② 何九盈：《二十世纪的汉语训诂学》，《二十世纪的中国语言学》，北京大学出版社1998年版，第53～90页。

③ 何九盈：《中国现代语言学史》，广东教育出版社1995年版，第519页。

④ 殷寄明：《语源学概论》，上海教育出版社2000年版，第87～88页。

丛·形声字声中有义略证》）在语源思想指导下的词义训释大都精当、准确；杨氏还多处批评许君释义“不详义柢”、“泛训不切”。杨氏又谙熟秦汉文献故训，比较归纳，多能确诂，正如陈寅恪所云：“（杨）先生平日熟读三代两汉之书，融会贯通，打成一片。故其解释古代佶屈聱牙晦涩艰深之词句，无不文从字顺，犁然有当于人心。”① 沈兼士亦云：“旧书雅记，谙熟于胸臆，往往不假字书，能于文辞义例中径得训诂之真谛。”②

杨氏的语义研究是为其文字探源服务的。杨氏辨析了大量同义词，求得“一义之同”，目的在于以声统义、得词义之系统，从而“纲举而万目张，领挈而全裘振，于是训诂之学可以得一统宗”；对于学习者而言“断不至有望洋之叹，而记忆有捷径可寻”。（《论丛·形声字声中有义略证》）杨氏之意用陆宗达的话解释就是：“我们研究语言文字，就要把词的不同含义综合起来，推求语源，阐明变化，找出词义发展的线索，弄清楚它的系统性。这样，才能更全面地理解这个词所表示的概念的内涵和外延，更准确地掌握这个词在不同语言环境中所表示的含义。”③

杨氏语义研究的贡献还在于，通过大量具体词义的说解揭示了词义运动的基本形式——引申的一些规律；杨氏作《文字孳乳之一斑》，名为文字孳乳，实际也是六种语义运动规律：能动孳乳、受动孳乳、类似孳乳、因果孳乳、状名孳乳和动名孳乳；其“字义同缘于语源同”理论，被沈兼士称为杨氏三大“宏旨”之一④，揭示的实际是词义引申规律，即：“本字义相近，故引申义亦相近”或“字义同缘于受名之故同”。

兹引用陆宗达、王宁之语来评价杨氏的语义研究：“从对词义的个别训释和具体整理达到对词义的特性和规律进行理论的探讨，从而形成体系，这是旧的训诂之学向科学词义学前进的过渡。”⑤ 此语本为评价章黄，但同样也适用于杨氏。陆、王后文又说：“这个任务，是由近代学者章太炎、黄季刚先生完成的。……传统训诂学发展到章、黄，已经开始向科学的词义学迈进。”单凭

---

① 陈寅恪：《论丛续稿·序》，《金明馆丛稿二编》，上海古籍出版社 1980 年版。

② 沈兼士：《积微居小学金石论丛序》，《杨树达诞辰百周年纪念集》，湖南教育出版社 1985 年版，第 17 页。

③ 陆宗达：《说文解字通论》，北京出版社 1981 年版，第 118 页。

④ 沈兼士：“今先生私淑王氏，造此宏旨，约具三纲：形声字声中有义，一也。声母假借，二也。字义同缘于受名之故同，三也。循是以求训诂之理论，若网在纲，有条不紊矣。”见《积微居小学金石论丛序》，《杨树达诞辰百周年纪念集》，湖南教育出版社 1985 年版，第 17 页。

⑤ 陆宗达、王宁：《训诂与训诂学》，山西教育出版社 1994 年版，第 23 页。

章氏“多不根古义”的《文始》、《新方言》以及黄氏授业、手批旧籍中的只言片语，恐怕是完不成“过渡”这一系统工程的。公道地说，不唯章黄，也不惟唯氏，而是那一代人共同完成的事业；但作为实践者和见证者，杨氏当是起着突出贡献的一位。

四、虚实兼治

杨氏继承发扬高邮王氏“虚实兼治”之长，以语法修辞明训诂；杨氏训诂方式方法多端，对文、连文、异文、语境、比较互证、归纳演绎皆用；视野开阔，取材广泛，“传注之外，凡现代语言及其它一切皆取之”为用。尤其是以语法通训诂，“通训诂，审词气”等已经成了“杨氏语录”，涉论者言必称引。赵振铎就评价说：“清代一些学者分析语言能够有语法观念，但还没有构成一个系统。杨树达掌握了现代语法学的科学理论，在分析语言事实的深度和广度上都超过了前代学者，为训诂学开辟了一条新路。”[①] 即使在今天，蒋绍愚仍在呼吁：“在训诂学研究中如果忽视语法，就会出现许多问题，这是我们今天的训诂学研究所必须注意的。”[②] 可见，杨氏的“虚实兼治”在训诂学较为发达的今天仍不失其方法论意义。

五、专书训诂

杨氏注释、辑校或考证的古籍很多，有《左传》、《战国策》、《周易》、《尚书》、《论语》《老子》、《庄子》、《荀子》、《吕氏春秋》、《史记》、《汉书》、《淮南子》、《盐铁论》等20余种。其成果有以论文形式写成的，多收在《论丛》、《述林》和《积微居读书记》中；有以专著出版的，比较重要的有《周易古义》、《老子古义》、《论语疏证》、《春秋大义述》、《汉书窥管》、《汉代婚丧礼俗考》、《淮南子证闻》、《盐铁论要释》等。

杨氏治史，于《汉书》用力尤多，时人称为“汉圣”；所成《汉书窥管》，训诂兼具校勘，陈直《汉书新证自序》云：“在《汉书补注》之后，最近成注者，则有杨树达先生《汉书窥管》，对于训诂校勘，很有参考之价值，在古物方面，亦间有征引。《汉书疏证》，不能与之相比。”杨伯峻则谓以《汉书窥管》补充《汉书补注》，则“研读汉书，已无剩疑。纵有地下发掘，只能

① 赵振铎：《训诂学史略》，中州古籍出版社1988年版，第331页，

② 蒋绍愚：《训诂学和语法学》，载《汉语词汇语法史论文集》，商务印书馆2000年版，第178～187页。

作为补充或证明汉代史料和史实，恐难翻倒遇老之所考订”。[①]

《论语疏证》既述且作，陈寅恪先生有评：“今先生汇集古籍中事实语言之与《论语》有关者，并间下己意，考订是非，解释疑滞，此司马君实李仁甫《长编考异》之法，乃自来诂释《论语》者所未有，诚可为治经者辟一新途径，树一新模楷也。”（《论语疏证陈序》）杨氏之前治《淮南子》者，有许慎、高诱、王念孙、俞樾诸家；《淮南子证闻》审词气、校前修，曾运乾《春秋大义述序》谓杨氏“校《淮南》殆鼎足高许”[②]，彭泽陶先生序曰：“先生承诸家之后，既总三术（即声韵、文法、修辞）加密焉，复博证先汉古籍，而不滥采唐宋类书，所获愈多而亦愈审。其于二氏（指王、俞），规过祛妄，无虑百数十条，即许高之注，亦时加订正，此非吹索前修，实以开寤后学。”杨伯峻先生谓《盐铁论要释》、《淮南子证闻》、《积微居读书记》“每立一义，多能确凿不移”。[③]

兹引曾、余两家概述杨氏的训诂成就及治学之风。曾运乾先生《积微居小学述林序》：“积微杨子既本温故知新之见解，以从事一切学问，疏通群籍，校理秘文，亦既发疑正读，超二王而迈俞孙矣；（前已引，下从略）……斯实苍史之功臣，许君之诤友也。”[④] 余嘉锡先生《积微居小学金石论丛序》：“然于君之治学之方，则知之已熟。盖君之读书，先致力于根柢，循序渐进，不凌节而施：其于《说文》讽籀极熟，于群经讲贯极精，然后上溯钟鼎甲骨之文以识其字，旁通百家诸子之书以证其义，穷源竟委，枝叶扶疏，著书至十万余言。颂班孟坚书不复持本，终卷不失一字，古所谓汉圣无以远过。”[⑤]

第二节　局限与商榷

杨氏辞世以来的半个世纪，语源、训诂之学取得长足进展；以今日之成果检讨杨氏训诂，既有千虑之失，也有其时代局限：杨氏训诂毕竟是从传统

① 杨伯峻：《杨树达文集前言》，《杨树达诞辰百周年纪念集》，第 26 ～ 38 页。

② 曾运乾：《春秋大义述序》，《杨树达诞辰百周年纪念集》，第 24 ～ 25 页。

③ 杨伯峻：《杨树达文集前言》，《杨树达诞辰百周年纪念集》，第 26 ～ 38 页。

④ 曾运乾：《积微居小学述林序》，《杨树达诞辰百周年纪念集》，第 13 ～ 14 页。

⑤ 余嘉锡：《积微居金石论丛序》，《杨树达诞辰百周年纪念集》，湖南教育出版社 1985 年版，第 19 页。

“小学”迈向现代语言文字之学的。唐钰明曰：“判断一个学者在学术史上的地位，最主要的是看他作出了多少建树，而不在于他有多少疏失。”① 今以“宏观审视”、“个案商榷”两端述杨氏之失，不为苛责求疵，只为求备与就教。

一、宏观审视

（一）术语问题：“语源同”含义辨正

杨氏作《字义同缘于语源同例证》和《字义同缘于语源同续证》，共以71组同义字（除去重复者4组）为例，说明“字义同缘于语源同”。如：

表29 杨树达“字义同缘于语源同”例字

同义字	赠	贶	贩	赐	赏	贺
意义	增礼	增赐	赐予	加赏	加赐	加礼
声符	曾	兄	皮	易	尚	加
语源同	曾声字有加义；兄有孳益义；皮字有加义；易可假为益；尚有加义					

可见，杨氏所说的“语源同”实际是指“语源义相同”，即字义相同的一组字，依照声类探寻每个字的“受名之故”，得出他们各自的语源义相同。如赠、贶、贩、赐、赏、贺字义相同，声类不同，但析其各自声类，均含有“加”义。总观杨氏所举71组例字，绝大多数都是声类不同、语源义相同的同义字。（极少数声类同当是偶合。）因此，“字义同缘于语源同”实际上揭示的是词义运动规律，即：

> 二字义同，其所以得义之故往往相同。（《论丛·释经》）
> 字义同，故其孳乳不得不同矣。（《论丛·释伪》）
> 义相近似之字，其所孳乳之字义亦相近似，此顺言之也。逆言之，则义相近似之字，其语源相近似也。（《述林·字义同缘于语源同续证》）

关于这一点，杨氏解释得很清楚，如：

① 唐钰明：《顾炎武的训诂学》，《著名中年语言学家自选集·唐钰明卷》，安徽教育出版社2002年版，第67页。

> 字义既缘声而生，则凡同义之字或义近之字，析其声类，往往得相同或相近之义，亦自然之理也。（《论丛·形声字声中有义略证》）
>
> 盖语言皆受义于其声，字义相近，则此诸字所从之声类义必相近。（《论丛·释赠》）

不仅如此，而且反复强调：

> 锋受义于昆虫，镝受义于艸木，皆天然之物也。**二字义近，故其受名之故亦相近矣**。（《述林·释镝》）
>
> 按饐之言阻遏也，与饐之言壹闭义同，**义近故语源亦相近也**。（《述林·释壹》）
>
> 字义相同，其所以得义之故亦同。（《论丛·释晚》）
>
> 语源同，故孳乳亦同矣。（《论丛·释频》）
>
> 谈之言剡，说之为锐，语源同故其义同矣。（《论丛·释说》）
>
> 本字义近，故引申义亦相近也。（《述林·释卩》）

同时，杨氏的“语源同”还可指“构造同”：“语源同或云构造同。悉言之，构造同谓象形会意字，……语源同为形声字，……两者难别，亦可互用也。文字先有义而后有形，义同，故以相同之构造表之也。”（《述林·字义同缘于语源同续证》）

可见，杨氏“语源同”是指“得名之故（语源义）相同”或“构造（所会之意）相同”，和现代意义的“同源”或“语源同”不是一回事：现代意义的“同源”或“语源同”是指“音义皆同”或“音近义通”，王力《同源字论》：“凡音义皆近，音近义同，或义近音同的字，叫做同源字。……同源字必然是同义词，或意义相关的词，但是，我们不能反过来说，凡同义词都是同源词。”

但有人批评杨氏说：“同源字应该都是同义字，但同义字并不全是同源字，所以‘字义同缘于语源同’，这种提法本身就很含混，因为并不是所有字义相同的字都缘于语源相同。就以赠、贶、赏、贺、赆、赐而言，只是一组同义词，他们并不是同一语源的族属关系，他们也不存在共同的语音形式。”①很显然，这是对杨氏“语源同”的误解；还有人甚至说《字义同缘于语源同

① 何九盈：《中国现代语言学史》，广东教育出版社 1995 年版，第 519 页。

例证》考释同源词54组，《字义同缘于语源同续证》考释同源词21组![1] 而这75组词仅仅语源义相同！

当然，有极少数组是同源词，但仅是客观偶合，杨氏本意也还是仅指“语源义”相同，如：

> 水所底谓之坻，水所止谓之沚，水所著谓之陼，字义同则语源同也。(《述林·释坻》)

杨氏讲“同源”也有音义兼顾者，如以“某声多具某义”系联的同源词，再如：

> 凡字之同源者往往同音，面权高起，故谓之頯頄，又谓之朓，脽亦高起，故谓之尻，又谓之屍，鼻称準，亦言其高耸也。(《述林·释頯朓頔》)
>
> 京声字盖有杂义。……古京与羹同音，醇从京犹从羹也。……章氏《文始》谓醇得义于卤，按卤醇模唐二部阴阳对转，音理固为可通，惟卤咸第为五味之一，不含杂义，似不如谓受义于羹较为吻合矣。(《论丛·释醇》)

综上所述，杨氏“语源同”、“同源”既用于仅指“语源义相同”，也可指“构造相同”，甚至可以指“音义皆同（通）”。这是传统训诂学术语的“一名多义”问题，而不属于其他性质的问题。传统训诂学术语混乱问题由来已久，或“一名多义”，或“一义多名”，杨氏并没有摆脱。同样的问题还有，如杨氏言“孳乳”，既可指“文字孳乳”，又可指“词义引申”；“同义连文”则用“并言”、“连言”“连文”等多个术语。加上杨氏处于语源学的草创时期，让他给“同源”一个确定的名称或定义，几近苛求。

同样的苛求还有曾昭聪氏，云：杨氏“声中有义”不够确切和科学，当改为“声符示源”。[2] “声中有义”是指声符字不仅表示形声字的读音，而且还表示形声字的意义的文字现象，反映了声符字和形声字间的音义关系。而“声符示源”是从语源学的角度，从声符字和形声字间的音义联系中说明声兼义现象的实质。前者说明文字音义关系的现象，后者强调文字音义关系的语义功能本质。“声中有义”作为一个术语至今还有人大量使用。因此，二者不存

① 殷寄明：《语源学概论》，上海教育出版社2000年版，第87页。

② 曾昭聪：《形声字声符示源功能述论》，黄山书社2002年版，第170页。

在哪个术语更科学的问题，着眼点不同而已。

（二）先入为主，难免臆说

“从原则出发，而不是从材料出发，这是杨氏在研究方法上的缺点……以某种‘理论’作为语法的准绳，而不顾语言事实，则这种所谓理论是站不住脚的。”① 这是王力评价杨氏的语法研究，虽然略显过头，但用以观察杨氏的训诂研究，在一定程度上也存在同样的问题。

1. 声符有义

音义关系的约定成俗性，决定了“右文”表义的非必然性；音少义多的矛盾性和音义关系的回授性，又使得“声符有义”现象大量存在。因此，如果将“声符有义”作为一个训诂原则或造字原则，当然是错误的，具体表现在两个方面：“一方面，同从一声的形声字在意义上不见得都有联系；另一方面，为在意义上有明显联系的同源词而造的形声字，也不见得都从同一声旁。”② 杨氏对此有一定的认识，如他主要根据《说文》的释义，归纳比较从某一声符而具某义的形声字，有意回避了一些同从某声而不具某义的形声字（如曾声、兆声等即是如此），从而得出“某声往往有某义”、“某声多具某义”。杨氏不像段氏用“皆”、“凡”等全称肯定判断，去以偏概全之病。同时需要指出的是，杨氏云“声符有假借”必须以“声符含义”为前提，否则“假借”便失其所据。如前述，在形声字中，声符含义并不是必然的现象，如杨氏云：“《七篇上·鼎部》云：‘鼒，鼎之圆掩上者，从鼎，才声。’……然则从才者殆假才为子也。”（《述林·造字时有通借证》）由于杨氏没有确凿证据说明才声有义，云“假才为子”难免臆说；又：䗀蝀本为连绵词，但杨氏却说䗀受义于带，蝀受义于东（说详后），此其一。

其二，同从一声，不必云声符假借。如：

> 《一篇上·士部》云：“壻，夫也。从士，胥声。”按壻从胥声者，当受其义于谞惰。《三篇上·言部》有谞，《十篇下·心部》有惰，二皆训知，择壻者必以才知，今通俗言郎才女貌是也。谞惰皆从胥声，故得借胥为谞惰也。（《述林·造字时有通借证》）

今按：既然壻谞惰都同从胥声，凭什么壻所从之胥借为谞惰？其实用“某声多

① 王力：《中国语言学史》，山西人民出版社1981年版，第180页。

② 裘锡圭：《文字学概要》，商务印书馆1999年版，第178页。

具某义”就可解释，大可不必云假借。再如：

> 又云：“谞，知也，从言，胥声。”按胥训蟹醢，与知义绝不相会，胥乃延䟽疏诸字之假也。《二篇下·疋部》云：“䟽，门户疏窗也。从疋，疋亦声，囱象䟽形。读若疏。”门户䟽窗有通孔，故延䟽皆训通。凡物通者智而塞者愚，故谞训为知，胥实延䟽疏诸字之假。胥从疋声，与延䟽疏三字同，故得相借也。（《述林·造字时有通借证》）

今按：谞延䟽疏胥都为疋声，直接云“疋声多具知义、空义”即可。

其三，某些后起形声字尽管以“声符假借”解释可通，但于事实不符。如“氧”字，若云“羊假借为养”，完全可通，也可说“氧”“养”同源；但事实上后起字“声化”为其方向，造“氧”字者用声符“羊”也是以表音为其唯一目的。再如柄、棅互为异体，柄当为后起字，杨氏认为丙借为秉，但裘锡圭认为丙已没有表意作用：“‘柄’字本作‘棅’，以‘秉’为声旁。柄是器物上人手所秉执之处，‘柄’是‘秉’的引申义，‘秉’就是‘棅’的母字。后来‘棅’所从的‘秉’为同音的‘丙’字所取代，‘丙’这个声旁就没有表意作用了。”①

“声符假借”作为训诂条例，确为杨氏一大发明。“今字之声旁无义者，得其借字而义明。”（《述林·造字时有通借证》）但考虑到以上三端，要避免“从原则出发”，以之说解时宜慎重。

2．为附会因袭误说

“也”、“为”、“家”等字《说文》望形生义，其说乖谬（详说见下文《个案商榷》部分），同时代的学者根据甲金之形已经作了很好的匡正，但杨氏却沿袭许误。杨氏是古文字学大家②，于甲金之形极精，而且他不可能没有注意到同时代学者的说解。杨氏之所以置以上于不顾，仍袭许说，仔细研读杨文可以看出，其实是为了附会他所作的一系列引申。

其他臆说之处还如：

> 人之去母体也，首先发，故凡首义之字，引申之皆有始义。（《述林·释元》）
>
> 以愚考之，藏当以藏获为本义也。……战败者被获为奴，不敢横恣，

① 裘锡圭：《文字学概要》，商务印书馆1999年版，第176页。

② 杨树达于1947年被聘为中央研究院院士，其中“古文字学”仅4位院士，杨系其中之一。

故藏引申有善义。(《述林·释藏》)

(三) 文字和语言的关系问题

文字和语言的关系，很多语言学家从理论上似乎都可以弄清楚，但在研究实践中又往往犯错误，杨氏也不例外。

1. 用文字的方法研究语源

撇开术语问题不谈，“语源同或云构造同”暴露了杨氏研究方法的根本缺陷：用文字的方法研究语源。构造同主要指会意字，如：

表30 杨树达“语源同或云构造同”示例

同义字	戍	役	𠫓	屰	曾	尚
意义	守边	戍	不顺	不顺	语之舒	气分散
构造	从人持戈	从人殳	从倒子	从倒大	从八从囱	从八从向
构造同之故	戍从人持戈，役从人持殳，构造同，故义同		𠫓从倒子、屰从倒大，皆训不顺，构造同		曾从八囱，谓气穿窗出，尚从八向，谓气从牖散	

比如戍和役，由于它们“构造同”，所以都具有“守”义，即二字之形符“所会之意”相同。但这种“所会之意”和形声字声符所显示的是词的语源义，即声符示源有根本区别：前者是文字（造字）问题，后者是语言问题。

2. 仍拘于“右文”

杨氏研究语源从“右文”入手，是很实用和谨慎的一种方法，他依靠此法系联了大量同源词；言“声符假借”，虽然突破了右文形体局限，但并不彻底，如前所述，同一声符的字，本来用“某声多具某义”即可说明白，而杨氏一定要说“某声符借为某”，其实还是在偏执“右文”形体。再如：

> 《七篇下·疒部》云：“疫，民皆疾也。从疒，役省声。”……余谓役与易古音同隶锡部，二字同音，从役实借为易也。(《述林·造字时有通借证》)

疫之于易，既然“二字同音”，语义又相通，直接用“声近义通”（同源）便可解释，而云“从役实借为易”，还是拘于文字。

杨氏在找本字上可谓煞费苦心，似乎为有假借的声符字都要找到一个确定的“本字”。对于有本字的假借也许可以找到，但无本字的假借哪里去找？既然因声求义，何必要找“本字”？关于这一点，沈兼士很高明，他只云“借音分化”，不云“本字”；“借音”二字很宏通，体现的是“因声求义，不限形体”。杨氏比“右文说”进步，在于他提出的实际是“右音说”；但他在“右音”上刨根问底，又在“右文说”里面兜圈子。

此外，如第七章所述，杨氏及其同时代的学者对源流认识有误区，如云“某孳乳为某”、“某字受义于某”等。何九盈评价杨氏说：“着眼于解决具体字例的问题，对汉语语源的整体研究不够，尤其是语音系统的问题触及很少，因为他基本上还是从文字的角度研究语源，而不完全是从语言的角度来研究语源。”① 何氏云要以“语音系统”研究“语源的整体”，课题太大；而云杨氏“从文字的角度研究语源”，符合其实。

二、个案商榷（凡24例）

（一）“介”不当训“间”，当训“甲”

《说文·二篇上·八部》云：“[illegible]，画也。从八，从人，人各有介。”按人各有介之说意恉不明，介用为画义，古书亦罕见，殆非正义也。近人有易许说者，谓字象人著介形。按八不类介甲形，说亦非是。愚谓：介，间也，从人在八之间。（《论丛·释介》，第36页。）

杨氏又：《说文·二篇上·八部》介训画，谓字从八从人，人各有介，余昔非之，谓字从人在八之间，当以介在介间为义矣。由此孳乳，田境介在田间，故谓之界；门扉介在闑间，故谓之閅，裙仪在裙之中，故衸谓之疥。物相界接者往往相摩切，故齿相切谓之齘，刮谓之扴，挠谓之疥。（《述林·再释介》，第35页。）

今按：杨氏不据甲文形，仅列举数例明介之“正义”，可商；所云“间”义今多认为是介之引申义。

介甲文作[illegible]、[illegible]，金文作[illegible]、[illegible]，不从八，《说文》误；罗振玉《增订殷墟书契考释》：“象人著介（甲）形。介联革为之。或从[illegible]者，象联革形。”徐中舒《甲骨文字典》：“象人衣甲之形，古之甲以联革为之。”《诗·郑风·清人》：“清人在彭，驷介旁旁”，《毛传》：“介，甲也。”

① 何九盈：《二十世纪的汉语训诂学》，《二十世纪的中国语言学》，北京大学出版社1998年版，第70页。

《楚辞·九辩》“虽重介之何益”洪兴祖补注：“介，甲也。”《汉书·五行志》：“介者，甲。甲，兵象也。”

裘锡圭排比甲文用例，云介和“表示直系的‘帝’”义相对或为“副”之义①；但罗氏据形释义，今人言本义时从之者居多。

（二）“家”当为会意字

《说文·七篇下·宀部》曰：“家，居也。从宀，豭省声。”豭省声之说，自元周伯琦以来纷纷疑之而别为异说，乃庸人自扰甚者也。……经传既恒以豭拟男子，家从豭省声，则家有夫义甚明，而许君豭声省之说含义至精，绝非苟设，亦可见矣。（《论丛·释嫁》，第6页。）

今按：家甲文作、，金文作、，当从宀从豕会意，不为形声，许误。于省吾：“卜辞家字多从豕，亦有从者，唐兰释为‘豭’是正确的。其从豕者，不得谓从豭省声。”（《甲骨文字诂林》于按，第3册，第2001页。）陈初生《金文常用字典》：“家字金文多从宀从豕，象房屋内养猪，颂鼎或省宀作豕。《说文》以为豭省声，非是。”

（三）“若”不为会意字

《一篇下·艸部》云：“若，择菜也，从艸右。右，手也。”按右为手口相助，不得训手，而许云右手者，字借右为又也。（《述林·造字时有通借证》，第97页。）

今按：若篆文作，许君据篆文望形生义，误；杨氏袭之以附会其形旁假借，亦误。

若甲文作，金文作、，商承祚《殷墟文字类编》：“卜辞诸若字象人举手而跽足，乃象诺时巽顺之状，古诺与若为一字，故若字训为顺。古金文若字与此略同。”王国维《戬寿堂所藏殷墟文字考》：“若，顺也，古若诺一字。曶鼎以若维唯诺字。”孙海波《甲骨文编》：“，甲二零五。象人跪跽而两手扶其首，有巽顺义，与《说文》训择菜之若偏旁

① 裘锡圭：《关于商代的宗族组织与贵族和平民两个阶级的初步研究》，《文史》第十七辑。转引自《甲骨文字诂林》，中华书局1999年版。

不同。”

而若之甲金文形和《说文》之“若”篆文形不同者，当为小篆割裂甲金文之故，即两手讹成艸，把带长发的人形[illegible]讹作彐了。（于省吾《甲骨文字诂林》第370页有若字形演化之迹表。）

单周尧先生则从古音角度证释“若”象俘虏散发举手之状①，若古属日纽铎部，虏属来纽鱼部，奴属泥纽鱼部，古日母归泥，因此，若与虏、奴二字铎鱼对转，三字古音很近。单氏说可从。

（四）“放”不必言声旁假借

《说文·四篇下·放部》云：“放，逐也。从攴，方声。”按《说文》方训併船，与放逐义无涉。放从方声，《说文》旁亦从方声，实假方为旁。盖古方旁音同，故二字多通用。（《论丛·释放》，第7页。）

今按：放从方声而释为放逐，既为放逐，定在远方之地，放之放逐义实得义于方之“四方、远方”之义。杨氏囿于“併船”之说②与放逐义无涉，乃以“方”通“旁”耳。然“声中有义”并不仅囿于声旁字之初义，亦可为常用义。如杨氏谓“分声字多含大义”（《释雌雄》），而许君训分为“别”，与大义亦无涉。

方有“四方”义。于省吾《甲骨文字释林·释方、土》云甲骨文中“帝方习见”，并云“一般所称的方都是四方的简称”，或指“东西南北的某一方”；商承祚亦云“帝方”乃“祭四方之统名”，可见甲骨文中“四方”义即为方之常用义。《书·益稷》：“皋陶方祗厥叙。”孔传：“方，四方也。”《诗·邶风》：“方将万舞。”毛传：“方，四方也。”《群经平议·周易二》：“方以类聚。”俞樾按：“方之言四方也。”

放之得义于“远方”亦不乏其例证。《春秋·宣公元年》：“晋放其大夫胥甲父于卫。”杜预注：“放者，受罪黜免，宥之以远。”《孟子·滕文公下》：“放淫辞。”朱熹集注：“放，驱而远之也。”徐锴《说文系传》：“古者臣有罪宥之于远也。方亦声。”（杨氏虽在文末提到徐锴之训，但终不同意徐氏看法，并云：“惟徐以方为远方，与余云假方为旁者异。”）

---

① 单周尧：《以古音研释古文字朔义举隅》，广东省中国语言学会2006—2007年学术年会提交论文，广州，2007年12月。

② “方训併船”之误基本定论，于省吾、徐中舒等根据甲、金文形认为方象“耒之形制”。

旁亦从方得声，《广雅·释诂四》："旁，方也。"《管子·轻重乙》："请与之立壤列天下之旁。"集校引张佩纶引《文选·东京赋》薛注："旁，四方也。"《周礼·天官》："惟王建国，辨方正位。"贾公彦疏："旁谓四方。"杨氏谓古方、旁"多通用"，正因旁受义于方。

放、旁皆从方得声，且皆受义于方，而杨氏谓放假方为旁，义当然可通，但将"放"直训"受义于方"似更合理，大可不必辗转为训。

（五）"祷"释义举例不当

《书·金縢篇》记武王有疾，周公告于太王、王季、文王，欲以身代武王，此周公为武王求延年之事也。《论语·述而篇》载孔子疾病，子路请祷，诔曰："祷尔于上下神祇。"此子路为孔子求延年之事也。《韩非子·外储说右下篇》曰："秦昭王有病，百姓里买牛而家为王祷。"又曰："秦襄王病，百姓为之祷。病愈，杀牛塞祷。"此战国时秦民为其王求延年之事也。盖人疾病而后祈祷，非求寿而何也？《韩非子·显学篇》曰："今巫祝之祝人曰：'使若千秋万岁！'"此战国时巫祝为人求延年之事也。（《论丛·释祷》，第16～17页。）

今按：树达谓"祷"从示寿声，始义为求延年之福于神，尚可信，但所举以上各例不足以证之。周公为武王祈祷，子路为孔子请祷，百姓为昭王、襄王祷可能是求康复之事，而杨说为"求延年之事"，有强说之嫌；杨在下文云"成汤之祷旱"、"荀偃、卫蒯聩之祷战胜"乃祷字后起引申之义，"祷康复之事"似亦可认为是后起引申之义。而襄王病愈，百姓为之杀牛塞祷，是百姓杀牛祭神还愿；况人疾病而后祈祷，可祈福、平安等，并非限于求寿。

（六）"铁血"及"鎎"释义有误

鎎字所以从氣者，所谓士气也。盖战以士气为首要，而次要则为兵。士气不振，虽有兵，无当也；无兵则虽有士气亦不免于败。鎎字训怒战，字从金从氣，造文者深知二者不可偏废矣。……近世欧洲德意志名相俾斯麦以铁血宰相著称，铁者，金也；血者，气也。近代名人惊人一世之后语，吾先民于二千年前造字时已显示其义矣。（《论丛·释鎎》，第20～21页。）

今按：杨氏解释“铁血”一词有误。“铁血”分别指武器和鲜血，借指战争。“铁血宰相”意指“战争宰相”。“铁血宰相”得名于他的“铁血政策”，即战争政策，俾斯麦从1863年开始，先后挑起和丹麦、奥地利、法国的战争，最终实现了德意志的统一。①

鎎，《说文》释为怒战，杨氏谓“战必以兵，铸兵以金，故字从金”，是也；但又谓“字从金从氣，造文者深知二者不可偏废矣”，并举《韩非子·显学篇》曰：“共工之战，铁铦短者及乎敌，铠甲不坚者伤乎体”，以说明鎎之“兵”和“气”同样重要。愚谓杨氏太拘泥于字形：金仅表意义之属（关联），而鎎之义盖全在怒战之“氣”。《释名·释天》：“氣，忾也，忾然有声而无形也。”毕沅疏证：“忾，今本作鎎。”鎎与忾可互通，《集韵·未韵》：“鎎，通作忾。”《集韵·代韵》：“忾，怒也。”（今有成语同仇敌忾。）《广雅·释诂》：“忾，满也。”王念孙疏证：“忾，气满也。”《左传·文公四年》：“诸侯敌王所忾。”杜预注：“忾，恨怒也。”而《说文》引作“鎎”。

（七）“狱”不当训两犬相守

《说文·三篇上·言部》，言从䇂声，䇂部䇂训辠，则狱字所从之言，实假为䇂。从二犬从言，谓以二犬守罪人尔。……狱文从㹜，《说文》㹜训二犬相啮，盖以二犬相啮喻狱讼者两造之争，相争以言，故文从言。狱讼义同，狱之从言，犹讼训争亦从言矣。（《论丛·释狱》，第24页。）

今按：狱从二犬从言，前既云狱所从之言“实假为䇂”，谓二犬守罪人；后又云两造相争以言，故文从言。杨说前后矛盾，一字所从之文不应有两种说解。

考诸古制，无以两犬看守罪人之说。且犬生性好斗，何以守住？《说文》段注：“狱字从㹜者，取相争之义。”徐灏《段注》：“犬性不喜群，两犬相遇，往往相啮。独字从犬，亦此意也。”《说文》：“㹜，两犬相啮也。”然则《说文》中又将“狱”所从之㹜训“两犬所以守也”，有“以汉制推说古文”之嫌②，《唐律疏议·断狱》：“夏曰夏台，殷曰羑里，周

① 铁血还可指一种品质，今有铁血青年、铁血男儿，指有刚强意志和富有牺牲精神的人。

② 《论丛·释狱》：“蔡邕《独断》云：‘唐虞曰士官，夏曰均台，殷曰牖里，周曰囹圄，汉曰狱。’然则许君二犬守之之训，乃以汉制推说古文，故与经传狱字之义不合欤。”

曰圜土，秦曰图圄，汉以来名狱。”说明到汉代囚禁的场所才称“狱”，许氏“两犬相守”说误；《荀子》杨倞注：“狱字从二犬，象所以守者。”亦误。甲骨文中，“监禁”义一般由从“口”的字表示，如“圉”字，象带手梏的人被囚禁于室屋之中，如“囚”字，象人被禁在口中。狱《召伯》作，孙诒让《古籀拾遗》深得其旨，云：“《说文》狱从㹜，而㹜训两犬相啮。此篆（《召伯》）作两犬反正相对之形……于形尤精。”

故“两犬相遇，往往相啮”才是“狱”之造字所本，狱从二犬当训两犬相争，沈家本《历代刑法考·狱考》：“相啮必先相争，人相争亦类是，故从㹜。”狱字从㹜实表两造相争。然两造相争者何？两造相争实指两造相互指责对方有罪，即争罪。所从之言当训罪，《说文》：“言，从口，䇂声。”《说文·䇂部》：“䇂，罪也。从干二。二，古文上字。”桂馥《义证》：“从干二者，犯上有罪。”① 查经传之狱，多为争罪之事：《大戴礼记·千乘》：“以听狱讼。”王聘珍解诂：“狱谓相告以罪名也。”《国语·郑语》：“褒人有狱而以为入。”韦昭注：“狱，罪也。”《周礼·秋官》“辨其狱讼”贾公彦疏：“狱谓争罪。”《吕氏春秋·孟秋》“决狱讼”高诱注：“争罪曰狱。”

至于“狱”之“牢狱”之义，盖“争罪”义之引申。争罪之当事者必有下狱者，故又引申指关押争罪者的场所，《慧琳音义》卷十四“牢狱”注引顾野王曰：“狱，相与诤讼也。囚系之所，因名为狱。”显见“牢狱”乃后起之义。

（八）“属”释义有误

《说文·八篇下·尾部》云：“属，连也。从尾，蜀声。”……属训为连，义泛不切，殆非制字之朔义也。……窃疑属盖豚之初文，豚为属之或作也。……今请以《广韵》豚字之训移植属下云：“属，尾下窍也。从尾，蜀声。”（《论丛·释属》，第32页。）

今按：杨氏谓属为豚之初文，并释为“尾下窍”，颇嫌附会。

徐锴《系传》：“相连续，若尾之在体，故从尾是也。”段注：“取尾之连于体也。”当是。段氏又云：“连，负车也。”“负车者人輓车而行，

① 此训杨氏文中有所及，但将“言”训罪人，谓两犬相守罪人，和“争罪”义还是不同。

车在后如负也。字从辵车会意。人与车相属不绝，故引申为连属字耳。”尾之于体犹车之于人，皆为相连属之意。

沈兼士也不同意杨氏的看法，云：“属训为连，卷中《释属篇》谓义泛不切。案《文始》侯部：涿孳乳为属，连也，字从尾，谓孳尾也。今俗尚谓人之构精为属，兽之孳尾为连。盖涿以体言，属以用言，详略互见，不求备也。由是知古训本借，难于亿必。”（《论丛·沈序》）

补记：上文既成，读《积微翁回忆录》，云：“章氏《文始》亦说‘交尾为连。’盖属本训阴窍，古人名动相因，引申之则为连。余撰文时未悟连为交合，故云属训连，义泛训不切，当改正。沈兼士序余《小学论丛》知连字之义矣。然谓涿以体言，属以用言，亦未合。亦涿乃假字，非本字也。”后又读《积微居小学金石论丛校语》，杨氏亦改其说，云：“吾友沈君兼士序余书，引《文始》说交尾为连，以方言为证，意在商榷余此义。余初以无文证，未敢深信。顷读《吕览·明理篇》云：‘犬彘乃连。’《高注》云：‘连，合。’则章、沈说有征，此数语当改正。”杨氏治学求真、求实精神可见一斑。

（九）“伪”不当袭许误说

《说文·八篇上·人部》云：“伪，诈也。从人，为声。”按《三篇下·爪部》云：“为，母猴也。其为禽好爪。”好爪者，言其喜动作屑屑，故为引申为作为之为，又引申为诈伪之伪，又引申为伪言之伪，皆受义于母猴之为。……母猴谓之为，又谓之蝯，又谓之狙。引申之，动作谓之为，又谓之作。更引申之，诈伪谓之伪，又谓之诈，又谓之蝯，伪言谓之伪。（《论丛·释伪》，第33页。）

今按：“为”甲文作 ，金文作 ，罗振玉根据“为”字甲文和金文字形考证认为：“（为）从爪，从象，绝不见母猴之状，卜辞作手牵象之形。……意古者役象以助劳，其事或尚在服牛乘马以前。”（《增订殷墟书契考释》）可见，“母猴”、“为禽好爪”云云纯属许氏据篆文形（ ）臆说。

杨氏以为诈伪之“伪”受义于所谓母猴之“为”，而“为”字“母猴义”说之误已成定论，杨氏据以所作的一系列引申自然也是错误的了。

（十）“牖”不当从“甫”，当从“用”

（牖）字从户、甫者，甫之为言旁也。古音甫在模部，旁在唐部，二部对转。……牖在户之两旁，故字从户、甫。义为旁而字从甫，犹面旁之为酺，水频之为浦矣。（《论丛·释牖》，第34页。）

今按：杨氏之说似可信，但侯占虎又有不同于杨氏的解释。侯根据《老子》帛书乙本“牖”字从日，认为“牖”字当从“日”，其从“户”者皆因“日”与“户”形近而讹；又根据《老子》帛书甲、乙本“牖”字皆从“用”，认为“牖”字当从“用”，而非从“甫”，其从“甫”者皆因“用”与“甫”形近而讹；并认为“牖”应解作：牖，从片、日、用，用亦声。片，墙也，从日者，牖所以通日光也。用者，谓通也，亦用以表声。“牖”义源于贯通、通达，其本义是墙上开设的用以通光的孔洞。（侯占虎：《据语源探求汉字形义关系举例》，《中国文字研究》第三辑，广西教育出版社2002年。）

“从日说”和“从户说”似都可通，王筠《句读》：“户，金刻作日，与日相似也。”马宗霍引通人说考：“从‘户’从‘日’之说，又均可通于穿壁交窗之义。”但“牖”字从“用”，当为定论，杨氏说误。

（十一）“谖”释义附会

《说文·三篇上·言部》云：“谖，诈也。从言，爰声。”按谖当受义于蝯。《说文·十三篇上·虫部》云：“蝯，善援禺属。从虫，爰声。”《九篇上·由部》云：“禺，母猴属。”（《论丛·字义同缘于语源同例证》之47，第71页。）

今按：杨氏谓“谖受义于蝯”颇嫌附会，具有猜测的性质，不足为信。按杨氏的方法，如谓谖受义于圆滑之“圆”也未尝不可。杨云“谖受义于蝯”是由“伪受义于为之母猴义”类推而来，前既明“为之母猴义”错误，“谖受义于蝯”也失其所据。

（十二）“螮蝀”声符不当有义

余初谓螮之从带无义也，既明虹字受声之说，乃悟螮之以其形似带也。……虹形似带，故谓之螮，又谓之虹也。（《述林·释虹》，第29页。）

另：蔡邕《月令章句》云："虹见辄与日相互，率以日西见于东方，"此蝀字从东声之故也。……蝀即以见于东方为义。(《述林·释蝀》，第28页。)

今按：螮蝀即虹，《礼记·月令》"（季春之月）虹始见"郑玄注："螮蝀谓之虹。"又省作蝀，《说文·虫部》："蝀，螮蝀也。"（王凤阳《古辞辨》认为虹可能是螮蝀的合音；也有人认为可能是方音。①）虹、蝀同义，二者可组成连文双音词，唐殷尧藩《寄岭南张明甫》："瘴雨出虹蝀，蛮烟渡江急。"

螮蝀是一双声联绵词，杨氏谓"螮之以其形似带"、"蝀即以见于东方之义"，泥于字形，望文生训，割裂了双声词。朱骏声得之，《通训定声》："螮蝀，双声连语，短言之曰蝀，长言之曰螮蝀。"《联绵字典》定一按："蝃蝀，双声端纽。"（按：蝃即螮）魏茂林《骈雅训纂》："螮蝀，挈贰，虹霓也。"

螮蝀作为联绵词，并不拘泥一形。《集韵》："螮，或作蝃、蛈、蚳。"朱骏声《通训定声》："螮，字亦作蝃。"螮蝀《毛诗》作蝃蝀，《诗》马瑞辰通释："蝃蝀，通作螮蝀。"《释名·释天》："虹，又名蝃蝀。"陆德明《释文》："蝃，本又作螮。"《礼记·月令》"（季春之月）虹始见"，郑玄注"螮蝀谓之虹"，《尔雅·释天》"螮蝀谓之雩"，陆德明释文："蝀，本亦作东。"螮蝀亦作蝷蝀，明·屠隆《昙花记·士女私奔》："慕君才蝷蝀。"

螮蝀是虹或绛②的别名，虹之得名即是螮蝀受名之故。螮、蝀、虹都以虫为偏旁，和古人对虹的认识有关。虹字甲骨文作，象两端有首的龙或蛇，且有巨口，以其能饮也，《甲骨文合集》："王占曰：'有祟！八日庚戌有各云自东，宦毋。昃，亦有出虹自北，饮于河。"③《山海经》即

① 广东省语言学会2006—2007年学术年会上，作者向北京大学唐作藩教授请教"虹"与"螮蝀"的语音关系，唐先生认为二者语音若有关系，可能是方音。

② 至今有的方言还把虹称为绛（降）。《札朴》："虹曰绛。"《集韵》："绛，或作红。"绛为红色，和虹色近。虹上古有两读，一为匣母平声字，一为见母去声字（均属牙音），属东部，绛上古亦属东部，见母（牙音），可见，虹、绛音近；而且上古喉音匣母字与牙音字关系密切，谐声字甘和邯、共和巷、工和项等可以资证。

③ 李圃：《甲骨文选注》，上海古籍出版社1987年版，第17页。有人认为象两龙交尾形（杨潜斋《释"虹"、"冒母"》，《华中师院学报》1983年第1期），并以《诗经》"蝃蝀在东，莫之敢指"为书证，但这是毛传对《诗经》的伦理化附会："蝃蝀，虹也。夫妻过礼则虹气盛，君子见戒而俱，讳之，莫之敢指。"

有“虹虹在北，各有两首”的神话，后世也有“蛇虹”的说法（叶廷珪《海录碎事》：“蛇虹见弥天。”）。《说文》云虹状似虫，甲骨文龙或作，正与虫形近，遂变易从虫。于省吾《殷契骈枝》：“系虹之形，为虹之初文也。”象半圜形或拱（弓）形，《徐霞客游记》：“一山横跨而中空，即石桥也。飞虹垂蝀，下空恰如半月。”拱桥似虹形，故名虹桥。螮蝀当受义于虹之“拱形、半圆”之义，杨树达谓“虹形如带，故谓之螮”，误。于省吾《释虹》亦明之：“虹与古玉璜形亦相似。《太平御览·十四·天部》引《搜神记》：‘孔子修《春秋》，制《孝经》，既成。孔子齐（斋）戒，向北斗星而拜，高备于天。乃有赤气如虹，自上而下，化为玉璜。’此虽事属演义，然而推知古来有璜似虹形之观念。《说文》：‘璜，半璧也。’按半璧正象虹形。近年来出土之商周玉璜，两端多雕成龙首，蛇首或兽首形，尤与传记所称虹有两首之说相符。”

任继昉先生亦云：“螮蝀即虹，其形为弧形或曰拱形、半圆形之彩带。……螮蝀之得名，与其说是因其形长如带，倒不如说是因其带形隆曲。……至于杨树达根据字形探求其语源（字源），以为‘蝀即以见于东方为义’、‘虹之受名盖以其形横而长也’，‘虹形如带，故谓之螮’，恐怕是上了字形的当。”① 唯任氏未明螮蝀为双声联绵词，特以申之。

《汉语大词典》“蝃蝀”条下引杨树达《释虹》：“带孳乳为螮，螮蝀，虹也……虹形横而长似带也。”编者不辨杨氏训释之误而引之；黄侃《尔雅音训》云：“（蕭蕫犹言停僮也，与螮蝀声亦近）螮蝀犹言带重也。”所谓“带重”，就是“各色之带重叠排列”②，黄氏之误与杨氏同。

（十三）“卩”当为“跽”之初文

《说文·九篇上·卩部》云：“卩，瑞信也。守国者用玉卩，守都鄙者用角卩，使小邦者用虎卩，土邦者用人卩，泽邦者用龙卩，门关者用符卩，货贿用玺卩，道路用旌卩。象相合之形。”树达按许君说卩象相合之形，说殊不类，非其义也。……愚谓卩乃厀之初文，卩字上象厀盖，下象人胫，象形字也。（《述林·释卩》，第43页。）

---

① 任继昉：《汉语语源学》，重庆出版社2004年版，第63页。

② 陈若愚《“蘱”与“绎”同名语转字异说——读〈春秋〉宣公十年札记》中的附会，《乐山师范学院学报》2007年第10期。

今按：卩（卩）甲文作、，罗振玉先生《增订殷墟书契考释》："象跽（跪坐）形。"尹黎云先生《汉字字源系统研究》："非'象相合之形'，而是象人屈膝长跪之形。"刘桓认为"（卩）是象形字，像人跪坐形"。（《古文字研究》第25辑，2004年。）隋月敏先生《析卩》认为"卩是跪着的男人"。（《殷都学刊》1994年第4期。）可见，诸家释形分歧不大；但对卩作何用，分歧颇大。

认为"卩乃厀之初文"。除杨氏外，还有尹黎云先生《汉字字源系统研究》："卩的本义就是厀关节。'厀'下云：'胫头卩也。'卩就是膝的初文，其字只是在初文的基础上增声符桼而已。"张玉金先生（《古文字研究》第23辑，2002年）也持此说。但刘桓（2004）认为"然而考之甲骨文、金文，尚未见有证据支持此说"。持此说者，盖尹黎云所云："这是人字的变体，主要突出人腿厀关节，故卩的本义就是厀关节。"然何以知"主要突出人腿厀关节"？似无据。

认为卩即古节字。《说文·卩部》："卩，今作节。"清·李调元《卍斋琐录》："卩，即古'节字'。"《辞源续编》："卩，古文节字。"徐锴《系传》："卩，今皆作节字。"朱骏声《定声》："卩，经传皆以节为之。"《集韵·屑韵》："卩，通作节。"对此，周清泉的观点也许可以解释："甲骨文的卩则是跽形的文。《说文》又误作符节的节的本字卩了。……但是卩字篆文的字形显然是甲骨文象跽形的文。甲骨文象跽形的文被讹作符节的卩，而从足忌声的跽是形声的字，于是表象跽的文与字就在字形上脱了关节，两不相涉了。但在字音即字名上，跽、卩都读ji。"因此，以上诸家所指出的"卩即古节字"当是《说文》以讹传讹的结果。

认为卩即跽字。屈翼鹏先生《殷墟文字甲编考释》："乃跽之初文。当作卩。《说文》以为瑞信者，盖后起之义也。"周清泉《文字考古》："甲骨文中的卩字即跽。"《说文》："跽，长跪也。"参照甲文，此说与甲文所象之形最为吻合。

隋月敏《析卩》："郭沫若释卩为御不正确，但认为释祭名是有可能的。"其实，卩与祭有关。以声音求之，跽、祭音同，古者祭祀，长跪乃祭者的必行之礼，即祭者必跽，卩即象人祭祀时的跽坐之形。

至于刘桓（2004）所云"本义当为礼节之节"，"礼节之节"应为卩之引申义，因为卩由象行礼之形抽象为礼节之节，也是有可能的。

（十四）“若”当训“其”

齐国虽褊小吾何爱一牛即不忍其觳觫若无罪而就死地故以羊易之也《孟子梁惠王上》旧读以“即不忍其觳觫”六字为句，“若无罪而就死地”为句。树达按如此读，“若”字义不可通，此当以“即不忍其觳觫若无罪而就死地”十三字作一句读。“觳觫若”犹言“觳觫然”也。（《古书句读释例·不当读而误读》，第24页。）

今按：“若”当下读且训为代词“其”。杨氏上读且训为“觳觫然”，盖袭自俞樾之误①，《群经评议·孟子一》“吾不忍其觳觫若”俞樾按：“若，犹然也。”

若有“其”训。《经传释词》卷七：“家大人曰：若犹其也。书召诰曰：嗣若功。昭元年左传：子若免之。二十六年传：君若待于曲棘。”《经词衍释》卷七：“若犹其也。书：若考作室。左传襄二十一年：若大盗礼焉。昭二十年：若有德之君。哀二十年：若使吴王知之。”《孟子》中“即不忍其觳觫，若无罪而就死地”，“若”承上文“其”字而言，改“其”为“若”，变文避复耳。此类例子还如：

孔子生不知其父，若母匿之，吹律自知殷宋大夫子氏之世也。（《论衡·知实》）

其子听父之计，窃而藏之；若公知其盗也，逐而去之。《淮南子·氾训论》

杨氏《词诠》“若”字下（七）：“指示代名词，用与‘其’同。”并举有六条书证。而郑子瑜批评说：“杨氏不知‘若’可作‘其’解，”（评杨树达《古书句读释例》，《郑子瑜学术论著自选集》，首都师范大学出版社1994年）看来杨氏不是不知，盖千虑一失之也。

杨伯峻《孟子导读》认为杨树达、俞樾训“觳觫然”不妥，但在《孟子选译》中训“若”为似乎；王力主编《古代汉语》参用孙奭之说，训“若”为“好像”，并翻译为“好像没有罪过的人，平白地走向杀场”。其实这里“无罪而就死地”的主语是“若”（牛），不存在比喻的问题；而译为“像无罪（之人）”，是典型的增字强释。至于焦循《孟子

① 1952年台湾学者高明在台湾《中国语文》一卷二期发表《中国修辞学研究引言》，认为杨树达的《中国修辞学》系从俞樾《古书疑义举例》扩充而成，杨的眼光越不出俞氏的范围，俞著就是杨氏用以窥“天”的“管”。参见宗廷虎《五十年来的汉语修辞学》，《镇江师专学报》1999年第3期。

正义》训“若”为“如此”，训“觳觫”为“死”，大意为“象这样没有罪而杀死它”，而觳觫训“恐惧之状”为定解，这样“若”训“如此”就变得和上文不大相属了。

（十五）“畟”不当训“田正”

《说文·五篇下·夊部》云：“畟，治稼畟畟进也。从田儿，从夊。《诗》曰：畟畟良耜。”……畟字从田儿，儿为古人字，当与人义有关，以古义考之，盖即稷为田正之本字也。……其畟字从兒从夊，此𪏮稷本字，字从夊者，与麥字从夊同。（《述林·释畟稷》，第47页。）

今按：畟字从夊，杨氏无释，只云“与麦字从夊同”。李孝定《甲骨文字集释》：“古文从夊之字皆作𠂀若𠂆，象倒止形，意与止同。”又在“麦”下云：“夊本象到（倒）止形，于此但象麦根。”畟字从兒从夊，而杨训兒为田正，这样无论训夊为“止形”还是“禾根”，畟字都无从说解。①

求之以形，畟当为一会意字。朱骏声《定声》：“畟，治稼畟畟进也。从田，从人，从刃，会意。”从田、人、刃，表人在田中持利耜耕作。《诗》曰：“畟畟良耜。”从刃谓良耜如利刃，孔疏：“以畟畟文连良耜，则是利刃之状。”《集韵》：“畟畟，耜利也。”朱熹集传：“畟畟，严厉也。”

《说文》训“治稼畟畟进也”，即利耜深耕快进貌。求之以声，畟、测音同，《广韵》初力切，职部。毛传：“畟畟，犹测测也。”《说文》：“测，深所至也。”《尔雅》：“深，测也。”孔疏：“故测测以为利之意也。”马瑞辰《通释》：“今按《淮南子·原道术》注：‘度深曰测。’则以耜入地之深亦得曰测。《尔雅》舍人注：‘畟畟，耜入地之貌。’亦状其入地之深。”

（十六）“革”不为“鞠”之初文

《说文·三篇下·革部》云：“革，兽皮治去其毛曰革，革，更也，象古文革之形。”或作𠦫，云：“古文革从三十，三十年为一世而道更也，臼声。”

---

① 还有人认为“畟”像一跪着的人形，见李萍《“稷”字的历史沉淀和文化内涵》，《山西大学学报》2004年第11期，第92～94页。

树达按许君说古文革从三十，定为形声字，殊为牵强。……愚以革古文审之，上象鸟口，与燕字同，十象鸟身及尾，两旁象鸟翅，盖鞆之初文也。……革韩《诗》作鞆……盖鸟兽毛羽有时除旧更生，革为鸟翅，引申有去毛之义，又引申有改革之义。(《述林·释革》，第48页。)

今按：杨氏云“许君说古文革从三十，定为形声字，殊为牵强”，当是，夏渌《评康殷文字学》也认为许君“析形确是相当荒唐，竭尽牵强附会的能事”。但杨氏释革为鞆之初文，误。

革金文作、，林义光《文源》以金文之形释之：“按从廾非革之义，廿十亦不为廾，古作，象兽头角足尾之形。”“（臼）象手治之。”康殷《文字源流浅说》根据甲、金文字形认为：“（革）全字即表示用铲刮兽皮、肉之义。”① 参之金文，综合各家，革之初义当与“治革”义有关，许君不误。

杨氏以古文之形释革为鞆之初文，盖是以鞆之今文形比附革之古文形得出的结论；所云经籍中有用革为鞆者，因为革、鞆音同，当是后来文字上的借用现象，朱骏声《通训定声》：“革，假借为鞆。”《诗·小雅》“如鸟斯革”，段玉裁《故训传定本小笺》：“革即鞆之假借。”至于革（鸟翅）又引申为“去毛”、“改革”之义云云，更嫌附会。革之变革义当是由治“皮”为“革”的变化引申而来，引申义“变革”亦可反证林、康之初义说。

（十七）“祝”字初文当为象形字

《说文·一篇上·示部》云：“祝，祭主赞词者，从示，从人口。一曰：从兑省。《易》曰：兑为口，为巫。”盖祭主赞词之祝，以口交于神明，故祝字初文之兄字从儿从口，此与人见用目，故见字从人目，企字从人止，卧息用鼻，故眉字从尸自，文字构造之意相同。(《述林·释兄》，第53页。)

今按：杨氏谓“祝字初文之兄字从儿从口”，误。兄字甲骨文作、、，陈初生《金文常用字典》：“象人跪跽祝告之形，与祝之初文同构。”“兄”所以被认为“从人从口”者，“篆书中，‘跪姿兄’口下的人

---

① 夏渌《评康殷文字学》不同意康殷所释，但也认为革金文象皮革形，武汉大学出版社1991年版，第156～158页。

形跪姿讹变为‘儿’形，已经不再能够象形会意了。”①

兄乃祝之初文。《说文释例》“祝”下云：“此字可疑。不可以为从兄，因分为人口，人口又不成词②，故又以为从兑省。然兑字从儿，合声，省合之八而留口，既无此省法，且省形声字以成会意，尤无此法。”又：“太祝禽鼎作，乃人跪而向神之形。”③ 陈初生《金文常用字典》：“（祝）禽簋作，更可见其跪拜之状。”祝字甲骨文形和金文同，商承祚《殷墟文字类编》：“（祝）象跽（长跪）于神前而灌酒也。”

杨氏《释兄》又：兄长于弟，差习语言，使之主司祝告，固其宜也。其后文治大进，宗子主祭，犹此意矣。兄任祝职，其始也，兄祝混用不分，后乃截然为二，以兄弟之义作儿口之形，字遂不可说。

今按：甲骨文中兄字有三形1、2、3，1、2为跪姿，3为立姿，卜辞中“跪姿兄”用为祝，“立姿兄”用为兄长之兄，用法截然有别。④古代致祭以长，杨氏云由兄长任祝职，是符合古代礼俗的。“改变‘跪姿兄’口下人形跪姿，由跪姿变为立姿，创造‘立姿兄’字，这是符合远古先民传统中由于尊长而致祭以长的社会心理和社会习俗的；所以，甲骨文中用‘立姿兄’表示兄长之兄的意义是有道理的。”⑤ 可见，“跪姿兄”为祝之初文，“立姿兄”为兄长之兄初文。但隶变时二者被隶定为同字，从而掩盖了二者的区别。⑥ 杨氏云：“以兄弟之义作儿口之形，字遂不可说”，闵文似可解释：“在甲骨文时期，由于‘跪姿兄’的后起字‘祝’已经出现，与‘跪姿兄’并用，随后逐渐取代‘跪姿兄’；至甲骨文后期，兄（‘立姿兄’）、‘祝’二字形体已定，意义分工已经明确。所以，此后的文献典籍中也就不再能够反映甲骨文时期这几个字的原始面貌了。”⑦

① 闵爽：《“兄”字本义考》，载《语文研究》2004年第3期，第41页。

② 段注谓“口之言无尽也，故从儿口，为滋长之意”，徐灏谓“从人从口者，生长之意也。诸子同生，而以长者当之，故谓男子先生为兄矣”，于省吾认为均难以当义。见于省吾《甲骨文字诂林》，第86页。

③ 杨氏同文提到“王筠谓字本象人形，不从口”，但以“字形字义不相吻合”而略之。

④ 徐中舒：《甲骨文字典》，四川辞书出版社1998年版，第966页。

⑤ 闵爽：《“兄”字本义考》，载《语文研究》2004年第3期，第40页。

⑥ 同上书，第41页。

⑦ 同上书，第40页。

（十八）“戴目”不当为“侧目”

《说文·一篇上·示部》云：“瞯，戴目也。从目，閒声。江淮之间谓眄曰瞯。”段氏注云：“戴目者，上视如戴然，《素问》所谓戴眼也。”……愚谓戴目当求之于声，不当求之于形，盖戴目即侧目也。（《论丛·瞯戴目释义》，第67页。）

又《汉书·贾山传》：“赋敛重数，百姓任罢，赭衣半道，群盗满山，使天下之人戴目而视，倾耳而听。”杨树达按：“戴、载，通用，载、则亦通用，‘戴目’即‘侧目’也。”（《汉书窥管》，第303页。）

今按：杨氏谓“戴目”即“侧目”，不足为据；谓戴、载、侧辗转通假，略嫌迂回，且古书未见戴、侧通假之它例者。

《说文》：“瞯，戴目也。”瞯指一种眼病，《仓颉篇》：“瞯，目病也。”《广韵》：“瞯，人目多白。”瞯也可指马一目白，《尔雅·释畜》：“一目白，瞯；二目白，魚。”邵晋涵《正义》：“马目欲得黄……若目小多白，则惊畏；惊畏，马之病也。”瞯指马时也作騆，《集韵·山韵》：“瞯，或作騆。”《玉篇·马部》：“騆，马一目多白。”

这种眼病的症状是“戴目”，即目上视，露白眼。“戴目”《素问》称“戴眼”，戴者，上也，《说文》段注：“凡加于上皆曰戴。”眼，即眼瞳。《素问》“戴眼反折”王冰注“戴眼，谓睛不转而仰视也”，即《说文》段注所说的“目上视而多白”，而不是杨氏所说的“侧目”而导致的“眼多白”。徐锴《说文系传》：“戴目，目望阳也。”方以智《通雅》：“目望阳曰望视，见《春秋传》。今曰羊眼人。”朱骏声《说文通训定声》：“戴目，目上视，所谓望羊。”（日）丹波元简引张文虎曰：“瞳子高者目上视也，戴眼者，上视之甚而定直不动。”

有些疾病发作或临死时亦有戴目之状。《督脉经穴》：“角弓反张，吐舌，癫疾风痫，戴目上视不识人。”《素问·三部九候论》：“足太阳气绝者，其足不可屈伸，死必戴眼。”《素问·诊要经终论》：“太阳之脉，其终也戴眼，……绝汗乃出，出则死矣。”一种小儿癫痫病发作时有戴目之状，故又称瞯病，裴骃集解引《汉书音义》：“瞯，音閒，小儿痫病也。”

“瞯然”意为自得貌，《文选·潘岳〈马汧督诔〉》：“瞯然马生，傲若有余。”张铣注：“瞯然，自得貌。”谭嗣同《仁学》之二曰：“中国之兵，固不足以御外侮，自屠割其民则有余，而方受大爵，膺大赏，享大名，瞯然骄居，自以为大功，此吾所以至耻恶湘军不须臾忘也。”盖因自得者仰目上视，目中无人，故称“瞯然”。

“戴目”由疾病之状又引申为人平时的仰目而视。祖无择《祈雨祝文》：“不然，何当雨而不雨，使千里之内戴目而望?”有成语“举首戴目”，这里“举”“戴”对文，意谓抬头仰望，期待殷切。

《汉书·贾山传》：“使天下之人戴目而视，倾耳而听。”方以智《通雅》：“《贾山传》戴目而视，言远望仰视也。”颜师古注：“戴目者，言常远视，有异志也；倾耳而听，言乐祸乱也。”颜注云远视有异志不是很准确。“戴目”当指天下之人不满暴政时的怒目上视之状，吴恂《汉书注商》：“戴目而视，言举目仰视。”施丁《汉书新注》深得之：“戴目：言举目仰视，乃怒目而视之义。”

要之，“戴目”意为“眼上翻而视”，绝非杨氏所说的“侧目”；《汉语大词典》“戴目”条引用杨树达《汉书窥管》所注，并云：“戴目，犹侧目。”失辨。

(十九)“元”当为象形字

宋戴侗《六书故》云：“元，首也。从儿，从二。儿，古文人；二，古文上。人上为首，会意。”近人徐灏撰《说文段注笺》述戴氏之说，且引《左氏僖公三十三年传》……《孟子滕文公篇》……以证明其义，可谓信而有征矣。(《述林·释元》，第63页。)

今按：戴、徐谓元从儿从二会意，杨氏信而征之。而元字金文作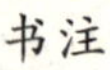，当象人首之形，连带画人身之形，是象形字，不当释为会意；甲文作、，盖因甲文契形，为书写便，上由短横示之。于省吾《甲骨文字诂林》：“即元字。《说文》对于元字形体的解释与其初形不符。(按：《说文》元训从一从兀。)商代金文作，即突出人首形。”陈初生《金文常用字典》：“高景成谓乃元字初文，……此字，突出人头，正体现元字本义。之上面一横由圆点演变而来。或在上加一短横，仍是指明人之最上部是头。”戴、徐(包括徐中舒《甲骨文字典》)释元为会意，当是依篆文或今体穿凿的结果。盖先人造字，“近取诸身，远取诸物”，元既表人首之义，当为最早所造之字。人之“初作书，盖依类象形”。何况人首之形很易具象。观之甲金文字，元字当释象形为确。

另及：无论元字如何解形，其初义表人首殆无疑义，但有人批杨氏说："杨树达还拘执于戴侗、徐灏的错误，认为元的本义是首，反诬《说文》训始不是初义。其实《说文》训元为始正是初义。"其说所依据的是《说文》训元为"从一从兀"，而兀字《说文》训"高而上平也"；又据章太炎《文始》"兀转寒别初元字，始也，引申为元首"，最后得出：元训始"是具体、真实的含义，不是杨树达所说表示元首的首，而是华夏先民步入文明的那个时代，其居住之地为高而平的山陵"。①

批者所训依据的"兀"训"高而上平"其实也是误训，兀和元实为一字。徐灏《段注笺》："高而上平不知其为何物，从真望文生义，灏谓兀与元同。"陈初生《金文常用字典》："高景成谓乃元字初文，与兀为一字。"林义光《文源》亦持此说。至于所依章氏之说，更不足为信。兀在物部，且为入声，而元在元部，平声，二者差别太大，何以转之？诬者偏执其所谓《说文》"系统"之一端，不查古文字材料，也不顾古文献材料之文例（如《左传》、《孟子》文义），信口言之，不足取。

（二十）"走"当为象形字

《说文·二篇上·走部》云："走，趋也，从夭止，夭者，屈也。"按走从夭止会意，自来治《说文》者皆不能明言其义……字从夭者，《说文》云："夭，屈也，从大，象形。"训大象人形，则夭亦谓人，盖谓屈身之人也。……走又从止者，止谓人足，趋走以足，故从止，走从夭止会意。（《述林·释走》，第82页。）

今按："走"甲骨文作，象人摆动双臂奔跑之形，是独体象形字；杨不当从许训从夭从止会意。赵诚《甲骨文简明词典》："，走。象人急走或奔跑时，两臂前后上下甩动之形。"

从"夭"当是文字演化中的讹变。于省吾："小篆'走'字从夭，乃形体之伪变，亦为形态之混淆。……金文'走'字作，亦或作；'奔'作，或又作。然则显而易见，'夭'乃之形伪。其形体既经伪变，则与金甲文矢字相混，而又造成'走''奔'所从与'夭'字相混。"②

金文加"止"旁或"彳"旁作、，是文字的繁化。于省吾又：

① 宋永培：《古汉语词义系统研究》，内蒙古教育出版社2000年版，第516～517页。

② 于省吾：《甲骨文字诂林》，中华书局1996年版，第318页。

"契文即'走'之初形。……金文'走'及从走之字作，或亦作，增'止'或'彳'为文字演化中所习见。篆文作，伪变为从'夭'从'止'。"

（二十一）"闭"不当从"才"

《门部》又云："闭，阖门也，从门、才，所以距门也。"按才即材之初文。才训草木初生，引申之义为木材，材初止做才，后乃加形旁为材耳。闭从才者，距门之关以木为之，犹闲之从木也。（《述林·释開闢閉》，第83页。）

今按：闭字不从才，闭金文作、，象用以关门的键锁之形。《段注》云："从门而又象撑拒门之形，非才字也。才不成字，云'所以歫门'，依许全书之例，当云：'才，象所以距门之形。'"闭篆文作，张舜徽《约注》："象键闭之形，即今俗所谓木锁也。"后来隶定时伪作才。

（二十二）"攺"当从"也（它）"

《说文·三篇下·攴部》云："攺，敷也，从攴，也声。读与施同。"树达按《说文》攴字训小击，故凡从攴之字皆含用力动作之意。……从也者，也《说文》训女阴，象形。据形求义，攺当为人于女阴有所动作，盖男子御女之义，许君训敷，非初义也。……也训女阴，宋元以来学者疑之①，盖以其猥亵，此腐儒拘墟不达之见也。（《述林·释攺》，第33页。）

今按：也甲文作，金文作、、，象蛇虫之形。② 容庚《金文编》："与'它'为一字。""也"《说文》训女阴误，杨氏释攺也因以致误。于省吾《甲骨文字释林·释攺》："攺字说文作攺，并谓：'攺，敷也，从攴也声，读与施同。'按许氏训攺为敷，并非本义，应改为'攺，以攴击它（蛇）也，从攴它，它亦声。'"其说当是。

① 如《正字通》："也，盥器。即古文匜字。"王筠《文字蒙求》："也，古匜字，沃盥器也。"徐灏《段注笺》："戴氏侗曰：，沃盥器也。有流以注水，象形，亦作。借为词助，词助之用多，故正义为所夺，而加匚为匜。"本书不从以上诸说。

② 宋元有学者释"也"为"盥器"，即杨氏云"宋元以来学者疑之"者，如《正字通》："也，盥器。即古文匜字。"

（二十三）“昏”当出甲文形证释

按免声之字多含低下之义。……晚从免声，正谓日之低下，故训为莫也。……《七篇上·日部》云：“昏，从日氐省。氐者，下也。”此二事也。以昏晚二文对勘，又知昏下一曰民声之说非矣。（《论丛·释晚》，第8页。）

今按：杨氏云昏“一曰民声之说非矣”当是，段玉裁亦云：“‘一曰民声’四字，盖浅人所增，非许本书，宜删。凡全书内昏声之字，皆不从民，有从民者伪也。”唯杨氏以昏晚二文对勘，似不足为据，当以甲文之形证之。昏甲骨文作、，于省吾《甲骨文字诂林》：“卜辞昏字从氏，不从民。”徐中舒《甲骨文字典》：“从日从氏，与《说文》篆文略同。”

另及：李建国据前人之说认为昏字当从民声作昬，并说：“杨氏此处拘泥字形，误以形声为会意。”[①] 昏当为会意[②]，李氏误。昏从民声之“昬”字，乃隶变之讹。段玉裁：“字从氐声为会意，绝非从民声为形声也。盖隶书淆乱，乃有从民作昬者，俗皆遵用。”可见，昏为正字，昬乃俗体，两书并行。时至唐代，为避太宗李世民之偏讳，“昬”改正体书之，《旧唐书·高宗纪上》：“（显庆二年十二月）庚午，改‘昬’‘葉’字”，事当指二字所从之偏旁“民”“世”而言；宋张世南《游宦纪闻》、元戴侗《六书故》、清顾炎武《音学五书》均记有改“昬”为“昏”之事，其事可信。但宋晁补之、明张自烈《正字通》、清钱大昕《十驾斋养新录》、纽玉树《段注订》、桂馥《义证》、沈涛《古本考》、孔广居《说文疑疑》、今人张舜徽《说文解字约注》、王力《汉语史稿》据庙讳之事认为“昏本从民作昬”，那就本末倒置了。不仅甲文昏字从氏，唐以前亦有从氏之昏字，如南朝梁王志的《一日帖》中就有从氏的“昏”字，晋王羲之法帖中的“婚”之偏旁就作“昏”。郭沫若在《殷契萃编考释》中说：“殷人昏字实不从民，足证段氏之卓识而解决千载之疑案矣。”

段玉裁云：“唐人作《五经文字》乃云‘缘庙讳，偏旁准式省从氏。凡泯昬之类皆从氏，’以昬类泯，其亦傎矣。”今按：庙讳改字一事当有，只是昏、泯二字使用情况有别：庙讳之前，昏、昬并行，庙讳之后，昏本

---

① 李建国：《汉语训诂学史》，安徽教育出版社1986年版，第338页。

② 昏字如何会意论者尚有分歧：一说从《说文》训从日从氐，谓日之氐下；一说从日从人（氏），谓日在人下。

为正体，有社会使用基础，正字行而俗体废；泜为避讳偶改，其后便正字行而讳字废了。

（二十四）“王”字不当二解

《八篇上·壬部》云：“壬，善也，从人士，士，事也。”按人士义无可会，故许君复云士事以明之，谓壬字从士，实假士为事也。士事二字古韵皆在咍部，故相通借也。（《论丛·造字时有通借证》，第97页。）

又：《说文·八篇上·壬部》云：“壬，善也，从人士，一曰，象物出地挺生也。”按许后说是也。壬字下从土，铭文壬字中画下出者，象挺出物之根在地下，于字之形义固无忤也。（《积微居金文说·新识字之由来》，第1页。）

今按：同一王字，杨氏一说从士，云士、事通借；一说从土，象挺出物在地下。两说矛盾。

王甲文作、，象人挺立地上之形，系“挺立”之“挺”的本字。后又变做（望簋“望”所从），战国时写作（郭店简“望”所从），篆文作。朱骏声《通训定声》：“王，挺立也。”从王得声之字，多具直、挺义，如侹、挺、脡、颋、廷、脛、頸、徑、俓（坙从王声省）等皆是。

许慎据篆文释形有误，王字下当从土，杨氏后说近是。段注：“上象挺出形，下当是土字也。”徐铉：“人在土上，王（挺）然而立也。”徐中舒《甲骨文字典》：“王从人在上，象人挺立土上之形。……《说文》说形不确，一曰之义近是。”商承祚《殷墟文字类编》则认为王象土上生物：“此正象土上生物之形，与许书第二说相符，则此字当从土，不应从士。”但无论“人在土上”还是“土上生物”，王都与土有关，绝不从士。

“善也”可能是“挺立”义的引申，李孝定《甲骨文字集释》：“王然而立，英挺劲拔，故引申之得有‘善也’之谊也”，亦可通。

主要参考文献

一、杨树达先生著述要目[①]

（一）专著

1. 中国语法纲要［M］，商务印书馆，1920年。
2. 古书疑义举例续补［M］，1925年家刻本。后收入《古书疑义举例五种》，1956年中华书局出版。又收入《杨树达文集》之四，上海古籍出版社，1991年。
3. 汉书补注补正［M］，商务印书馆，1925年。收入《北京师范大学丛书》。
4. 词诠［M］，商务印书馆，1928年。1954年中华书局出版，1978年再版。又列为《杨树达文集》之二，上海古籍出版社，1986年。
5. 老子古义［M］，中华书局，1922年。1926年再版，1928年增订出版。又收入《杨树达文集》之十三，上海古籍出版社，1991年。
6. 古书之句读［M］，文化学社，1928年。
7. 高等国文法［M］，商务印书馆，1930年。后收入《大学丛书》，1935年改订出版，1955年重版。后收入《汉语语法丛书》，商务印书馆，1984年。1990年上海书店影印版。
8. 周易古义［M］，中华书局，1930年。后收入《杨树达文集》之十三，上海古籍出版社，1991年。
9. 马氏文通刊误［M］，商务印书馆，1931年。1933年再版。1958年科学出版社校订出版。1962年中华书局出版。现收入《杨树达文集》之四，上海古籍出版社，1991年。
10. 积微居文录［M］，商务印书馆，1931年。

---

① 参考刘梦溪主编《中国现代学术经典·杨树达卷》，河北教育出版社1996年版。

11. 中国修辞学［M］，世界书局，1933 年。1954 年科学出版社出版。1955 年科学出版社再版时改名《汉文文言修辞学》。1969 年台湾世界书局以《中国修辞学》之名出版。1980 年中华书局以《汉文文言修辞学》一名出版。现列为《杨树达文集》之一，仍题《中国修辞学》，上海古籍出版社，1983 年。
12. 古声韵讨论集［M］，好望书店，1933 年。
13. 汉代婚丧礼俗考［M］，商务印书馆，1933 年。
14. 群书检目［M］，好望书店，1934 年。
15. 论语古义［M］，商务印书馆，1934 年。
16. 古书句读释例［M］，（即《古书之句读》增订本），商务印书馆，1934 年。1954 年中华书局校订出版。现收入《杨树达文集》之四，上海古籍出版社，1991 年。
17. 积微居小学金石论丛［M］，商务印书馆，1937 年。1955 年科学出版社增订出版。1983 年中华书局出版。
18. 春秋大义述［M］，重庆商务印书馆出版，1943 年。
19. 积微居金文说［M］，中国科学院考古研究所，1952 年。1959 年科学出版社出版增订本。
20. 淮南子证闻［M］，中国科学院出版，1953 年。现收入《杨树达文集》之十一，上海古籍出版社，1985 年。
21. 积微居小学述林［M］，中国科学院出版，1954 年。1983 年中华书局出版。
22. 积微居甲文说·卜辞琐记［M］，中国科学院出版，1954 年。后收入《杨树达文集》之五，上海古籍出版社，1986 年。
23. 耐林庼甲文说·卜辞求义［M］，群联出版社，1954 年。现收入《杨树达文集》之五，上海古籍出版社，1986 年。
24. 论语疏证［M］，石印本，1943 年。1955 年科学出版社出版。1986 年上海古籍出版社出版。
25. 汉书窥管［M］，科学出版社，1955 年。现列为《杨树达文集》之十，上海古籍出版社，1984 年。
26. 盐铁论要释［M］，科学出版社，1957 年。1963 年中华书局出版。现收入《杨树达文集》之十一，上海古籍出版社，1985 年。
27. 积微居读书记［M］，科学出版社，1960 年。1962 年中华书局出版。
28. 积微翁回忆录·积微居诗文钞［M］，现列为《杨树达文集》之十七，上海古籍出版社，1986 年。
29. 中国文字学概要·文字形义学［M］，现列为《杨树达文集》之九，上海古籍出版社，1988 年。

（二）论文

1. 说国字及其系统［J］，民铎，1920 年 2 卷 4 期。
2. 论中国文字的省略［J］，学艺，1920 年 2 卷 7 期。
3. 马氏文通刊误［J］，学艺，1921 年 3 卷 3、4 期；学艺，1922 年 8 期；学艺，1923 年 4 卷 2、8 期。
4. 韩诗内传未亡说［J］，学艺，1921 年 2 卷 10 期。
5. 汉字之新系统序例［J］，中华体育界，1921 年 11 卷 2 期。
6. 汉字音符声系表［J］，国语月刊，1922 年 1 卷 2、3、4、5 期。
7. 名词、代名词下“之”，“的”两词的词性［J］，学艺，1922 年 4 卷 6 期。
8. 讨论《诗经》“于以”的两封信［N］，时事新报，1922 年 11 月 5 日。
9. 对于 C、P 君读《马氏文通刊误》之说明［J］，学艺，1922 年 4 卷 2 期。
10. 国音辨似篇［J］，国语月刊，1922 年 1 卷 5 期。
11. 古书疑义举例补［J］，国文学会丛刊，1922 年 1 卷 1 期。
12. 述古书中之代名词［J］，民铎，1922 年 3 卷 2 期。
13. 中国文法学之回顾［J］，民铎，1923 年 4 卷 3 期。
14. 中国文中的介词［J］，太平洋，1923 年 4 卷 2 期。
15. 长沙方言考［J］，太平洋，1923 年 4 卷 4 期；民铎，1925 年 6 卷 5 期；清华学报，1936 年 11 卷 1 期。
16. 说中国语文之分化［J］，东方杂志，1924 年 21 卷 2 期。
17. 读刘文典《淮南鸿烈集解》［J］，太平洋，1924 年 4 卷 6 期。
18. 汉代老学者考［J］，太平洋，1924 年 4 卷 8 期。
19. 古书疑义举例续补［N］，晨报，1925 年副刊 2 期 12、14、16、18、19、22 日；晨报，副刊 3 月 3、4 日；晨报，副刊 6 月 8、10 日。
20. 释名新略例［N］，晨报，1925 年 12 月 1 日增刊。
21. “之”字用法十二则［J］，文字同盟，1927 年 16 期。
22. “则”字之意义与用法［J］，文字同盟，1927 年 1、2 期。
23. 跋《后汉书集解》［J］，清华学报，1927 年 4 卷 1 期。
24. 古书之句读［J］，清华学报，1928 年 5 卷 1 期。
25. 《汉书》释例［J］，燕京学报，1928 年 3 期。

26. 国文中之倒装宾法［J］，清华学报，1930年6卷1期。
27. 读《汉书·儒林传》［J］，国学丛编，1931年1期2册。
28. 读《乐浪书》后［J］，北平图书馆馆刊，1931年5卷4期；国学丛编，1932年1期6册。
29. 说制［J］，国学丛编，1932年2期1册。
30. “意怠”、“鷾鸸”一鸟说［J］，国学丛编，1932年2期1册。
31. 班固所据史料考［N］，大公报，“文学副刊”229期1932年5月23日。
32. 读王氏《读书杂志》献疑［J］，北京图书馆馆刊，1932年6卷3期。
33. 汉代丧葬制度考［J］，清华学报，1932年8卷1期。
34. 释慈［J］，国学丛编，1933年2期2册。
35. 释醇［J］，国学丛编，1933年2期2册。
36. 诗音有上声说［J］，国学丛编，1933年2期2册。
37. 形声字声中有义略证（附论中国语源学问题）［J］，清华学报，1934年9卷4期。
38. 语源学论文七篇［J］，师大月刊，1934年14期。
39. 语源学论文十二篇［J］，清华学报，1934年9卷4期。
40. 古音对转疏证［J］，清华学报，1935年10卷2期。
41. 文字训诂学论文十篇［J］，清华学报，1935年10卷4期。
42. 读容希白君《古石刻零拾》（附复书）［J］，考古学社社刊，1935年2期。
43. 释鐱［J］，考古学社社刊，1935年12期。
44. 古音咍·德部与痕部对转证［J］，文哲月刊，1935年创刊号。
45. 谭戒甫《庄子·天下篇》校释［J］，清华学报，1936年11卷1期。
46. 十文说义［J］，文哲季刊，1936年5卷2期。
47.《吕氏春秋》拾遗［J］，清华学报，1936年11卷2期。
48. “子奚不为政”解［J］，制言，1936年18期。
49. 潘文勤金石手札钞［J］，考古学社社刊，1936年4期。
50. 字义同缘于构造同例证［J］，员辐，1936年1卷1期。
51. 国文法之研究法及研究法之实用［J］，华年周刊，1936年5卷45期。
52. 新莽量铭跋［J］，考古学社社刊，1936年5期。
53. 读《左传》小笺［J］，清华学报，1937年12卷2期。
54. 语言学论文十八篇［J］，清华学报，1937年12卷3期。
55. 司徒司马司空释名［J］，语言与文学，1937年。
56. 与胡适之论《诗经》“言”字书［J］，考古学社社刊，1937年6期。

57. 与沈兼士论字音同义通读书［J］，金陵学报，1940 年 10 卷 1、2 期合刊。
58. 读《甲骨文编》记［J］，文哲丛刊，1940 年 1 卷。
59. 积微居字说［J］，东方杂志，1940 年 37 卷 11、12、14 期。
60.《春秋大义述》序［J］，文哲丛刊，1940 年 1 卷。
61. 京师解［J］，责善（半月刊），1941 年 2 卷 11 期。
62. 古文字研究［J］，学海，1942 年 17、18 期合刊。
63. 论小学书流别［J］，读书通讯，1942 年 50 期。
64. 易牙非齐人考［J］，清华学报，1942 年。
65. 语源学论文十篇［J］，文史哲季刊，1943 年 1 卷 2 期。
66. 叔夷钟跋［J］，斯文，1943 年 3 卷 1 期；国立中山大学文史集刊，1948 年 1 册。
67. 叔夷钟跋补记［J］，斯文，1943 年 3 卷 7 期。
68. 积微居金文跋十六篇［J］，斯文，1943 年 3 卷 7 期。
69. 造字时有假借证［J］，复旦学报，1944 年 1 期。
70. 洹子孟姜壶跋［J］，说文月刊，1945 年 5 卷 3、4 期合刊。
71. 齐子仲姜镈之鞷叔即鲍叔说［N］，大公报，1946 年 12 月 18 日“文史周刊”10 期。
72. 曾子慇簠跋［N］，经世日报，1946 年 12 月 4 日“读书周刊”17 期。
73.《说文》“读若”探源序［N］，经世日报，1947 年 4 月 9 日“读书周刊”34 期。
74.《说文》“读若”探源（上）［J］，学原，1947 年 1 卷 5 期、6 期合刊。
75.《尔雅》舒训叙、绪释［J］，湖南教育，1947 年新 1 卷 3 期。
76.《诗》“对扬王休”解［J］，大公报，1947 年 1 月 8 日“文史周刊”13 期。
77. 积微居字说［J］，复旦学报，1947 年 3 期。
78. 积微居金文说［J］，学原，1947 年 1 卷 3、9 期；1948 年 2 卷 1 期。
79. 积微居甲文说［J］，学术丛刊（湖大），1947 年 1 期。
80. 免簋跋［N］，经世日报，1947 年 4 月 2 日“读书周刊”33 期。
81. 造字时有假借证［J］，复旦学报，1947 年 1 期。
82. 曾侯簠跋［J］，国立中山大学文史集刊，1948 年 1 期。
83. 叔夷钟跋［J］，国立中山大学文史集刊，1948 年 1 期。
84. 积微居字说［J］，历史语言研究所集刊，1949 年 20 本下。
85. 释甾［J］，岭南学报，1950 年 11 卷 1 期。
86.《竹书纪年》所见殷王名疏证［N］，光明日报，951 年 1 月 20 日。

87. 彝铭中之本字［J］，岭南学报，1951年11卷2期。
88. 新识字之由来［J］，岭南学报，1951年11卷2期。
89. 关涉周代史实之彝铭五篇［J］，历史研究，1954年2期。
90. 耐林庼金文说［J］，历史研究，1954年6期。
91. 异体字表中应一律采用正体字（合著）［N］，光明日报，1955年7月6日。

二、其他文献

（一）专著

1. 白兆麟．简明训诂学［M］，台北：台湾学生书局，1996年.
2. 白兆麟．新著训诂学引论［M］，上海：上海辞书出版社，2005年.
3. 陈初生．金文常用字典［M］，西安：陕西人民出版社，2004年.
4. 陈绂．训诂学基础［M］，北京：北京师范大学出版社，1990年.
5. 丁声树编録，李荣参订．古今字音对照手册［M］，北京：中华书局，1981年.
6. 董莲池．说文解字考正［M］，北京：作家出版社，2005年.
7. 段玉裁．说文解字注［M］，上海：上海古籍出版社，1981年.
8. 冯浩菲．中国训诂学［M］，济南：山东大学出版社，1995年.
9. 郭芹纳．训诂学［M］，北京：高等教育出版社，2005年.
10. 郭锡良．汉字古音手册［M］，北京：北京大学出版社，1986年.
11. 郭在贻．训诂学（修订本）［M］，北京：中华书局，2005年.
12. 何金松．汉字形义考源［M］，武汉：武汉出版社，1996年.
13. 何九盈．中国古代语言学史［M］，郑州：河南人民出版社，1985年.
14. 何九盈．中国现代语言学史［M］，广州：广东教育出版社，1995年.
15. 洪诚．训诂学［M］，南京：江苏古籍出版社，1984年.
16. 胡继明．《广雅疏证》同源词研究［M］，成都：巴蜀书社，2003年.
17. 胡朴安．中国训诂学史［M］，上海：上海书店，1984年.
18. 胡奇光．中国小学史［M］，上海：上海人民出版社，1987年.
19. 黄健中．训诂学教程［M］，武汉：荆楚书社，1988年.
20. 黄侃．黄侃论学杂著［M］上海：上海古籍出版社，1980年.
21. 黄侃述，黄焯编．文字声韵训诂笔记［M］上海：上海古籍出版社，1983年.

22. 黄侃，刘师培著，刘梦溪主编，吴方编校. 中国现代学术经典·黄侃刘师培卷［M］，石家庄：河北教育出版社，1996 年.
23. 黄侃著，黄焯整理，黄延祖重辑. 说文笺识［M］，北京：中华书局，2006 年.
24. 黄易青. 上古汉语同源词意义系统研究［M］，北京：商务印书馆，2007 年.
25. 黄永武. 形声多兼会意考［M］，台北：文史哲出版社，1984 年.
26. 蒋绍愚. 古汉语词汇纲要［M］，北京：北京大学出版社，1989 年.
27. 李国英. 小篆形声字研究［M］，北京：北京师范大学出版社，1996 年.
28. 李建国. 汉语训诂学史［M］，合肥：安徽教育出版社，1986 年.
29. 梁启超. 饮冰室文粹·清代学术概论［M］，天津：天津古籍出版社，2003 年.
30. 路广正. 训诂学通论［M］，天津：天津古籍出版社，1996 年.
31. 陆宗达. 训诂简论［M］，北京：北京出版社，1980 年.
32. 陆宗达，王宁. 训诂和训诂学［M］，太原：山西教育出版社，1994 年.
33. 陆宗达，王宁. 训诂方法论［M］，北京：中国社会科学出版社，1983 年.
34. 罗竹风. 汉语大词典（缩印本）［M］，上海：世纪出版集团、汉语大词典出版社，2002 年.
35. 孟蓬生. 上古汉语同源词语音关系研究［M］，北京：北京大学出版社，2001 年.
36. 齐佩容. 训诂学概论［M］，北京：中华书局，1984 年.
37. 钱基博. 近百年湖南学风［M］，北京：中国人民大学出版社，2004 年.
38. 裘锡圭. 文字学概要［M］，北京：商务印书馆，1999 年.
39. 任继昉. 汉语语源学［M］，重庆：重庆出版社，2004 年.
40. 沈兼士. 沈兼士学术论文集［M］，北京：中华书局，1986 年.
41. 宋福邦等. 故训汇纂［M］，北京：商务印书馆，2003 年.
42. 宋均芬. 汉语词汇学［M］，北京：知识出版社，2002 年.
43. 宋子然. 训诂理论与应用［M］，成都：巴蜀书社，2002 年.
44. 苏宝荣，武建宇. 训诂学［M］，北京：语文出版社，2005 年.
45. 孙雍长. 训诂原理［M］，北京：语文出版社，1997 年.
46. 汤可敬. 说文解字今释［M］，长沙：岳麓书社，1997 年.
47. 唐作藩. 上古音手册［M］，南京：江苏人民出版社，1982 年.
48. 汪耀楠. 注释学纲要［M］，北京：语文出版社，1991 年.

49. 王力．中国语言学史［M］，太原：山西人民出版社，1981 年.
50. 王力．王力语言学论文集［M］，北京：商务印书馆，2000 年.
51. 王力．汉语史稿［M］，北京：中华书局，2002 年.
52. 王念孙．广雅疏证［M］，南京：江苏古籍出版社，1984 年.
53. 王念孙．读书杂志［M］，南京：江苏古籍出版社，1985 年.
54. 王引之．经传释词［M］，南京：江苏古籍出版社，1985 年.
55. 王引之．经义述闻［M］，南京：江苏古籍出版社，1985 年.
56. 王宁．训诂学原理［M］，北京：中国国际广播出版社，1996 年.
57. 王彦坤．古籍异文研究［M］，广州：广东高等教育出版社，1993.
58. 许威汉．训诂学导论［M］，北京：北京大学出版社，2003 年.
59. 徐超．中国传统语言文字学［M］，济南：山东大学出版社，2000 年.
60. 徐兴海．《广雅疏证》研究［M］，南京：江苏古籍出版社，2003 年.
61. 徐中舒．甲骨文字典［M］，成都：四川辞书出版社，2003 年.
62. 徐中舒主编．汉语大字典（缩印本）［M］，武汉：湖北辞书出版社；成都：四川辞书出版社，1993 年.
63. 殷寄明．汉语语源义初探［M］，学林出版社，1998 年.
64. 殷寄明．语源学概论［M］，上海教育出版社，2000 年.
65. 于省吾．甲骨文字释林［M］，北京：中华书局，1999 年.
66. 于省吾主编．甲骨文字诂林［M］，北京：中华书局，1996 年.
67. 曾昭聪．形声字声符示源功能述论［M］，合肥：黄山书社，2002 年.
68. 张标．20 世纪《说文》学流别考论［M］，北京：中华书局，2003 年.
69. 张博．汉语同族词的系统性和验证方法［M］，北京：商务印书馆，2003 年.
70. 章太炎．章太炎全集（七）［M］，上海：上海人民出版社，1987 年.
71. 章太炎．国故论衡［M］，上海：上海古籍出版社，2003 年.
72. 张儒，刘毓庆．汉字通用声素研究［M］，太原：山西古籍出版社，2002 年.
73. 张永言．训诂学简论［M］，武汉：华中工学院出版社，1985 年.
74. 赵克勤．古代汉语词汇学［M］，北京：商务印书馆，2005 年.
75. 赵振铎．训诂学史略［M］，郑州：中州古籍出版社，1988 年.
76. 赵振铎．训诂学纲要［M］，成都：巴蜀书社，2003 年.
77. 周大璞主编，黄孝德、罗邦柱分撰．训诂学初稿［M］，武汉：武汉大学出版社，2002 年.

78. 朱承平. 异文类语料的鉴别与应用 [M], 长沙: 岳麓书社, 2005 年.
79. 朱汉民, 聂荣华. 湖湘文化纵横谈 [M], 长沙: 湖南大学出版社, 1996 年.

(二) 论文 (集)

有关杨树达语言文字研究的论文

1. 范进君. 论《词诠》[J], 求索, 1990 (1).
2. 高振铎.《古书句读释例》校正之一 [J], 古籍整理研究, 1985 (1).
3. 高振铎.《古书句读释例》校正之二 [J], 古籍整理研究, 1985 (2).
4. 高振铎.《古书句读释例》校正之三 [J], 古籍整理研究, 1985 (3).
5. 高振铎.《古书句读释例》校正之四 [J], 古籍整理研究, 1985 (4).
6. 管燮初.《积微居金文说》的识字方法 [N] //湖南师范大学学报编. 杨树达诞辰百年纪念集. 湖南教育出版社, 1985 年.
7. 郝光顺. 对《马氏文通》"有解"、"无解" 涵义的探讨——兼与杨树达先生商榷 [J], 吉林师范大学学报, 1991 (3).
8. 何泽翰. 积微先生与语源学 [N] //湖南师范大学学报编. 杨树达诞辰百年纪念集. 湖南教育出版社, 1985 年.
9. 侯占虎. 考语源, 求字义——杨树达先生学术研究的特点 [J], 聊城大学学报, 2002 (3).
10. 江灏. 读《长沙方言考》[N] //湖南师范大学学报编. 杨树达诞辰百年纪念集. 湖南教育出版社, 1985 年.
11. 雷敢. 遇夫先生治小学之成就 [N] //湖南师范大学学报编. 杨树达诞辰百年纪念集. 湖南教育出版社, 1985 年.
12. 李长林. 杨树达先生与中外文化交流 [J], 古籍整理研究学刊, 1990 (1).
13. 李建国. 遇夫先生文字语源学简说 [N] //湖南师范大学学报编. 杨树达诞辰百年纪念集. 湖南教育出版社, 1985 年.
14. 李绍平. 古文献整理的大师 [N] //湖南师范大学学报编. 杨树达诞辰百年纪念集. 湖南教育出版社, 1985 年.
15. 李维琦. "字义同源于语源同" 略说 [N] //湖南师范大学学报编. 杨树达诞辰百年纪念集. 湖南教育出版社, 1985 年.
16. 刘善良.《词诠》的疏误 [J], 读书, 1981 (2).
17. 秦旭卿. 简论杨树达先生的《汉语文言修辞学》 [N] //修辞学论文集

（第一集）. 福建人民出版社，1983 年.
18. 秦旭卿. 再论杨树达先生的《中国修辞学》[N] //湖南师范大学学报编. 杨树达诞辰百年纪念集. 湖南教育出版社，1985 年.
19. 沈允海. 略谈杨树达治语言文字学之方法 [J]，湖州师范学院学报，1989（4）.
20. 沈允海. 简论杨树达对语言文字学的贡献 [J]，湖州师范学院学报，1989（1）.
21. 沈允海. 以声求义的条例 [J]，湖州师范学院学报，1985（3）.
22. 孙良明. 谈杨树达《汉书窥管》"句式类比"语法分析法——兼说我国古代语法学一传统分析法 [J]，语言研究，2005（2）.
23. 孙雍长. 遇夫先生研究说的态度 [N] //湖南师范大学学报编. 杨树达诞辰百年纪念集. 湖南教育出版社，1985 年.
24. 汤可敬.《词诠》述评 [N] //湖南师范大学学报编. 杨树达诞辰百年纪念集. 湖南教育出版社，1985 年.
25. 王玉堂. 遇夫先生对语法学之贡献 [N] //湖南师范大学学报编. 杨树达诞辰百年纪念集. 湖南教育出版社，1985 年.
26. 王月婷.《积微居小学述林·造字时有通借证》商榷 [J]，山东教育学院学报，2004（1）.
27. 王占福等. 杨树达《中国修辞学》"参互"修辞格辨析 [J]，石家庄师范专科学校学报，2003（2）.
28. 吴培德.《词诠》引《诗》异议 [J]，曲靖师专学报，1994（1）.
29. 吴小如. 读杨树达《长沙方言考》、《长沙方言续考》札记 [N] //读书札记，北京大学出版社，1987 年.
30. 萧德铣.《汉书窥管》管窥 [J]，怀化师专学报，1989（1）.
31. 徐超. 杨树达语源学思想及其研究方法 [J]，人大资料复印中心. 语言文字学，1991（11）.
32. 徐复. 杨树达先生遗著献疑——兼论汉语考证的方法与途径 [J]，南师学报，1959（2）.
33. 徐静. 评《高等国文法》、《词诠》对副词的分类——与《马氏文通·状字》比较 [J]，语文学刊，2005（9）.
34. 徐凌等. 杨树达《古书句读》解题 [J]，重庆职业技术学院学报，2005（1）.
35. 许嘉璐. 苍史功臣叔重诤友——《说文》杨氏学述略 [N] //湖南师范

大学学报编．杨树达诞辰百年纪念集．湖南教育出版社，1985 年．
36. 杨德豫．《文字形义学》概况［N］//湖南师范大学学报编．杨树达诞辰百年纪念集．湖南教育出版社，1985 年．
37. 杨逢彬．杨树达的《春秋大义述》及相关未刊稿［J］，中国典籍与文化，2002（3）．
38. 杨逢彬、杨柳岸．近世训诂学巨子——记湖南省文史研究馆首任馆长杨树达［J］，世纪，2008（4）．
39. 杨荣祥．杨树达先生学术成就述略［J］，荆州师范学院学报，1999（1）．
40. 杨文全．古汉语研究的奠基之作——《词诠》平议［J］，青海民族学院学报，2002（7）．
41. 袁庆述．《长沙方言考》拾补［N］//湖南师范大学学报编．杨树达诞辰百年纪念集．湖南教育出版社，1985 年．
42. 张晓东．论《词诠》的阙失［J］，衡阳师范学院学报，2002（1）．
43. 张在云．《词诠》引《左传》而误注引文出处勘正［J］，云南教育学院学报，1994（6）．
44. 张在云．《词诠》修订本误断一例［J］，古汉语研究，1993（4）．
45. 张芷．杨树达和汉语语源学［N］//湖南师范大学学报编．杨树达诞辰百年纪念集．湖南教育出版社，1985 年．
46. 赵诚．杨树达的甲骨文研究［J］，古汉语研究，2005（1）．
47. 郑子瑜．评杨树达《古书句读释例》［N］//郑子瑜学术论著自选集，首都师范大学出版社，1994 年．
48. 周秉钧．《汉书窥管》文法为训释例［N］//湖南师范大学学报编．杨树达诞辰百年纪念集．湖南教育出版社，1985 年．

其他论文（集）

1. 陈建初．论黄侃先生的语源学思想［J］，湖南教育学院学报，1990（1）．
2. 陈建初．近十年来汉语语源研究述评［J］，湖南师范大学社会科学学报，1990（4）．
3. 方平权．汉语词义探索［C］，长沙：岳麓书社，2006 年．
4. 冯蒸．《说文》声训型同源词研究［J］，北京师范大学学报，1989（1）．
5. 江聿华．中国传统语言学的特点及其文化背景［J］，齐齐哈尔师范学院学报，1990（2）．
6. 李开．论黄侃先生的字源学说和方法［J］，南京大学学报，1986（1）．

7. 李运益. 论形训［J］，西南师范大学学报，1982（1）.
8. 刘坚. 二十世纪的中国语言学［C］，北京：北京大学出版社，1998 年.
9. 刘又辛. 刘又辛语言学论文集［C］，北京：商务印书馆，2005 年.
10. 刘又辛. 文字训诂论集［C］，北京：中华书局，1993 年.
11. 卢烈红. 黄侃的语源学理论和实践［J］，武汉大学学报，1995（6）.
12. 陆宗达，王宁. 浅谈传统字源学［J］，中国语文，1984（5）.
13. 王力. 同源字论［N］//王力语言学论文集，商务印书馆，2000 年.
14. 王力. 新训诂学［N］//王力语言学论文集，商务印书馆，2000 年.
15. 王力. 训诂学上的一些问题［N］//王力语言学论文集，商务印书馆，2000 年.
16. 谢栋元. 黄季刚先生与训诂学［J］，南京师范大学学报，1986（1）.
17. 徐复. 徐复语言文字学论稿［C］，南京：江苏教育出版社，1995 年.
18. 曾宪通. 古文字与汉语史论集［C］，中山大学出版社，2002 年.
19. 张世禄. 张世禄语言学论文集［C］上海：学林出版社，1984 年.
20. 赵振铎. 语言学家黄侃［J］，南京大学学报，1986（1）.
21. 郑远汉. 黄侃学术研究［C］，武汉：武汉大学出版社，1997 年.
22. 北京市语言学会. 中国语言学百年丛论 1900—2000［C］，北京：北京语言大学出版社，2004 年.

附　　录

一、杨树达系联同源字、同义字一览表

1.《论丛·释䣼》

同义字	䣼	㹁	鬻	羹	声义关系：京声有杂义；京、羹古音同，从京犹从羹；鬻、羹异体
构造	京声	京声	从鬻从羔	从羔从美	
意义	杂味	杂色牛	五味和羹	五味相和	

2.《论丛·释赠》

同义字	赠	贶	赏	贺	䝯	赐	增	罾	甑	矰	䰝	層	䎖	橧	声义关系：曾声字有加义；兄有滋训；尚有加训；皮字有加义；易、益互通
声符	曾	兄	尚	加	皮	易	曾	曾	曾	曾	曾	曾	曾	曾	
意义	增益	增赐	加赐	加礼	益予	加赏	增加	罾在木上	加于釜上	仰射高处	加于釜上	重屋	高楼	聚木其上	

3.《论丛·释旐》

同义字	旐	旟	旃	旂	旌	旗	旃	旝	𣄠	声义关系：旐之为言召也，兆、召通
构造	从㫃兆声	从㫃與声	从㫃丹声	从㫃斤声	从㫃生声	从㫃其声	从㫃冉声	从㫃會声	从㫃要声	
意义	召士众	聚众	招庶人	招士	招大夫	招士卒	旃表士众	会合士众	要约士众	

4.《论丛·释晚》

<table>
<tr><td>同义字</td><td>晚</td><td>俛（頫）</td><td>冕</td><td>浼</td><td>鞔</td><td>莫</td><td>昏</td><td rowspan="3">声义关系：免声有低下义；氐有下义；俛、頫异体；莫、昏会意字</td></tr>
<tr><td>声符</td><td>免</td><td>免</td><td>免</td><td>免</td><td>免</td><td>茻（亦形）</td><td>从氐、日</td></tr>
<tr><td>意义</td><td>日落</td><td>低头</td><td>前低</td><td>地低积水</td><td>履空</td><td>日落</td><td>日落</td></tr>
</table>

5.《论丛·释经》

5.1

<table>
<tr><td>同义字</td><td>经</td><td>巠</td><td>廷</td><td>庭</td><td>颋</td><td>挺</td><td>侹</td><td>脡</td><td>珽</td><td>径</td><td>泾</td><td>胫</td><td>鋞</td><td rowspan="3">声义关系：𡈼声孳乳之字多训直</td></tr>
<tr><td>声符</td><td>巠</td><td>𡈼省</td><td>𡈼省</td><td>廷</td><td>廷</td><td>廷</td><td>廷</td><td>廷</td><td>廷</td><td>巠</td><td>巠</td><td>巠</td><td>巠</td></tr>
<tr><td>意义</td><td>直</td><td>水脈</td><td>直</td><td>直</td><td>直</td><td>直</td><td>平直</td><td>直</td><td>挺直</td><td>直</td><td>直波</td><td>直长</td><td>圆直</td></tr>
</table>

5.2

<table>
<tr><td>同义字</td><td>齤</td><td>觠</td><td>卷</td><td>拳</td><td>眷</td><td>趯</td><td>彍</td><td>權</td><td rowspan="3">声义关系：古尖声字多训曲；雚尖同音，故雚声字亦多训曲。</td></tr>
<tr><td>声符</td><td>尖</td><td>尖</td><td>尖</td><td>尖</td><td>尖</td><td>雚</td><td>雚</td><td>雚</td></tr>
<tr><td>意义</td><td>曲齿</td><td>曲角</td><td>曲膝</td><td>曲手</td><td>曲颈</td><td>曲脊</td><td>弓曲</td><td>枉曲</td></tr>
</table>

6.《论丛·释暍》

<table>
<tr><td>同义字</td><td>暍</td><td>犗</td><td>羯</td><td>擖</td><td>劌</td><td>搳</td><td>饖</td><td>餲</td><td rowspan="3">声义关系：曷、害通用；歲、害古音同。</td></tr>
<tr><td>声符</td><td>曷</td><td>害</td><td>曷</td><td>葛曷</td><td>歲</td><td>害</td><td>歲</td><td>曷</td></tr>
<tr><td>意义</td><td>伤暑</td><td>伤牛</td><td>伤羊</td><td>伤手</td><td>利伤</td><td>伤手</td><td>伤食</td><td>伤食</td></tr>
</table>

7.《论丛·释滓》

同义字	滓	鹚	黕	澱	⿰黑屍	垽	声义关系：兹有黑义，宰、兹互通；滓默澱⿰黑屍垽四字互训。
声符（形符）	宰	兹	黑	氵	黑	土	
意义	污垢	黑鸟	滓垢	滓垽	滓垽	滓	

8.《论丛·释谨》

同义字	谨	廑	僅	馑	殣	槿	勤	椴	蕣	声义关系：堇声之字含寡少义；椴之为言短，蕣之为言瞬。
声符（同音字）	堇	堇	堇	堇	堇	堇	堇	短	瞬	
意义	寡言	少劣之居	才能	食物寡乏	乏食而死	华时短促	少	华时短促	华时短促	

9.《论丛·释听》

同义字	听	忻	䜣	欣	⿰犭斤	龈	狠	貇	声义关系：斤声有开义，斤、艮古音同。
声符	斤	斤	斤	斤	斤	艮	艮	艮	
意义	笑貌（口开）	心开（开心）	喜（口开）	笑喜（口开）	犬吠（张口）	啮（张口）	犬斗（斗时张口吠）	啮（张口）	

10.《论丛·释颊》

同义字	颊	䀹	脅	挟	酺	辅	髆	膀	胠	声义关系：劦与夹音近；夹、甫义同；旁与甫对转；劫之为言夹。
声符	夹	夹	劦	夹	甫	甫	尃甫	旁	劫省声	
意义	面两旁	目两旁	两膀	在傍	颊	人颊车	人肩甲夹	脅	腋下	

11.《论丛·释雌雄》

11.1

<table>
<tr><td>同义字</td><td>雌</td><td>佌</td><td>柴</td><td>赀</td><td>姕</td><td>疵</td><td>𧺆</td><td>龇</td><td>頾</td><td rowspan="3">声义关系：此声字多含小义。</td></tr>
<tr><td>声符</td><td>此</td><td>此</td><td>此</td><td>此</td><td>此</td><td>此</td><td>此</td><td>此</td><td>此</td></tr>
<tr><td>意义</td><td>鸟母</td><td>小</td><td>小木</td><td>小罚以财</td><td>妇人小物</td><td>小病</td><td>浅渡</td><td>短</td><td>口上小须</td></tr>
</table>

11.2

<table>
<tr><td>同义字</td><td>雄</td><td>弘</td><td>宏</td><td>闳</td><td>泓</td><td rowspan="3">声义关系：厷声字多含大义。</td></tr>
<tr><td>声符</td><td>厷</td><td>厷</td><td>厷</td><td>厷</td><td>厷</td></tr>
<tr><td>意义</td><td>鸟父</td><td>大</td><td>大</td><td>大</td><td>声大</td></tr>
</table>

11.3

<table>
<tr><td>同义字</td><td>羒</td><td>帉</td><td>颁</td><td>坋</td><td>汾</td><td>墳</td><td>蕡
（黂）</td><td>鼖
（鞼）</td><td rowspan="3">声义关系：分声字多含大义；分、賁古音同。</td></tr>
<tr><td>声符</td><td>分</td><td>分</td><td>分</td><td>分</td><td>分</td><td>賁</td><td>賁</td><td>賁省</td></tr>
<tr><td>意义</td><td>羊牡</td><td>大巾</td><td>大头</td><td>大防</td><td>大</td><td>大</td><td>大麻子</td><td>大鼓</td></tr>
</table>

11.4

<table>
<tr><td>同义字</td><td>𧳜</td><td>鯫</td><td>𠟍</td><td>雏</td><td>绉</td><td>邹</td><td>楱</td><td rowspan="3">声义关系：取声聚声及音近之字多含小义。</td></tr>
<tr><td>声符</td><td>聚</td><td>取</td><td>聚</td><td>刍</td><td>刍</td><td>刍</td><td>奏</td></tr>
<tr><td>意义</td><td>豕牝</td><td>杂小鱼</td><td>细断</td><td>鸡子</td><td>絺之细者</td><td>狭小之言</td><td>小橘</td></tr>
</table>

12.《论丛·形声字声中有义略证》

12.1

同义字	齤	觠	卷	拳	眷	⿰走雚	⿰弓雚	權	韏	虇	声义关系：尖声、雚声字多含曲义。
声符	尖	尖	尖	尖	尖	雚	雚	雚	尖	雚	
意义	曲齿	曲角	曲膝	曲手	曲颈	曲脊	弓曲	枉曲	革中辟曲	初生草曲	

12.2

同义字	燕	驠	騴	鰋	声义关系：燕声晏声字多含白义。
声符	燕	燕	晏	晏	
意义	鸟之白颈者	马之白窍者	马尾本白者	白鱼	

12.3

同义字	赤	赭	褚	帾	杜	朱	絑	袾	赨	铜	彤	赫	瑕	騢	蝦	霞	赮	瑚	昈	声义关系：赤声、者声、朱声、叚声字多含赤义。
声符	赤	赤	者	者	土	朱	朱	朱	虫	同	彤	赤	叚	叚	叚	叚	叚	胡	户	
意义	赤色	赤土	赤衣	降帛	赤棠	赤心木	纯朱	朱衣	赤色	赤金	丹饰	大赤	玉小赤	赤白马	熟后赤	赤云气	赤色	赤玉色	赤文	

12.4

同义字	吕	侣	闾	旅	梠	絽	筥	榈	栌	声义关系：吕声、旅声、卢声字多含连立之义。
声符	吕	吕	吕	从形	吕	吕	吕	吕	卢	
意义	脊骨相连	伴	群侣	军五百人	屋梠	缝衣使相连	禾四秉	叶密布	屋上	

12.5

同义字	幵	枅	⿱幵禾	并	骿	饼	栟	併	骈	声义关系：幵声字多含并列之义。
声符	幵	幵	幵	幵	并	并	并	并	并	
意义	平	屋櫨栌	小束	相从	胁并干	合并浓麵	枝叶密布	竝	驾二马	

12.6

同义字	邕	廱	雍雝	擁	壅	齆	癕	罋	容	墉	声义关系：邕声、容声、庸声字多含蔽塞之义。
声符	邕	邕	邕	雍	雍	邕	邕	雝	容	庸	
意义	水邕成池	筑土邕水	四面积高	裹	闭塞	鼻窒	气雍结	汲瓶居中	车有帷蔽	城垣	

12.7

同义字	重	褈	竺	笃	毒	醹	蓐	农	隆	浓	醲	脓	襛	湩	酮	⿰忄重	笃	輖	錭	穜	声义关系：重声、竹声农声字多含厚义。
声符	重	童	竹	竹	毐	需	辱	农	隆	农	农	农	农	重	同	重	竹	周	周	童	
意义	厚	衣厚	厚	厚	厚	厚酒	厚	厚	厚	貌	厚酒	厚味	厚衣	乳汁	马酪	迟	马行迟	重	钝	后熟	

12.8

同义字	冣	聚	埾	諏	湊	叢	藂	㚇	椶	稯	嵕	總	⿸广悤	豵	同	潨	综	声义关系：取声、奏声、悤声字多含会聚之义。
声符	取	取	取	取	奏	取	叢	兇	嵏	㚇	㚇	悤	悤	从	同	眾	宗	
意义	积	会	积土	聚谋	人水上会	聚	草丛生	鸟飞歛足	叶密布	布八十缕	九㚇山	聚束	屋阶中会	丛聚幼豕	合会	小水聚集	机缕	

12.9

同义字	枅	栌	絣	絽	栟	梠	筥	稯
意义	屋欂栌		缝衣		筥梠		禾多秉	
声类	开	吕	开	吕	开	吕	吕	㚇
受名之故	开有并合之义，吕有连侣之义，㚇有聚合之义，义皆相近。							

13.《论丛·字义同源于语源同例证》

13.1

同义字	夹	颊	挟	䀹	⿰面甫	髆	辅	浦
意义	两旁	面两旁	在傍夹	目两旁	面两旁	人两肩	面旁车	水两旁
声类	夹				甫			
受名之故	夹、甫义同，均有两旁义。							

13.2

同义字	糗	⿱芻鬲（炒）	糒	⿱畐火	⿱偪灬
意义	熬米麦	熬	干饭	以火干肉	以火干五谷
声类	芻		（同畐）		
受名之故	糗之受名源于⿱芻鬲，糗、糒、⿱偪灬、⿱畐火皆源于以火干物。				

13.3

同义字	郛	稃	脬	莩	覆	袍	胞	章（郭）
意义	郭之外	谷皮	外包	木表皮	覆盖	外衣	儿生裹	外城
声类	孚（与包古音同）					包		章
受名之故	包声、孚声、章声皆有包裹在外之义。							

13.4

同义字	缢	搤	经	刭
意义	以丝系嗌（咽）	以手捉嗌（咽）	以丝系颈	以刀割刭
声类	益（假为嗌，即咽）		坙（假为颈）	
受名之故	缢、搤、经、刭义为以物系颈，义同组织结构、语源同。			

13.5

同义字	沦	沄	囩	芸
意义	水转轮	转流	回	可回生之草
声类	仑	云		
受名之故	沦受义于回转，云声之字有回转义。			

13.6

同义字	赠	譄	增	貺	[illegible]	赐	赏	贺
意义	增礼	加言	增加	增赐	赐予	加赏	加赐	加礼
声符	曾	曾	曾	兄	皮	易	尚	加
受名之故	曾声字有加义；兄有孳益义；皮字有加义；易可假为益；尚有加义。							

13.7

同义字	旗	旌	旟	旐	旝	[illegible]
意义	招士卒	精进士卒	聚众	召士卒	会合士众	要约士众
声符	其	生	与	兆	会	要
受名之故	旗与期同从其声；精从青声；兆假为召；旟、旐同义；会有会合之义；要为要约之义。					

13.8

同义字	驹	狗	駣	[illegible]	鞉	窕	刀	刁	軺	沼	昭
意义	小马	小狗	小马	小羊	小鼓	轻小	小船	小铃	小车	小池	小明
声类	句		兆				刀		召		
受名之故	句声字有小义；兆（刀）声有小义；召与兆同音，亦有小义。										

13.9

<table>
<tr><td>同义字</td><td>盂</td><td>汙</td><td>圩</td><td>盌</td><td>宛</td></tr>
<tr><td>意义</td><td>饮器中低</td><td>小池低下</td><td>顶上低下</td><td>小盂中低</td><td>中低四面高</td></tr>
<tr><td>声类</td><td colspan="3">于</td><td colspan="2">夗</td></tr>
<tr><td>受名之故</td><td colspan="5">于声、夗声多含低下之义。</td></tr>
</table>

13.10

<table>
<tr><td>同义字</td><td>廱</td><td>壅</td><td>齆</td><td>疽</td><td>阻</td><td>罝</td><td>瘀</td><td>阏</td><td>淤</td><td>瘤</td><td>罶</td><td>留</td><td>痤</td></tr>
<tr><td>意义</td><td>气堵</td><td>闭塞</td><td>鼻窒</td><td>久廱</td><td>止</td><td>遮</td><td>积血</td><td>遮堵</td><td>积泥</td><td>气肿</td><td>止鱼</td><td>止</td><td>小肿</td></tr>
<tr><td>声类</td><td colspan="3">邕</td><td colspan="3">且</td><td colspan="3">於</td><td colspan="3">留</td><td>坐</td></tr>
<tr><td>受名之故</td><td colspan="13">邕声字多含蔽塞之义；且声字含止义；於声字多含壅塞义；留、坐有止义。</td></tr>
</table>

13.11

<table>
<tr><td>同义字</td><td>鱮</td><td>鲢</td><td>芬</td><td>苾</td><td>饼</td><td>馄</td><td>鳯</td><td>鷟</td></tr>
<tr><td>意义</td><td>鲢鱮鱼</td><td>鲢鱼</td><td>草香分布</td><td>馨香</td><td>并</td><td>饼</td><td>神鸟</td><td>神鸟</td></tr>
<tr><td>声符</td><td>與</td><td>连</td><td>分</td><td>比</td><td>并</td><td>昆</td><td>凡</td><td>族</td></tr>
<tr><td>受名之故</td><td colspan="2">與、连同义。</td><td colspan="2">必训分极。</td><td colspan="2">昆，同也，与并同义。</td><td colspan="2">凡、族义近。</td></tr>
</table>

13.12

<table>
<tr><td>同义字</td><td>颈</td><td>廷</td><td>颋</td><td>庭</td><td>挺</td><td>侹</td><td>脡</td><td>径</td><td>俓</td><td>胫</td><td>鋞</td><td>经</td><td>脰</td><td>頭</td><td>侸</td></tr>
<tr><td>意义</td><td>头茎</td><td>直</td><td>直</td><td>直</td><td>直</td><td>直</td><td>直</td><td>圆直</td><td>直波</td><td>体直</td><td>器直</td><td>直丝</td><td>颈</td><td>人首</td><td>立</td></tr>
<tr><td>声类</td><td colspan="12">巠</td><td colspan="3">豆</td></tr>
<tr><td>受名之故</td><td colspan="15">巠声孳乳之字含直立之义；豆声字多含直立之义。</td></tr>
</table>

13.13

<table>
<tr><td>同义字</td><td>暴</td><td>犦</td><td>爆</td><td>瀑</td><td>𦡡</td><td>犎封</td></tr>
<tr><td>意义</td><td>坟起</td><td>犎牛领
肉突起</td><td>熿起</td><td>潰起</td><td>起皮</td><td>犦牛</td></tr>
<tr><td>声类</td><td colspan="6">暴</td></tr>
<tr><td>受名之故</td><td colspan="6">暴声字多突起之义。</td></tr>
</table>

13.14

<table>
<tr><td>同义字</td><td>梠</td><td>间</td><td>比</td><td>棍</td><td>族</td><td>党</td></tr>
<tr><td>意义</td><td>屋楣</td><td>连侣</td><td>比密</td><td>梠</td><td>连类</td><td>朋群</td></tr>
<tr><td>声类</td><td colspan="2">吕</td><td colspan="2">比</td><td>族</td><td>党</td></tr>
<tr><td>受名之故</td><td colspan="6">吕声字有连侣之义；比声孳乳字含次比义；族声字有丛聚义；党有群义。</td></tr>
</table>

13.15

<table>
<tr><td>同义字</td><td>俄</td><td>顷</td><td>眏</td><td>曰</td><td>云</td><td>箴</td><td>刺</td></tr>
<tr><td>意义</td><td>顷貌</td><td>头不正</td><td>目不正</td><td>词</td><td>山川气</td><td>缝衣用</td><td>直伤</td></tr>
<tr><td>声符</td><td>我</td><td>顷</td><td>矢</td><td>曰</td><td>云</td><td>咸</td><td>朿</td></tr>
<tr><td>受名之故</td><td colspan="3">我声含倾斜义；顷为一倾首间；眏为一动目间。</td><td colspan="2">曰为口气上出，云亦有气上出之义。</td><td colspan="2">箴、朿皆锐锋。</td></tr>
</table>

13.16

<table>
<tr><td>同义字</td><td>昏</td><td>莫</td><td>晚</td><td>膷</td><td>臐</td><td>膮</td></tr>
<tr><td>意义</td><td>日下</td><td>日在草中</td><td>日暮</td><td>香</td><td>香</td><td>肉香</td></tr>
<tr><td>声类</td><td>氏</td><td>茻亦形</td><td>免</td><td>香</td><td>熏</td><td>蒿</td></tr>
<tr><td>受名之故</td><td colspan="3">氏有下义；日在茻中为低下；免声字有下义。</td><td colspan="3">膷与香音同，故同源；臐从熏声，熏为香草；膮音与蒿同，蒿训香草。</td></tr>
</table>

13.17

<table>
<tr><td>同义字</td><td>亟</td><td>疌</td><td>憲</td><td>分</td><td>别</td><td>獄</td><td>圉</td></tr>
<tr><td>意义</td><td>敏疾</td><td>疾</td><td>敏</td><td>别</td><td>分解</td><td>确</td><td>图圄</td></tr>
<tr><td>构造</td><td>从口、又</td><td>从又、止</td><td>从心、目</td><td>从八、刀</td><td>从刀、冎</td><td>从犾、辛</td><td>从囗、㚔</td></tr>
<tr><td>受名之故</td><td colspan="3">亟以手口并用；疌以手足并用；憲以心目并用。</td><td colspan="2">分从八刀，别从刀冎，皆分别义。</td><td colspan="2">獄为两犬守罪人，圉为用口拘罪人，结构同。</td></tr>
</table>

13.18

<table>
<tr><td>同义字</td><td>㝶</td><td>隻</td><td>有</td><td>取</td></tr>
<tr><td>意义</td><td>取</td><td>手持隹</td><td>手持肉</td><td>取左耳</td></tr>
<tr><td>构造</td><td>从寸贝</td><td>从又隹</td><td>从又肉</td><td>从又耳</td></tr>
<tr><td>受名之故</td><td colspan="4">手持贝谓之㝶，手持隹谓之隻，手持肉谓之有，手持耳谓之取，义同由组织同。</td></tr>
</table>

13.19

<table>
<tr><td>同义字</td><td>胫</td><td>桢</td><td>骹</td><td>较</td><td>校</td><td>骭</td><td>秆</td><td>榦</td><td>竿</td></tr>
<tr><td>意义</td><td>体直</td><td>榦</td><td>胫</td><td>直</td><td>直</td><td>骹</td><td>禾茎</td><td>直木</td><td>竹挺</td></tr>
<tr><td>声类</td><td colspan="2">坙贞</td><td colspan="3">交</td><td colspan="4">干</td></tr>
<tr><td>受名之故</td><td colspan="9">坙、贞声字多含直义；交声字多含直立义；干声字亦多含直立之义。</td></tr>
</table>

13.20

<table>
<tr><td>同义字</td><td>脯</td><td>脩</td><td>⿰月㬎</td><td>⿰日㬎</td><td>脅</td><td>膀</td></tr>
<tr><td>意义</td><td>干肉</td><td>脯</td><td>胸脯</td><td>欲干</td><td>两膀</td><td>脅</td></tr>
<tr><td>声类</td><td>甫</td><td>攸</td><td colspan="2">㬎</td><td>劦</td><td>旁</td></tr>
<tr><td>受名之故</td><td colspan="4">脯、脩受名于干燥义；㬎声字有干义。</td><td colspan="2">劦之为言夹，夹有旁义。</td></tr>
</table>

13.21

同义字	讒	鑱	攙	劖	譖	鐕	憯	⿰歹旡
意义	言伤人	锐利	贯刺	砭刺	言伤人	锐物	痛	锐意
声类	毚				朁			
受名之故	毚声、朁声有锐利之义。							

13.22

同义字	⿰目縣	瞦	盧	抱	晕
意义	眼中黑子	目童子精	黑	气向日	日月气
声类	玄	喜	盧	包	军
受名之故	縣、玄古音近，玄有黑义；喜之为言黑也；卢声字有黑义。			包声字有包裹义；军从包省而训圆围，与抱义正同。	

13.23

同义字	雄	弘	麚	豭	蝦	假	犌	羖	羒	帉	汾	墳	蕡黂
意义	鸟父	大	牡鹿	牡豕	大鲵	大	大牛	牡羊	牡羊	大巾	大水	大丘	大麻子
声类	厷		叚羖古音与假同						分賁				
受名之故	厷声字有大义；叚声字有大义；分声字有大义。												

13.24

同义字	雌	佌	柴	姕	呰	⿺走此	⿱此鹿	⿰豕聚	鯫	聚	⿰聚刂	绉	楱
意义	鸟母	小	小木	小物	短	浅渡	小须	豕牝	小鱼	小邑	细断	细絺	小橘
声类	此							取聚刍奏					
受名之故	此声字多含小义；取声聚声及音近之字多含小义。												

13.25

同义字	扇	扉	贫	寡	解	析
意义	扉	户扇	财分少	少	解牛	破木
构造	从户从翅省	从户，非省	从贝分	从宀颁	从刀判牛角	从木从斤
受名之故	扇从户从翅省；扉从户非声，非从飞下翅，取其相背。		贫从贝分，故少，分亦声；寡从宀颁，颁，少也，宀分，故少。		以刀解牛角谓之解，以斤破木谓之析，义相同则组织同。	

13.26

同义字	谐	詥	諴	詷
意义	詥	谐	和	共
声类	皆	各	咸	同
受名之故	谐、詥、諴、詷四字义近，其声类皆、各、咸、同亦同义。			

13.27

同义字	谀	腴	谄	窞	陷	監
意义	谄卑下	腹下	谀	小坎	高下	临下
声类	臾		臽			
受名之故	臾有下义；臽有低下之义。					

13.28

同义字	梏	桁	桯	荡
意义	手械	脚械	床前几（平）	平
声类	告	行（衡）	呈	荡
受名之故	梏受义于告；桁受义于衡。		桯、荡受义于平：桯呈声，呈有平义，荡亦有平义。	

13.29

<table>
<tr><td>同义字</td><td>桃（虫）</td><td>鷦</td><td>醮</td><td>糕</td><td>鄵</td><td>眇</td><td>篎</td></tr>
<tr><td>意义</td><td>小鸟</td><td>小鸟</td><td>小面焦</td><td>小</td><td>小鸟</td><td>小目</td><td>小管</td></tr>
<tr><td>声类</td><td>兆</td><td colspan="3">焦</td><td colspan="3">眇</td></tr>
<tr><td>受名之故</td><td colspan="7">兆声字有小义；焦声字有小义；眇声字亦含小义。</td></tr>
</table>

13.30

<table>
<tr><td>同义字</td><td>贤</td><td>能</td><td>豪</td><td>柛</td><td>翳</td><td>臣</td><td>虏</td></tr>
<tr><td>意义</td><td>多才</td><td>能杰</td><td>豪杰</td><td>木自獘</td><td>木被獘</td><td>牵</td><td>获</td></tr>
<tr><td>受名之故</td><td colspan="3">贤、能、豪固有坚义。</td><td colspan="2">柛、翳皆受义于仆。</td><td colspan="2">臣、虏受义于为人所拘。</td></tr>
</table>

13.31

<table>
<tr><td>同义字</td><td>听</td><td>忻</td><td>噱</td><td>𧯷</td><td>呿</td><td>袪</td><td>胠</td></tr>
<tr><td>意义</td><td>笑貌</td><td>开心</td><td>大笑</td><td>且往</td><td>开</td><td>开</td><td>旁开</td></tr>
<tr><td>声类</td><td colspan="2">斤</td><td colspan="5">去豦</td></tr>
<tr><td>受名之故</td><td colspan="7">斤声字有开义；去声字多有开义（豦假为去）。</td></tr>
</table>

13.32

<table>
<tr><td>同义字</td><td>罶</td><td>罝</td><td>阻</td><td>罬</td><td>辍</td><td>缀</td><td>畷</td><td>罟</td><td>户</td><td>扈</td></tr>
<tr><td>意义</td><td>止鱼</td><td>止兔</td><td>止</td><td>止鸟</td><td>止</td><td>止</td><td>止</td><td>止兔</td><td>止</td><td>止</td></tr>
<tr><td>声类</td><td>留</td><td colspan="2">且</td><td colspan="4">叕</td><td colspan="3">互</td></tr>
<tr><td>受名之故</td><td colspan="10">留、阻固有止义；叕声字含有止义；互声及音近之字多含止义。</td></tr>
</table>

14.《述林·字义同缘于语源同续证》

14.1

同义字	壻婿	谞	惰	胥	疏	疋	䟽	倩	婧
意义	夫	知	知	知	通	通	疏窗	人美字	有才
声类	疋							青	
受名之故	疋声字含通义；青声字含才知义。								

14.2

同义字	聪	窻	幒	蔥	朙明	憭	竂	寮	⿱艹遼	镣	⿱霝皿	櫺	笭	舲
意义	察	孔	空幝	空菜	照	慧	穿	小窗	茎叶疏	有孔鑪	明慧	楯間子	多孔竹	有窗船
声类	囱				囧	尞					霝			
受名之故	囱、囧、尞、霝声字含明慧空通之义。													

14.3

同义字	鏠	镝	誉	擧	爯	偁
意义	兵锋	矢锋	以言称举	以手对举	并举	飞举
声类	锋	朿	舁		爯	
受名之故	鏠、镝皆受义于锐利。		舁、爯皆有举义。			

14.4

同义字	⿰言亞	诽	诋	讥	呰	谤
意义	言人之恶	言人非	言人低下	轻而小之	轻而小之	言人微薄
构造	从言亚声	从言非声	从言氏声	从言几声	从口此声	从言旁声
受名之故	⿰言亞、诽、诋、讥、呰、谤皆受义于“言人低下”。					

14.5

<table>
<tr><td>同义字</td><td>桎</td><td>庢</td><td>杒</td><td>轫</td><td>忍</td><td>讱</td><td>梏</td><td>牿</td></tr>
<tr><td>意义</td><td>足械</td><td>碍止</td><td>桎杒</td><td>碍车木</td><td>心有止</td><td>言有止</td><td>手械</td><td>牛马牢</td></tr>
<tr><td>声类</td><td colspan="2">至</td><td colspan="4">刃</td><td colspan="2">告</td></tr>
<tr><td>受名之故</td><td colspan="8">至之为言疐，疐，碍也；刃声字含碍止义；梏、牿受义于碍止。</td></tr>
</table>

14.6

<table>
<tr><td>同义字</td><td>脽</td><td>嶉</td><td>陮</td><td>崔</td><td>尻</td><td>叴</td><td>馗</td><td>旭</td><td>屍</td><td>殿</td></tr>
<tr><td>意义</td><td>突肉</td><td>高</td><td>高</td><td>高大</td><td>脽</td><td>高气</td><td>高</td><td>日高</td><td>高形</td><td>高堂</td></tr>
<tr><td>声类</td><td colspan="4">隹</td><td colspan="4">九</td><td colspan="2">屍</td></tr>
<tr><td>受名之故</td><td colspan="10">隹声字含高义；九声字含高义；屍有高起之形。</td></tr>
</table>

14.7

<table>
<tr><td>同义字</td><td>頯</td><td>頄</td><td>肫</td><td>庉</td><td>軘</td><td>顓</td></tr>
<tr><td>意义</td><td colspan="2">面權高起</td><td>面頯</td><td>楼墙</td><td>兵车</td><td>權</td></tr>
<tr><td>声类</td><td colspan="2">九</td><td colspan="3">屯</td><td>出</td></tr>
<tr><td>受名之故</td><td colspan="6">頯、頄同字，九声有高义；屯声字有高义；出可训高出之义。</td></tr>
</table>

14.8

<table>
<tr><td>同义字</td><td>薐</td><td>菬</td><td>芰</td><td>隸</td><td>僕</td></tr>
<tr><td>意义</td><td>角</td><td>角</td><td>角</td><td>隶属</td><td>附着</td></tr>
<tr><td>声类</td><td>棱</td><td>角</td><td>枝</td><td>柰</td><td>附</td></tr>
<tr><td>受名之故</td><td colspan="3">薐之言棱、菬之言角、芰之言枝，皆受义于角。</td><td colspan="2">隶属于吏谓隸、附着于人谓僕，皆受义于附着。</td></tr>
</table>

14.9

同义字	沚	坻	陼	郡	酂	都
意义	小渚	小渚	小渚	群邑	百家	民聚
声类	止	氐	著	群	赞	都
受名之故	沚从止声、坻之言底、陼之言著，皆受义于止。			郡之言群，赞声含丛聚义，都有聚义。		

14.10

同义字	腒	裾	锯	倨	据	脡	膱
意义	形直腊鸟	直	直锯	不逊（直）	直项	直	直
声类	居					廷	直
受名之故	居声字含直义；廷声字有直义；膱与直音近。						

14.11

同义字	餲	饐	噎	⿰土壹	曀	遯	遂
意义	饭餲	饭伤湿	饭窒	天阴尘	阴而风	逃	亡
声类	遏	壹				豚	豕
受名之故	餲之言遏；壹有止义。					豚有善逃义；豚豕义近。	

14.12

同义字	戍	役	𠫓	屰	曾	尚
意义	守边	戍	不顺	不顺	语之舒	气分散
构造	从人持戈	从人殳	从倒子	从倒大	从八从囪	从八从向
受名之故	戍从人持戈，役从人持殳，构造同，故义同。		𠫓从倒子、屰从倒大，皆训不顺，构造同。		曾从八囪，谓气穿窗出，尚从八向，谓气从牖散。	

14.13

同义字	開	闢	僉	皆	咸	同	合
意义	张	开	皆	俱	皆	合会	同
构造	从门开	从门辟	从亼吅从	从比白	从口戌	从冃口	从亼口
受名之故	開、闢鼓古文皆象以手开门之形。		二人二口相合为僉、二人共一自为皆。		悉口为咸、凡口为同、亼口为合，字义同由于构造同。		

15.《论丛·说云》

同义字	囩	沄	澐	芸	運	魂
意义	回	转流	大波	可回生草	移徙	人气升天
声类	云					
受名之故	云受形义于回转，云孳乳之字亦含回转义。					

16.《论丛·说禬》

同义字	禬	髕	曶	繪	檜	鄶	廥	膾	襘	旝	澮	儈	佸	括	话	栝
意义	会福祭	会发骨	日月合	会五采	松柏合	二水合	刍稾合	会合肉	领交会	会合兵	小水会	合市人	会	会	会合言	与弦会
声类	会												昏			
受名之故	会、昏音近，会声、昏声字多含会合之义。															

17.《论丛·说少》

同义字	杪	秒	眇	篎	鯋	刀	軺	沼	昭	鮡	珧	羝	駣	鞉	窕	盗
意义	细枝	禾芒	目小	小管	小鸟	小船	小车	小池	小明	小鱼	小蜃	小羊	小马	小鼓	轻小	小人
声类	少					刀	召			兆						盗
受名之故	少声及音近之字刀、召、兆、盗含小义。															

18.《论丛·说丨》

孳乳字	囟	奥	遷	僊	眞	顚	槇	復	隊	礈	隤	庢	脽	屍	顿	陨	縋	崔	睢	蜼
意义	脑盖	升高	登车	升天	登天	顶	木顶	却	坠落	落下	下坠	下倾	下体	下体	下首	下落	上下	高	仰视	长尾
初文	丨（上行义）							丨（下行义）									丨（下上通）			
受名之故	丨以上行义孳乳之字皆有上义；丨以下行义孳乳之字皆有下义。																			

19.《论丛·释覒》、《论丛·释髮》

同义字	覒	芼	髦	苗	髮	茇	跋
意义	择	择	选	择取	根	草根	本
声类	毛				发		
受名之故	毛声字多含选择之义。				发声字多含根本之义。		

20.《论丛·释皤》

同义字	皤	蕃鼠	⿰鼠番	蘩	眅	辦
意义	老人白	白鼠	白鼠	白蒿	白眼	白眼视
声类	番					
受名之故	番声及音近之字多含白义。					

21.《论丛·释比》

孳乳字	媲	妃	腓	⿰足非	騑	⿱非牛	屝	扉	棐	斐	⿱非毳	⿱非土	輩
意义	妃	匹	胫端	跀	旁马	两耕	户扇	户扇	夹辅	别文	多毛	尘土	百车
初文	比（二人义）		于人体		于动物		于器物			比（不一之义）			
			比（二义）										
受名之故	比有“二”义。以上各字分别为比之“二人”义、“二”义、“不一”义孳乳而来。												

22.《述林·释麛》

<table>
<tr><td>同义字</td><td>儿</td><td>麛</td><td>鲕</td><td>栭</td><td>栵（栭）</td></tr>
<tr><td>意义</td><td>人之小者</td><td>小鹿</td><td>鱼子</td><td>柱之小者</td><td>柱之小者</td></tr>
<tr><td>声类</td><td>儿</td><td>耳</td><td colspan="3">而</td></tr>
<tr><td>受名之故</td><td colspan="5">儿固有小义；麛从弭犹从儿；鲕、栭从而犹从儿。</td></tr>
</table>

23.《述林·释職》

<table>
<tr><td>同义字</td><td>識</td><td>織</td><td>膱</td><td>樴</td><td>殖</td><td>脠</td><td>埴</td><td>值</td><td>悳</td></tr>
<tr><td>意义</td><td>识记</td><td>丝相
黏着</td><td>黏着</td><td>黏着</td><td>黏脂</td><td>黏脂</td><td>黏土</td><td>相著</td><td>德着
于心</td></tr>
<tr><td>声类</td><td colspan="4">戠</td><td colspan="5">直</td></tr>
<tr><td>受名之故</td><td colspan="9">戠声与其同音之字多含黏著之义。</td></tr>
</table>

24.《述林·释谦》

<table>
<tr><td>同义字</td><td>谦</td><td>鎌</td><td>槏</td><td>歉</td><td>溓</td><td>嗛</td><td>慊</td><td>欵</td><td>欿</td><td>歁</td></tr>
<tr><td>意义</td><td>言不
自足</td><td>小食</td><td>小户</td><td>食不满</td><td>小水出</td><td>少意</td><td>少</td><td>有所欲</td><td>有所欲</td><td>食不满</td></tr>
<tr><td>声类</td><td colspan="6">兼</td><td colspan="3">欠</td></tr>
<tr><td>受名之故</td><td colspan="10">欠有欠缺义；欠、兼音近，兼声字多含薄小不足之义。</td></tr>
</table>

25.《述林·释衢》

<table>
<tr><td>同义字</td><td>衢</td><td>攫</td><td>欋</td><td>戵</td><td>臬</td><td>瞿</td></tr>
<tr><td>意义</td><td>四达</td><td>爪持</td><td>四齿杷</td><td>戟三锋</td><td>两刃分张</td><td>分张</td></tr>
<tr><td>声类</td><td colspan="4">瞿</td><td colspan="2">䀠</td></tr>
<tr><td>受名之故</td><td colspan="6">瞿声字有分张旁出之义；瞿从䀠声，䀠声字亦有分张之义。</td></tr>
</table>

26.《述林・释誣》

同义字	誣	诽	诋	呧	柢	纸	讥	叽	饥	虮	柴	赀	诮	谯	谤
意义	相毁	诽谤	诃	苛	木根	沉滓	诽	小食	不熟	小虫	小木	小罚	娆譊	娆譊	相毁
声类	亚	非	氐				几				此		小	焦	旁
受名之故	言人之恶谓之誣，言其非谓之诽，言其低下谓之诋，轻而小之谓之讥，或谓之呰，或谓之诮，薄之谓之谤，语源同，故字义同。														

27.《述林・释琰》

孳乳字	琰	剡	锬	剡	睒	覢
意义	锋芒	锐利	长矛	搔马	暂视貌	暂见
声类	炎（以火光有锋芒孳乳）			炎（以火光之乍起乍灭）		
受名之故	炎之锋芒义孳乳字有锋利义；炎之乍起乍灭义孳乳字有暂时义。					

28. 按《述林・释嗌》

孳乳字	嗌	搤	缢	隘	咽	腰
意义	咽	手捉咽	丝系颈	陋	嗌	咽
声类	益				因	
受名之故	嗌孳乳为搤，又孳乳为缢，嗌孳乳为咽、腰，咽孳乳为隘。					

29.《述林・释弦》

同义字	赼	痃	詃	玅	牽
意义	急走	性急	急	急戾	弦急
声类	弦省				
受名之故	弦引申有急义，弦孳乳之字亦有急义。				

30.《述林·释又𠂇》

孳乳字	右	友	佑	左	尪	𥫔	齹	縒	槎	傞	䜺	𡍮	憜	隓	陊	隋	鬌
意义	助	同志	助	左助	不正	不齐	参差	参差	衺斫	罪舞	嗞	废田	不敬	相毁	败城	裂肉	发堕
初文		又		𠂇助义	𠂇乖剌不正义												
受名之故	又之孳乳字多有助义；𠂇之孳乳字有左助义，又有乖左义。																

31.《述林·释養》

同义字	養	鬻羹	𦎧	羞	羡	𦏱	羌	譱	羑	祥	美
意义	供养	五味	熟	进献	贪欲	煮	牧者	吉	进善	福	甘
形（声）	羊										
受名之故	以上皆从羊形而取其义者。							先民甘羊之食，故凡美善之字皆从羊。			

32.《述林·再释介》

孳乳字	界	閉	衸	齘	扴	疥	妎
意义	田界	门介	袥	齿相切	刮	搔	妒
初文	介						
受名之故	介以介间为义，从介诸字以介间之义孳乳。						

33.《述林·释㸚》

孳乳字	㸚	爾	籭	釃	廔	髏	簍	籔	淩
意义	窗交文	开明	竹器	下酒	空	骷髅	竹笼	淩米器	浚
声类	㸚				娄				
受名之故	㸚有空义，籭、釃假丽为㸚；娄有空义，籔声转为淩。								

34.《述林·释凵△》

孳乳字	凶	臼	△（笶）	呿	袪	胠
意义	象地穿交陷其中	掘地为臼，后穿木石	象饭器	开	衣开口	旁开口
形（声）旁	凵		去			
受名之故	凵为坎之初文，象坎陷之形。		去声字多含开张之义。			

35.《述林·释冂》

孳乳字	扃	鼏	央	帚	𤇾
意义	门外之关	横木贯鼎	人在门内	持巾扫门	屋下之光
初文	从户冋声	从鼎冂声	从介从冂	从又巾冂	从焱从冂
受名之故	冂象扃形，从冂之字均和门有关。				

36.《述林·释篅》

同义字	篅	䏴	湍	團	篿	䏲	摶	轉	環	檈	圜
意义	圆仓	圆器	圆水	圆	圆器	圆器	使圆	还	圆璧	圆案	天体
声类	耑			專					瞏		
声义关系	耑声字多含圆义；專与耑古音同，故專声字亦多含圆义；从袁声，故声之字多具圆义。										

37.《述林·释骏驁》

同义字	骏	俊	畯	鵔	狻	陖	驁	𠢕	⿰敖頁	獒	鼇	謷	傲	嫯
意义	良马	人材	田官	野鸡	狮子	高峻	骏马	健	头高	高犬	大龟	大	倨傲	侮傷
声类	夋						敖							
声义关系	从夋声之字皆含绝特之义；敖声之字亦多含绝特之义。													

38.《述林·释皠》、《述林·释瞟》、《述林·释启啓》

同义字	皠	犨	騅	鹤	驃	缥	漂	犥	启	啟	啓	晵	棨
意义	白鸟	白牛	白额	白鸟	白尾	白帛	土白	白牛	开	开门	教	开天	开道
声类	雀				票				啟				
声义关系	雀声字多含白义				票声多含白义；麃从票声，亦具白义。				啟声之字多具开义。				

二、杨树达《文字孳乳之一斑》孳乳字一览表

文字孳乳（92组）											
能动孳乳（12）		受动孳乳（16）		类似孳乳（39）		因果孳乳（2）		状名孳乳（10）		动名孳乳（13）	
主孳字	被孳字	主孳字	被孳字	主孳字	被孳字	主孳字	被孳字	主孳字	被孳字	主孳字	被孳字
皃	閲	子	字	士	牡	分	贫	白	帛	引	靷紖
囟	恖	元	冠	匕	牝	介	齘妎	黑	墨纆	秉	柄
面	偭	口	釦	天	巅			丹	旃	北	背
口	訆	耳	珥	而	荋			高	膏	疑	嶷
又	右	嗌	縊	脣	漘			乔	桥	采	菜
巫	诬	手	杽	嗌	隘			安	案窐	戒	械
豚	遯	亦	掖	止	阯			空	椌	留	罶
豖	遂	止	企	吕	梠閭梋			句	鉤笱	交	笅
䨻	龔	兽	獸	皮	被			八	馱	舁	僊
帚	埽	羊	羕養	根	跟			九	馗尻	般	鞶
臼	臬	臭	齅	枝	肢					飞	騑
汤	盪	曹	遭	𠂢	脉					亾	盲
		未	叔	国	槶					杀	鎩
		爵	釂	郭	槨鞹						
		土	徒	井	阱						

（续表）

文字孳乳（92组）											
能动孳乳（12）		受动孳乳（16）		类似孳乳（39）		因果孳乳（2）		状名孳乳（10）		动名孳乳（13）	
主孳字	被孳字	主孳字	被孳字	主孳字	被孳字	主孳字	被孳字	主孳字	被孳字	主孳字	被孳字
		品	臨	屋	幄						
				困	菌						
				裘	莍						
				带	蝃						
				圭	闺						
				丌	基						
				册	栅						
				耒	頛						
				臼	齨						
				巢	轈						
				云	魂						
				莠	琇						
				母	姆						
				又	友						
				雧	雜						
				丝	兹						
				朿	策镝						
				稺	季						
				熏	薰						
				囱	聦						
				簪先	譖						
				屚	漏						
				間	澗						
				军	晕						

三、杨树达学术年表①

1885 年　1 岁　4 月 9 日生于长沙北门正街宗伯司臣坊侧之赁居。

1890 年　6 岁　从其父杨孝秩（字翰仙）读书。

1897 年　13 岁　4 月，入长沙北门外之湘水校经堂，学习算学、地理、英文等。10 月考取陈宝箴、黄遵宪、谭嗣同等创办的时务学堂，梁启超任学堂中文总教习。

1898 年　14 岁　8 月，戊戌政变，时务学堂解散。

1900 年　16 岁　入求实书院学习经史及算学。

1902 年　18 岁　求实书院肄业。仿阮元《诗书古训》体例，始辑《周易古义》。

1903 年　19 岁　求实书院改为大学堂，先生去院家居，问经学于胡元仪。5 月，应湖南省院试，名列第一。入校经堂肄业。

1905 年　21 岁　湖南巡抚端方派留学生赴日本，与伯兄杨树穀同被录取。9 月，入东京宏文学院大塚分校普通第二班学习日语。

1907 年　23 岁　11 月，宏文学院普通中学毕业。

1908 年　24 岁　入正则学校学习英语。3 月，考取东京第一高等学校预科。

1909 年　25 岁　3 月，东京第一高等学校预科毕业。8 月，入京都第三高等学校学习。

1911 年　27 岁　武昌起义，清廷官费停发，被迫退学回国，任湖南教育司图书科科长。

1912 年　28 岁　改任湖南图书编译局编译员，兼任楚怡工业学校英文教员及湖南高等师范学院教务长。

1913 年　29 岁　9 月任湖南第四师范学校国文法教员。

1915 年　31 岁　任省立第一师范学校国文教员。

1916 年　32 岁　任省立第一女子师范学校国文教员。

1918 年　34 岁　3 月，辑《老子古义》。

1919 年　35 岁　始撰《马氏文通刊误》及《中国语法纲要》。

1920 年　36 岁　9 月，至教育部国语统一筹备会任职，兼任北京师范学

① 转引自刘梦溪主编《中国现代学术经典·杨树达卷》，河北教育出版社，1996 年。

校国文法、北京政法专门学校日文教员。撰写《国语辞典》之“编辑大例”、“采集方法大要”及有关辞条。10月，任女子高等师范学院附属女子补习学校国文教员。12月，撰《韩诗内传未亡说》。

1921年　37岁　2月，任北京高等师范学校国文法教员。始撰《高等国文法》。3月，始撰《古书疑义举例续补》。

1922年　38岁　4月，始撰《词诠》。11月，始撰《长沙方言考》。《老子古义》出版。12月，任教育部编审员。

1923年　39岁　3月，任北京高等农业专门学校教员。6月，《国文法讲义》编讫。9月，教育部改为名誉审定员。

1924年　40岁　3月，任北京师范大学国文系主任。10月，取《荀子》“积微”二字名其居。

1925年　41岁　2月，任教育部编审处编审员。3月，《汉书补注补正》出版。6月，《古书疑义举例续补》刻成。

1926年　42岁　9月，任清华大学国文系教授。12月，撰《孟子学说多本子思考》。

1928年　44岁　1月，草《古书校读法讲义》。10月，《词诠》出版。11月，《老子古义》增订本出版。

1929年　45岁　1月，梁启超在京病逝，次月以弟子礼执绋送葬，并撰《时务学堂弟子公祭任公师文》。10月，撰写《汉史探》。

1930年　46岁　1月，撰《国文中之倒装宾语》。《周易古义》出版。6月，日本学界以庚子赔款邀请，先后参观日本及朝鲜各大学和图书馆，并会见学界同人。7月，《高等国文法》出版。

1931年　47岁　2月，《马氏文通刊误》出版。3月，编次《长沙方言考》。6月，始草《汉俗考》。11月，撰《端方陶斋藏砖记跋》。

1932年　48岁　4月，撰《汉书所据史料考》。5月，增补《古书之句读》为《古书句读释例》。

1933年　49岁　4月，《中国修辞学》出版。11月，《汉代婚丧礼俗考》出版。12月，《古声韵讨论集》出版。

1934年　50岁　3月，《古书句读释例》出版。4月，《论语古义》出版。

1935年　51岁　6月，“大学丛书”本《高等国文法》出版。10月，始撰《长沙方言续考》。

1936年　52岁　6月，始写《汉书窥管》。章太炎病逝，撰挽词哀悼。

1937年　53岁　2月，《积微居小学金石论丛》出版。7月。“卢沟桥事变”爆发后，举家返湘。8月，应邀任湖南大学中文系教授。10月，随湖大疏散至湘西。

1939年　55岁　7月，始撰《春秋大义述》，阐述《春秋》“复仇”、“攘夷”大义。

1940年　56岁　11月与曾运乾、黄子通发起《文哲丛刊》杂志。

1941年　57岁　1月，《文哲丛刊》出版，首期载其《读〈甲骨文编〉记》。2月，整理《汉书窥管》。

1942年　58岁　4月，获教育部学术审议会著作二等奖。9月，为教育部部聘教授。

1943年　59岁　2月，始著《论语疏证》，至4月初稿撰讫。8月，校《文字学讲义》。11月，校补《文字学》。12月，《论语疏证》石印本出版。

1944年　60岁　1月，《春秋大义述》出版。11月，始写《甲文蠡测》。

1945年　61岁　2月，《甲骨文蠡测撷要》讲义本撰成。4月，兼职国立图书编译馆。

1947年　63岁　7月，教育部学术审议会议决定部聘教授续聘。11月，湖南省文献会拟修省志，聘请撰写《艺文志》。

1948年　64岁　3月，被选为中央研究院院士。4月教育部学术审议会决定授予杨树达古文字研究得二等奖。至广州中山大学、岭南大学访问讲学。9月，赴南京参加中央研究院成立20周年纪念会及院士会议，会晤陈垣、傅斯年、余嘉锡等旧友。11月，赴中山大学作短期讲学。

1949年　65岁　5月，自广州返抵长沙。8月，教授会推举先生等三人往见湖南省代主席陈明仁，促进和平。9月，人民政府接管湖南大学。应《民主报》之邀撰《实事求是》一文纪念全国首届政协会议召开。

1950年　66岁　2月，整理《金文说》粗讫。9月，始写《积微翁回忆录》。10月，被湖南省文物委员会聘为委员，被中国科学院聘为语言文字组专门委员。

1951年　67岁　1月，《回忆录》写讫。9月，始重订补《文字形义学讲义》。当选新史学研究会理事。

1952年　68岁　3月，校《甲文说》。6月，《中国语文》杂志社聘为特约撰稿人。11月《积微居金文说》出版。12月，以人民代表身份出席湖南省第二届人民代表大会第一次会议。整理《积微居读书记》，补撰《汉书窥管》。

1953年　69岁　1月，任湖南省文史馆馆长。调至湖南师范学院任教。10月，校《卜辞琐记》及《小学述林》。11月，获《历史研究》编委提名。

中国科学院拟调进京。12 月，《淮南子证闻》出版。

1954 年　70 岁　2 月，辞谢中国科学院进京之请。4 月，《积微居小学述林》出版。6 月，《积微居甲文说》出版。9 月，校《高等国文法》。12 月，中国人民政治协商会议第二届全国委员会在京召开，被选为委员，因病未能出席。《耐林庼甲文说》、《词诠》相继出版。

1955 年　71 岁　1 月，《古书句读释例》出版。《中国修辞学》出版。2 月，列席湖南省政治协商会议。当选湖南省人民代表大会代表，出席湖南省人大会议。3 月，《论语疏证》出版。6 月，当选中国科学院学部委员。出席湖南省人大六次会议。7 月，《汉书窥管》出版。8 月，《中国修辞学》改名《汉文文言修辞学》再版。任高教出版社特约编审。10 月，在京参加国庆观礼。参加中科院语言所举办的“现代汉语规范问题学术会议”。接受哲学所《盐铁论校注》、语言所《说文今语疏证》项目。11 月，离京返湘。12 月，笺释《盐铁论》。

1956 年　72 岁　1 月，笺释《盐铁论》。2 月《盐铁论笺释》初稿撰讫。14 日，病逝。

后　记

2001年，我扔下教鞭，负笈南游，忝列王师彦坤先生门下。暨南园里，日月湖畔，春华秋实6年整。硕士初探李善，博士专攻杨氏，于2007年草成芜篇：《杨树达训诂研究》。自觉创获无多，羞于示人；但念及生计，另为塞责，以之聊充学位论文，换得一纸头衔。是年，我又重执教鞭，供职荔园。杜鹃山下，文山湖边，星转斗移又6年。少了师长的包容，多了人事的纷扰。职级屡试不第，遂心生颓意，于是书纸蒙尘，其业荒疏，蹉跎了岁月。成毁之间，性随使然！

今有广东省哲学社会科学“十二五”规划项目①暨深圳大学学术著作出版基金资助，略作修补润色，拙稿得以即将付梓。旧文去岁曾将献，蒙与人来说始知。

业师土申先生，为教勤勉，治学谨严，处世淡泊，为人厚宽。其道德文章，不枝不蔓，唯仰止于高山。忆当年，汉语史诸学子，多来自他乡，每逢佳节，先生不分门户，均邀至府上，家宴丰盛，觥盏小饮，群生大快朵颐，其乐也融融；我学业不前，遂心身劳疾，先生携师母光临寒舍，挚意探看，礼物暖心，其情也切切；吾性乖情戾，张扬不羁，先生包容有加，虽语辞不多，身教多于言传，其言也淳淳；先生虽沉于百忙，又再次拨冗通读拙稿，并欣然赐序。② 师恩浩荡，永志不忘，唯愿吾师：身体永健，学树长蓝。

---

① 本项目已顺利结题，鉴定等级为“优秀”；感谢匿名评审专家的殷切鼓励。

② 王师审读甚细至微，小至句读脱讹，大至章节标目，都提出了建设性的意见。如第五章第一节之二，于“语义的发展——引申”下“同向引申”之标目，即是根据先生的意见而改；其余勘正处甚多，兹仅举一例：“关于唐叔之封”一段文字，“《吕氏春秋》、《史记》均言以梧叶或桐叶而封”一句费解，似宜作“《吕氏春秋》、《史记》或言以梧叶或言以桐叶”（《吕氏春秋·重言》作“梧叶”，《史记·晋世家》作“桐叶”）。“梧桐一物高似桐，释梧者以桐习称耳”，原书标点及文字有误，本当作“梧、桐一物。高以桐释梧者，以桐习称耳”，此针对高诱注“削桐叶”云云而言。“郭注皆云即醒桐”，“醒”为“梧”字之误。

曾氏昭聪，亦师亦友，硕博答辩，均亲莅赐教；曾师于我，提携奖掖尤多：或赠私稿，或赐大作，金针度人，其情殷殷。朱师承平先生，传道6载，授业多科，耳提面命，视若门下。师长熊焰先生、班弨先生、郭熙先生、伍巍先生，曩授余业，小学三科，语用之学，均获益良多。

昔拙文提审，答辩之时，陈教授伟武先生、张教授桂光先生、孙教授雍长先生、曾教授昭聪先生、教授班弨先生，或大处匡正，或幽微指瑕，所受沾溉，唯有谢字，可表心意于万一。

杨树达哲嗣、著名语言文字学家杨逢彬先生，家学渊源，祖孙相绍，巍然世家。洋洋万言，慨然为序，平添亮色于拙著：不惟人论，更彰人文。

同窗好友、著名书法家范功先生，枕寒挥豪，题写书名；芳墨神晶，款款情深。同窗乡贤秦氏晓华博士，交游多年，切磋砥砺尤多；其专攻文字，拙著之古文字字形，多由他出。友情无边，书纸有限，其他师友教益辅仁于我，不胜计数，恕不逐一具名，唯中心藏之。

中山大学出版社嵇氏春霞副编审，为人作嫁，鼎力提携，诚致谢忱；编辑陆峥甘为人梯，严谨敬业；训诂虽非其术业专攻，但勘正讹误，补阙疏漏，并不以训诂之书佶屈聱牙为难，尽显专业水准，令人感佩。

2013年9月初稿，2014年4月定稿